Agi Schründer-Lenzen (Hrsg.)

Risikofaktoren kindlicher Entwicklung

Agi Schründer-Lenzen (Hrsg.)

Risikofaktoren kindlicher Entwicklung

Migration, Leistungsangst
und Schulübergang

VS VERLAG FÜR SOZIALWISSENSCHAFTEN

Bibliografische Information Der Deutschen Bibliothek
Die Deutsche Bibliothek verzeichnet diese Publikation in der Deutschen Nationalbibliografie;
detaillierte bibliografische Daten sind im Internet über <http://dnb.ddb.de> abrufbar.

1. Auflage April 2006

Alle Rechte vorbehalten
© VS Verlag für Sozialwissenschaften | GWV Fachverlage GmbH, Wiesbaden 2006

Lektorat: Stefanie Laux

Der VS Verlag für Sozialwissenschaften ist ein Unternehmen von Springer Science+Business Media.
www.vs-verlag.de

Umschlaggestaltung: KünkelLopka Medienentwicklung, Heidelberg
Druck und buchbinderische Verarbeitung: Krips bv, Meppel
Gedruckt auf säurefreiem und chlorfrei gebleichtem Papier

ISBN-10 3-531-14844-3
ISBN-13 978-3-531-14844-1

Inhalt

III Risiken des Übergangs von der Primarstufe zur Sekundarstufe I

Editorial

Schulleistungsstudien haben wiederholt gezeigt, dass Schülerinnen und Schüler[1] aus zugewanderten Familien deutlich geringere Bildungsabschlüsse erzielen als Kinder und Jugendliche der autochthonen Bevölkerung. Obwohl es in repräsentativen Erhebungen mehrheitlich um die Kompetenzen von Schülerinnen und Schülern der Sekundarstufe I ging, betreffen die aktuellen politischen Forderungen an das Bildungssystem aber häufig das Grundschulalter, wobei den Schnittstellen des Übergangs vom Kindergarten in die Grundschule und von der Grundschule zur Sekundarstufe I besondere Aufmerksamkeit gilt. Gleichwohl sind bislang Veränderungsmessungen und Längsschnittstudien selten, in denen der Genese des mangelnden Bildungserfolgs von risikobelasteten Kindern im Verlauf der Grundschule nachgegangen wurde. Hier setzt der vorgelegte Band ein, indem die Schulleistungsentwicklung jener Gruppe von Kindern im Zentrum steht, die seit den Befunden von PISA und IGLU als die Schülergruppe mit dem höchsten Risikopotential innerhalb des deutschen Bildungssystems gilt: Kinder mit Migrationshintergrund. Unter drei Perspektiven wird ihre Bildungskarriere thematisiert: Die entscheidende Schwelle für Kinder mit Migrationshintergrund liegt im Erwerb der Unterrichtssprache Deutsch. Dementsprechend steht im Zentrum der Beiträge des ersten Abschnitts die schriftsprachliche Kompetenzentwicklung in sprachlich-kulturell heterogenen Klassen der Großstadtschulen. Emotionale und persönlichkeitsbezogene Aspekte der Kompetenzentwicklung im Grundschulalter schließen sich in einem zweiten Abschnitt an. Hierbei geht es aber nicht mehr ausschließlich um Kinder mit Migrationshintergrund, sondern generell um die Entwicklung von leistungsbezogenen Einstellungen und Emotionen, die die Selbstkonzeptualisierung im Grundschulalter nachhaltig beeinflussen. Kinder mit Migrationshintergrund werden aber auch hier in Einzelfällen besonderer Belastungssituationen als „Sorgenkinder" porträtiert. Abschließend wird in einem dritten Abschnitt der Schulübergang von der Grundschule in die Sekundarstufe I thematisiert, wobei gerade auch unterschiedliche Verarbeitungsstrategien, personale und soziale Ressourcen von Kindern mit und ohne Migrationshintergrund aufgezeigt werden.

Zu den einzelnen Beiträgen:
Agi Schründer-Lenzen und *Hans Merkens* stellen Ergebnisse der Berliner Längsschnittstudie zur Lesekompetenzentwicklung von Grundschulkindern (BeLesen) für den Verlauf der ersten drei Grundschuljahre vor. Die Untersuchung berücksichtigt Unterschiede in der Lernausgangslage der Schülerinnen und Schüler wie die Familiensprache der Kinder, den sozioökonomischen Status der Eltern, die kognitive Leistungsfähigkeit und den Sprachstand der Kinder bei

Schuleintritt. Von Interesse ist dabei die Frage, ob bzw. wie sich die am Schulanfang bestehenden Differenzen zwischen den Kindern mit und ohne Migrationshintergrund im Untersuchungsverlauf verändern, wobei die Effekte unterschiedlicher Organisationsformen des schriftsprachlichen Anfangsunterrichts kontrolliert werden. Darüber hinaus wird der Frage nachgegangen, ob sich in Relation zu der Verwendung des Deutschen in den Migrantenfamilien ein jeweils unterschiedlicher Lernerfolg in der schulischen Bildungssprache einstellt.

Der Einfluss soziokultureller Faktoren auf den Schriftspracherwerb im Grundschulalter wird von *Isabelle Zöller, Jeanette Roos* und *Hermann Schöler* unter Rückgriff auf längsschnittliche Befunde des Projektes EVES (Evaluation eines Vorschultrainings zur Prävention von Schriftspracherwerbsproblemen sowie Verlauf und Entwicklung des Schriftspracherwerbes in der Grundschule) geprüft. Während die Stichprobe der BeLesen-Studie aus den sozialen Brennpunkten der Stadt Berlin rekrutiert wurde, ist die Untersuchungspopulation der EVES-Studie positiv selegiert: Die kognitive Leistungsfähigkeit der Kinder dieser Stichprobe liegt im Durchschnitt fast eine Standardabweichung über der Norm und das elterliche Bildungsniveau ist insgesamt als hoch zu bewerten: Mehr als die Hälfte der teilnehmenden Schülerinnen und Schüler stammt aus Familien, in denen mindestens ein Elternteil einen Hochschulabschluss besitzt. Das Design der Studie fokussiert dementsprechend differenzielle Entwicklungsverläufe von Kindern aus Akademiker- und Nicht-Akademiker-Familien unter Kontrolle von Ein- und Mehrsprachigkeit.

Durch den Beitrag von *Carola Lindner-Müller, Karl-Heinz Arnold* und *Jana Chudaske* wird neben dem schulfachbezogenen Lernen auch das fachübergreifende Lernen in multilingualen Grundschulklassen thematisiert. Damit verbunden ist eine Konstruktentwicklung zur sozialen Kompetenz, da der Frage nachgegangen wird, ob sich die soziale Kompetenzentwicklung als sprachmoderiert darstellt oder ob z.B. Faktoren wie das hohe soziale Anforderungspotential in sprachlich-kulturell heterogenen Klassen auch besondere sozialkompetenzförderliche Lernanreize darstellen.

Die Bedeutsamkeit von Kompositionseffekten auf Klassenebene unter Berücksichtigung der kognitiven und sprachlichen Heterogenität von Grundschulklassen ist Gegenstand von zwei Beiträgen:

Stephan Mücke prüft in einer Mehrebenenanalyse, ob Differenzen in der Lernumwelt der Schulklasse eine relevante Erklärungsgröße für Unterschiede in den basalen Leseleistungen zwischen Klassen sind. Er bezieht sich dabei auf den Datensatz der BeLesen-Studie um über einen Zeitraum von eineinhalb Schuljahren den Einfluss kombinierter Effekte individueller und klassenbezogener Merkmale für die differenzielle Entwicklung schulischer Leistungen zu analysieren. Die kognitive Leistungsfähigkeit und die Herkunftssprache werden als Kontextfaktoren unter dem Aspekt ihrer mittleren Ausprägung auf Klassenebene untersucht, wobei zwischen individuellen Zusammenhängen und solchen auf aggregierter Ebene unterschieden wird.

Rainer Lehmann berichtet ebenfalls in einer HLM-Analyse summative Befunde zu den Lernentwicklungen an Berliner Grundschulen bis zum Ende der Klassenstufe 4 aus dem Projekt ELEMENT (Erhebung zum Lese- und Mathematikverständnis - Entwicklungen in den Jahrgangsstufen 4 bis 6 in Berlin). Er erweitert die Perspektive des vorausgehenden Beitrags insofern, indem er nach differenziellen Entwicklungsmilieus auch auf der Ebene der einzelnen Schulklasse fragt. Er kann zeigen, dass günstige kognitive Lernvoraussetzungen nicht nur individuell mit hohen Lernständen einhergehen, sondern dass ein hohes Schulleistungsniveau bevorzugt dort auftritt, wo sich diese Lernvoraussetzungen auf Klassenebene konzentrieren. Ergänzend wird der Frage nachgegangen, ob sich auf der Ebene einzelner Schulklassen ein positiver Zusammenhang zwischen hoher Heterogenität der Lernvoraussetzungen und erreichten Lernständen im Lesen und in Mathematik finden lässt.

Der zweite Schwerpunkt des Bandes, die Veränderungen leistungsbezogener Einstellungen im Grundschulalter, wird eingeleitet durch *Sabine Martschinke* und *Gisela Kammermeyer*, die unter Rückgriff auf Ergebnisse der KILIA-Studie (Kooperationsprojekt Identitäts- und Leistungsentwicklung im Anfangsunterricht) Fragen nach dem Ursache-Wirkungs-Verhältnis zwischen schulleistungsbezogenen Emotionen und dem Selbstkonzept bearbeiten. Ihr Interesse gilt dabei in besonderer Weise dem Anfangsunterricht, um den Einfluss von Lernfreude und Leistungsangst auf die Schulleistung in Mathematik zu analysieren. Die Lernentwicklung einzelner Kinder aus der KILIA-Studie, die am Anfang der Grundschulzeit aufgrund geringer Lernvoraussetzungen identifiziert wurden, wird in einem weiteren Beitrag von *Gisela Kammermeyer, Sabine Martschinke* und *Kerstin Drechsler* fokussiert. Bezug genommen wird dabei auf risikofördernde und risikomildernde Faktoren, die auf personaler, familiärer und schulischer Ebene identifiziert werden. Besonderes Augenmerk wird dabei auch auf die Bedeutung des Migrationsstatus als Erklärungsfaktor für die Genese von ungünstigen Lernentwicklungen gelegt.

Grundschulkinder mit Problemen verfügen über vielfältige personale und soziale Ressourcen, um mit schultypischen Belastungen umgehen zu können. *Angela Frank* stellt zunächst deskriptive Befunde vor, die sich speziell auf die Problembelastung von Kindern aus zehn dritten Klassen beziehen. Es zeigt sich eine bedenkliche Anzahl von Kindern, die physisch wie psychisch als sehr belastet gelten, wobei sich die Ressourcen „Selbstwirksamkeit" und „soziale Unterstützung" als bedeutsame Prädiktoren für die gesundheitliche Beeinträchtigung der Kinder erweisen. Die These einer „Pufferfunktion" der Ressourcen wird in einem Pfadmodell überprüft.

Leistungsbezogene Einstellungen stehen immer auch in Interaktion mit sozialen Vergleichseffekten, die in dem Beitrag von *Horst Zeinz* und *Olaf Köller* unter Kontrolle der Einführung von Noten analysiert werden. In einer bayernweiten Studie wird für das Fach Mathematik analysiert, ob es zu unterschiedlichen Effekten auf die Höhe des mathematischen Selbstkonzepts kommt, wenn ein Kind eine leistungsstarke bzw. eine leistungsschwache Klasse besucht.

Risiken des Übergangs von der Primarstufe zur Sekundarstufe I werden in dem abschließenden dritten Abschnitt des Bandes thematisiert. Der Übergang von der Primarstufe zur Sekundarstufe I gilt dabei als weichenstellend für den Erwerb höher qualifizierender Schulabschlüsse. *Elfriede Billmann-Mahecha* und *Joachim Tiedemann* sehen ihn als „kritisches Lebensereignis" und fragen, wie die Zuweisung zu unterschiedlichen Bildungsgängen auf das Fähigkeitsselbstkonzept der Schülerinnen und Schüler wirkt. Sie beziehen sich auf eine Teilstichprobe von 31 vierten Klassen aus der Hannoverschen Grundschulstudie, um die Entwicklung des schulischen Selbstkonzepts in Relation zu Leistungstestergebnissen zu analysieren. Von Interesse ist dabei die Realitätsnähe und Stabilität der Selbsteinschätzung vor und nach der bildungsbiographischen Schnittstelle. Kontrolliert wird dabei auch der Einfluss unterschiedlicher Dominanzen in der Familiensprache wie sie für Familien mit Migrationshintergrund typisch ist. Geprüft wird u.a. ob sich die Fähigkeitsselbstkonzepte von Kindern unterscheiden, wenn in der Familie ausschließlich Deutsch, Türkisch, eine sonstige Sprache oder Mehrsprachigkeit vorherrscht.

Der Übergang von der Grundschule zu den weiterführenden Schulen löst nicht nur individuelle Anpassungsprozesse in der Selbstwahrnehmung schulischer Leistungen aus, sondern kann auch mit Veränderungen der emotionalen Grundhaltung gegenüber Schule generell verbunden sein. *Bea Harazd* und *Sina Schürer* greifen diese Perspektive auf, indem sie persönliche und schulische Faktoren analysieren, die mit der Schulfreude zusammenhängen. Dabei werden Unterschiede zwischen Schülergruppen betrachtet, die durch Geschlecht, Migrationsstatus und Schulform gegeben sein können. Veränderungen der Schulfreude von der Grundschule zur weiterführenden Schule werden über zwei Messzeitpunkte berichtet und im Kontext unterschiedlicher schulischer (Beziehung zum Klassenlehrer und den Schulkameraden) und personaler (Prüfungsangst und Fähigkeitsselbstkonzept) Variablen erklärt.

Der Wechsel auf die weiterführenden Schulen ist mit vielfältigen Erwartungen verbunden, deren emotionale Qualität Gegenstand des Beitrags von *Stefanie van Ophuysen* ist. Sie überprüft, ob es in Abhängigkeit von Geschlecht, Migrationshintergrund oder avisierter Schulform Unterschiede in Richtung und Intensität der Emotionen gibt, die mit dem Schulwechsel verbunden sind. Pfadanalytisch werden verschiedene Modelle mit Merkmalen des familialen Kontextes (kognitives und emotionales Involvement der Eltern) und Personmerkmale (Fähigkeitsselbstkonzept der Schüler und Angst vor sozialer Bewertung in Leistungssituationen) gegeneinander getestet. Von besonderem Interesse ist dabei die Frage, inwieweit die Unterstützung durch die Eltern sich auf die Qualität der Übergangserwartungen auswirkt.

Alle Beiträger/-innen des Bandes haben sich um eine gute Verständlichkeit empirisch anspruchsvoller Designs bemüht, so dass auch für forschungsmethodisch unerfahrene Leser eine wichtige Informationsquelle zu zentralen Risikofaktoren kindlicher Entwicklung im Grundschulalter entstanden ist. Für die Unterstützung in der redaktionellen Durchsicht des Gesamtmanuskripts und die Herstellung der Druckvorlage gilt Karin Köntges mein besonderer Dank.

Agi Schründer-Lenzen, Potsdam im Februar 2006

Anmerkung

[1] Zur Leseerleichterung wird in diesem Band vorwiegend die männliche Sprachform Schüler gewählt.

I   Kompetenzentwicklung im Kontext sprachlich-kultureller Heterogenität

Differenzen schriftsprachlicher Kompetenzentwicklung bei Kindern mit und ohne Migrationshintergrund

Agi Schründer-Lenzen und Hans Merkens

Zusammenfassung

In der *Berliner Längsschnittstudie zur Lesekompetenzentwicklung von Grundschulkindern (BeLesen)* wird die Schulleistungsentwicklung von Kindern mit Migrationshintergrund mit halbjährlichen Messintervallen von der 1. bis zur 4. Klasse verfolgt. Berichtet wird über Befunde aus bisher sechs Messzeitpunkten zum Lesen und Rechtschreiben. Hierbei zeigt sich, dass die mit Beginn der Grundschule bestehenden Leistungsdisparitäten zwischen Kindern mit und ohne Migrationshintergrund sich linear fortschreiben. Ein erhöhtes Risiko für die Lesekompetenzentwicklung von Kindern mit Migrationshintergrund deutet sich dabei insbesondere für die Kinder an, die in ihren Familien ausschließlich in einer anderen Sprache als Deutsch sprechen. Varianz- und regressionsanalytisch lassen sich nur geringe Effekte hinsichtlich unterschiedlicher fachdidaktischer und pädagogischer Orientierungen des Anfangsunterrichts ausmachen. Tendenziell günstigere Lernergebnisse lassen sich für lehrgangsnahe Formen des Rechtschreibunterrichts und für eher spracherfahrungsorientierte Formen des Leseunterrichts ausweisen.

1   Problemkontext

Kinder und Jugendliche aus zugewanderten Familien gehören überproportional häufig zu einer Risikogruppe von Schülern (vgl. Baumert/Schümer 2001, OECD 2001). Die IGLU-Studie hat für Kinder nichtdeutscher Herkunftssprache bereits für das Ende der 4-jährigen Grundschule einen substantiellen Lernrückstand dokumentiert (Bos et al. 2003), so dass die Chance, eine Empfehlung für höherqualifizierende Bildungsgänge zu erhalten, für Kinder mit Migrationshintergrund im Vergleich zu monolingual deutschen Kindern geringer ist. Die Benachteiligung der Kinder aus zugewanderten Familien reduziert sich aber deutlich, wenn sie über eine ähnliche Lesekompetenz verfügen wie Kinder ohne Migrationshintergrund, so dass die Beherrschung der Verkehrssprache für den Schulerfolg von Kindern mit Migrationshintergrund zentral ist.

Bereits vor Schulbeginn ist die Leistungsheterogenität von Grundschülern eine vielfach belegte Tatsache. Entwicklungsunterschiede von 2-3 Jahren sind seit ca. 25 Jahren Anlass, für eine Öffnung, Individualisierung und Flexibilisierung von Unterricht zu votieren. Die spezifischen Lernbedürfnisse der Kinder mit Migrationshintergrund sind in diesem Kontext nur insofern thematisiert worden, als dass ihnen zusätzlicher Förderunterricht in Deutsch als Zweitsprache (DaZ) gewährt wurde und wird; die Frage, ob bei ihnen spezifische Unterrichtsmethoden bessere Erfolge gewährleisten, wurde demgegenüber nicht gestellt. Dies gilt in besonderer Weise für die Effekte des regulären schulischen Anfangsunterrichts, der durch eine systematische Neuorientierung der Methoden des Schriftspracherwerbs geprägt ist (vgl. z.B. Kirschhock 2004, Hanke 2005).

Bildungskarrieren von zwei- und/oder mehrsprachig aufwachsenden Kindern verlaufen äußerst unterschiedlich. Während einerseits problemlose Spracherwerbsverläufe von bilingualen Kindern bekannt sind, wird für Kinder aus bildungsfernen Elternhäusern eine insgesamt belastete Lernsituation dokumentiert (Tiedemann/Billmann-Mahecha 2004). Kinder, die auch für vorschulische Betreuungsangebote oft nur schwer erreichbar sind, kommen ohne ausreichende Deutschkenntnisse in die Schule (vgl. Uçar 2000). Dies kann als Indiz für zu geringe Eingangsressourcen gewertet werden, um den schulischen Anforderungen zu genügen. Der Kumulation dieser Anfangsschwierigkeiten wird einerseits mit präventiven Sprachförderprogramme zu begegnen versucht; andererseits wird auch Potential in der Neustrukturierung einer flexiblen Anfangsphase gesehen. Die empirische Grundschulforschung ist damit vor die Aufgabe gestellt, organisatorische und didaktisch-methodische Konzepte für den Erwerb der Zielsprache Deutsch in sprachlich-kulturell heterogenen Klassen zu prüfen.

Bislang sind die Lernbedürfnisse von Kindern aus zugewanderten Familien aber kaum Gegenstand systematischer Analysen gewesen, wenn man einmal von Modellprojekten zur schulischen Mehrsprachigkeit absieht (vgl. Gogolin/ Neumann/ Reuter 1998). Die Klage über den „monolingualen Habitus" (Gogolin 1994) der Einwanderungsgesellschaft ist zwar seit langem bekannt, die Frage des Umgangs mit Zwei- und Mehrsprachigkeit wird aber nach wie vor kontrovers diskutiert (vgl. Hopf 2005 versus Reich/Roth 2002; Thomas/Collier 1997). Meta-Analysen zu den Effekten bilingualer Erziehung kommen zu unterschiedlichen Ergebnissen (vgl. Greene 1998, Söhn 2005b). Das Votum für die Notwendigkeit des herkunftssprachlichen Unterrichts weicht erst in jüngsten Publikationen dem Plädoyer für eine Priorität des Unterrichts in der Verkehrssprache Deutsch (Bartnitzky/Speck-Hamdan 2005, S. 14, Söhn 2005a, 2005b).

2 Forschungsstand

Eine der prominentesten Thesen, um das Scheitern von Migrantenkindern im Bildungssystem zu erklären, ist die Schwellen- und Entwicklungsinterdependenzhypothese von Cummins (vgl. 1979, 1984, 1991). Ausgangspunkt ist die Annahme eines Zusammenhanges zwischen sprachlicher und kognitiver Entwicklung. Bestimmend für die Bildungskarriere eines Kindes ist - den Überlegungen Cummins folgend - die Chance, in L1 (Herkunftssprache) und L2 (Zweitsprache) einen jeweils elaborierten Sprachstand zu erreichen. Die Interdependenz des Sprachlernens in zwei und ggf. mehreren Sprachen kann sich damit positiv auf die Entwicklung allgemeiner kognitiver Fähigkeiten auswirken. Gefährdet ist der Aufbau des kognitiven Systems aber, wenn z.b. in der Folge von Migration zunächst nur geringere kommunikative Fähigkeiten in zwei Sprachen ausgebildet werden. Das wird im Vergleich zur monolingualen Entwicklung als „Semilingualismus" bezeichnet. Dieser Begriff, der die Sprachkompetenz des einsprachigen Kindes zum Maßstab macht, wurde zwar kritisiert, gleichwohl ist die Intention der Modellannahmen übernommen worden: Das Votum für die Alphabetisierung in der jeweiligen Herkunftssprache, um damit zumindest in einer Sprache den Grundstein für den Erwerb eines kognitiv-akademischen Sprachniveaus zu legen. Der damit angenommene Transfer beim Sprachlernen wird einerseits bezweifelt (vgl. Haag/Stern 2000), im Kontext der Bilingualismusforschung aber eher positiv gesehen (Bialystok 2002, S. 192). Zweisprachigkeit an sich scheint weder positive noch negative Folgen zu haben (vgl. McLaughlin 1978), sondern sich zumindest auf sprachnahe Kompetenzen, insbesondere metalinguistisches Verständnis (vgl. z.B. Baker/Prys 1998, Langenmayr 1997) und den Erwerb weiterer Sprachen günstig auszuwirken (Sanz 2005). Diese positiven Effekte zeigen sich aber nicht nur in einer additiv balancierten Bilingualität, wie die zweite Schwellenannahme des Cumminischen Modells suggeriert, sondern Hakuta (1987) konnte zeigen, dass selbst Kinder, deren Sprachdominanz von der Erstsprache auf die Zweitsprache übergeht, immer noch von der Bilingualität kognitiv profitieren. Eine für die Bilingualitätsforschung ungelöste Frage ist allerdings, ob die besseren kognitiven Leistungen bei Bilingualen erst die Bilingualität ermöglicht haben oder ob die Bilingualität die kognitive Leistungsfähigkeit gefördert hat (Baker/Prys 1998). Unumstritten ist die Bedeutsamkeit sozialer und psychologischer Faktoren, die den Verlauf des Zweitspracherwerbs beeinflussen. Trotzdem darf wohl nicht übersehen werden, dass die Wortschatzentwicklung für zweisprachig aufwachsende Kinder tendenziell risikobehaftet ist, da auch die Summe des L1 und L2 Wortbestandes unter dem Level eines monolingualen Kindes bleibt (vgl. Bialystock 2001, 2002, S. 169). Die Folgen eines geringeren Wortschatzes für den Erwerb von Lesekompetenz sind gut dokumentiert (vgl. Durgunoglu 1997, Koda 1994, Verhoeven 2000) und die Konsequenzen einer verzögerten Entwicklung des Lexikons für den Aufbau grammatischer Strukturen sind grundsätzlich bedeutsam (Grimm 1995, 1999). Grammatische Komplexität ist in Relation zum Zuwachs des Vokabulars zu sehen, für das Bates et al. (1995, S. 118) einen steilen Anstieg der Syntaxkurve nachweisen konnten, wenn etwa 400 Wörter erworben wurden. Die diesbezügliche empirische Forschungslage ist allerdings im Rahmen einer komparativen Sprachentwicklungs- und Förderdiagnostik noch erschwert, weil standardisierte Testverfahren unter Einbeziehung des Deutschen als einer der Lernersprachen sich erst in der Entwicklung befinden (z. B. Krampen u.a. 2001). Günstiger ist demgegenüber die Forschungslage hinsichtlich der Identifikation von Prädiktoren der Lesekompetenz und des generellen schulischen Bildungserfolgs für Kinder mit Migrationshintergrund, für das das Alter der Zuwanderung, die Aufenthaltsdauer und die in der Familie gesprochene Sprache bedeutsam sind (vgl. Alba/Nee 1997, Baumert/Schümer 2001, Stanat 2003).

Aus linguistischer Perspektive gilt die Notwendigkeit des Erreichens bestimmter „Schwellen" für den erfolgreichen Erwerb von zwei Sprachen als überholt (Tracy 2005, S. 67). Grundsätzlich geht es in dieser Auseinandersetzung um die Frage einer sprachspezifischen oder einer sprachübergreifenden Abspeicherung von Sprache(n). Neurologische Befunde zur Sprachverarbeitung von L1 und L2 können zeigen, dass bereits ab sechs Jahren eigene Verarbeitungszentren zur Prozessierung grammatischer Informationen aufgebaut werden (zur Theorie der kompensatorischen Ressourcennutzung vgl. Grießhaber 2002): Da beim L2-Erwerb im Schulalter andere Gehirnbereiche involviert sind als die, die beim L1-Erwerb beteiligt sind, wird der Bedarf durch die zusätzliche Aktivierung von anders spezialisierten Bereichen kompensiert. Dieser Ausgleich durch Areale, die nicht primär auf die Verarbeitung sprachlicher Informationen spezialisiert sind, bedeutet einen höheren kognitiven und emotionalen Lernaufwand als der Erwerb der Erstsprache. Die Leichtigkeit und Schnelligkeit der synaptischen Verbindungen eigentlich hierfür nicht vorgesehener Gehirnareale ist also entscheidend für den Erfolg des Lernens in der Zweitsprache. Damit ergäbe sich eine andere, kognitive Erklärungsbasis für die hohen interindividuellen Unterschiede im L2-Erwerb. Gleichwohl wird die Einschätzung kritischer Phasen für den Zweitspracherwerb in der Psycholinguistik kontrovers diskutiert (vgl. Bialystock/Hakuta 1994, Harley/Wang 1997), wobei insgesamt die Ergebnisse zu bestätigen scheinen, dass bereits im 5. Lebensjahr die optimale Phase für das Erlernen einer zweiten Sprache abzuklingen beginnt (Meisel 2006; O-ECD 2002, zur *maturational state hypothesis* vgl. bereits Johnson/Newport 1989). Die vorliegenden Befunde sprechen zumindest für die Notwendigkeit einer umfangreichen und längerfristigen Förderung des Zweitspracherwerbs von Migrantenkindern. In internationalen Untersuchungen zum Fremdsprachenlernen wird von bis zu 10 Jahren des schulisch unterstützten Zweitspracherwerbs ausgegangen (vgl. Hakuta 2000), um eine funktionale Sprachkompetenz zu

18

erreichen, die aber selbst dann noch unter dem Sprachniveau gleichaltriger Muttersprachler bleibt (Carroll 1975, S.275). Zweisprachigkeit kostet zusätzliche Lernzeit vor allem für durchschnittliche und langsam lernende Kinder, Zeit, die der time-on-task-Hypothese (Caroll 19973) folgend, unmittelbar für das Erlernen der Zielsprache Deutsch aufgewandt werden müsste (vgl. Hopf 2005).

In Konkurrenz zu dieser Hypothese steht die Humankapitalhypothese, die durch die PISA-Befunde bestärkt worden ist. Danach kovariiert der Bildungserfolg von Kindern mit Migrationshintergrund mit der sozioökonomischen Lage der Migrantenfamilien (vgl. Ramm et al 2004, Diefenbach 2005). Für die Bedeutsamkeit dieser Kontextbedingung spricht auch das Abschneiden der in PISA erfolgreichen Länder wie Australien, Neuseeland und Kanada. Diese Länder verfügen über einen sehr hohen Anteil an Migranten unter den Schuljugendlichen, ohne das für Deutschland typische Kompetenzgefälle zwischen den autochthonen Schulkindern und Migrantenkindern auszuweisen. Die selektive Einwanderungspolitik dieser Länder führt dazu, dass auch die sozioökonomische Lage und der kulturelle Status der Jugendlichen mit und ohne Migrationshintergrund relativ ähnlich sind (PISA Konsortium Deutschland 2004, S. 260f.). Die für die Migrantenkinder in Deutschland typische Konfundierung von ungünstiger sozioökonomischer Lage und Migrationsstatus scheint sich insbesondere durch den Erwerb von Lesekompetenz aufbrechen zu lassen, denn bei einer den muttersprachlichen Schuljugendlichen vergleichbaren Lesekompetenz reduziert sich die Bildungsbenachteiligung für Schüler mit Migrationshintergrund (vgl. Baumert/Schümer 2001, S. 374).

Zur Lesekompetenzentwicklung als Schlüsselkompetenz für den Erwerb von Expertise in allen schulischen Bildungsbereichen gibt es einen gut dokumentierten Forschungsstand (vgl. Artelt u.a. 2005), die empirischen Untersuchungen zur Methodeneffektivität des basalen Lese- und Schreibunterrichts werden aber durchaus kontrovers eingeschätzt (vgl. Valtin 2003). In Deutschland hat es sozusagen zwei Wellen des Methodenstreits gegeben:

In einer ersten wurden die Effekte eines synthetischen und eines analytischen Leselehrgangs miteinander verglichen. Abgesehen von methodischen Mängeln dieser frühen Arbeiten (Müller 1964, Ferdinand 1970) ist hier der Hinweis interessant, dass die Kontroverse beigelegt wurde, weil sich keine *längerfristigen* Effekte der einen oder anderen Methode nachweisen ließen (Bittner 1994, S. 125). Zunächst konnte aber für die lernschwächeren Schüler ein Vorteil bei einer eher synthetischen Verfahrensweise belegt werden, bei der in der ersten Phase des Schriftspracherwerbs viel Wert auf die Vermittlung des Zusammenhangs von Buchstaben und Lauten gelegt und das Zusammenziehen der Laute eingeübt wird.

Die zweite Welle des Methodenstreits hat demgegenüber einen breiteren Fokus, indem nicht nur eine fachdidaktische Diskussion um unterschiedliche Wege in die Schrift geführt wurde, sondern diese Auseinandersetzung immer auch mit einem bestimmten Bild der Unterrichtsorganisation verbunden wurde. So wird die Verwendung einer Fibel als Indiz für einen lehrgangsgebundenen und direktiven Unterricht gesehen. Der Verzicht auf ein linear aufgebautes Lernmedium wurde mit alternativen Orientierungen an einer Anlauttabelle (Reichen 1982) oder der „didaktischen Landkarte" (Brügelmann 1983) ermöglicht und mit Vorschlägen einer Öffnung des Unterrichts verbunden. Die wenigen empirischen Studien, die versuchen, Vorteile der unterschiedlichen methodischen Orientierungen des Anfangsunterrichts zu bilanzieren, zeigen kein eindeutiges Ergebnismuster im Sinne der Theoriebildung (vgl. Schründer-Lenzen 2004, S. 152ff.). Es gibt Hinweise darauf, dass langsam lernende Kinder eher von direkter Instruktion profitieren (Hanke 1996, Einsiedler 2002). Der Fokus dieser Untersuchungen lag aber nicht auf dem Schriftspracherwerb von Migrantenkindern, so dass hier allenfalls Tendenzen für die Richtung von Hypothesen gewonnen werden können. Erschwerend kommt hinzu, dass bei jeder der zur Diskussion stehenden Unterrichtsmethoden große Unterschiede zwischen den Klassen festgestellt wurden, die bislang eher als Indiz für die große Bedeutung der einzelnen Lehrkraft gewertet werden (Valtin 2003, S. 768). In eine ähnliche Richtung weisen Ergebnisse zur Qualität von Unterricht, die zwar zur Identifikation einer begrenzten Zahl von Indikatoren einer *best practice* führten, aber keine eindeutigen Muster der Kombination dieser Kernvariablen erkennen ließen (vgl. Einsiedler 1997). Leistungsspreizungen zwischen Klassen könnten auch in der größeren Wirksamkeit von Kompositionseffekten auf Klassenebene begründet sein (vgl. die Beiträge von Rainer Lehmann und Stephan Mücke in diesem Band).

Amerikanische Untersuchungen zeigen, dass Kinder mit geringem englischen Sprachstand von einer direkten Hinführung zum alphabetischen Prinzip profitieren und ganzheitliche Methoden bzw. auf Kinderliteratur basierende Methoden zu schlechteren Resultaten führen (vgl. Foormann et al. 1998a). Dieser Befund ist auf Grund der geringeren Regelmäßigkeit der englischen Orthographie, die sich auch in deutlichen Leistungsunterschieden zu Beginn des Leselernprozesses zeigt (vgl. Frith et al. 1998), besonders beachtenswert. Die „Whole-Language"-Instruktion, die für den Spracherfahrungsansatz Pate gestanden hat, wird dementsprechend aus der Perspektive einer Didaktik des Deutschen als Zweitsprache (DaZ) eher kritisch gesehen (vgl. Belke 2003a, b). Insofern wird in den sprachsystematischen Ansätzen für den Unterricht in Deutsch als Zweitsprache der Vermittlung linguistischer Strukturen der Zielsprache große Bedeutung beigemessen (Rösch 2003). Die Unterstützung des Erwerbs der Zweitsprache wird dabei insbesondere auch in einer Bewusstmachung von Strukturen der Zielsprache gesehen, um Fossilierungstendenzen im Sprachlernprozess entgegenzuwirken. Welche Rolle diese Form des Regelerwerbs für die Entwicklung von Sprach- und Lesekompetenz hat, ist bislang aber noch nicht empirisch geprüft worden (Artelt u.a. 2005). Ebenso wenig abgesichert ist die Frage der Lernförderlichkeit von Ansätzen der interkulturellen Bildung (vgl. Bühler-Otten et al. 2000, Walter 2001), die stärker auf die Berücksichtigung der Lebens- und Erfahrungswelten der Schüler mit Migrationshintergrund setzen. Zumindest scheint sich die motivationale Dimension der Lernvoraussetzungen von Schülern mit Migrationshintergrund nicht ungünstig darzustellen (vgl. Kao/Tienda 1995; ferner Billmann-Mahecha/Tiedemann in diesem Band).

Argumente für die Erwartung eines Leistungsvorteils von spezifischen, kompetenznahen Verfahrensweisen in der Beschulung von Migrantenkindern lassen sich aus der Fremdsprachenerwerbsforschung beziehen (zu Metaanalysen bilingualer Erziehung in der Schule vgl. Green 1998, Slavin/Tchueng 2003). Die Untersuchungen zur Wirksamkeit unterrichtlicher Grammatikvermittlung berühren im Kern die Frage des Verhältnisses von gesteuertem und ungesteuertem Spracherwerb, von explizitem und implizitem Lernen, von Instruktion und Konstruktion. In einer Metaanalyse von über 150 Studien zur Interface-Frage kommen Norris und Ortega (2000) zu dem Ergebnis, dass Instruktion grundsätzlich und substantiell wirksam ist für den L2-Erwerb. Explizite metasprachliche Instruktion kanalisiert die Aufmerksamkeit der Lernenden, lenkt sie auf spezifische Formen und Sprachstrukturen und bereitet implizite Lernprozesse vor (Ellis 2005, S. 324). Gleichwohl ist diese Befundlage aus grundschuldidaktischer Perspektive auch vorsichtig zu interpretieren, denn die Ergebnisse der Spracherwerbsforschung beziehen sich mehrheitlich auf ältere, häufig erwachsene Lerner. Darüber hinaus ist die Repräsentanz längsschnittlicher Untersuchungen gering, so dass die möglicherweise sich erst langfristig zeigenden Effekte impliziter Lernprozesse nicht angemessene Berücksichtigung finden könnten.

Der skizzierte Forschungsstand wurde in der „Berliner Längsschnittstudie zur Lesekompetenzentwicklung von Grundschulkindern" (*BeLesen*) unter folgenden forschungsleitendenden Fragestellungen aufgegriffen:

➢ Kommt es unter den gegebenen Beschulungsformen von Migrantenkindern (Regelunterricht plus DaZ-Förderstunden) im Verlauf der Grundschule zu einer Verringerung der Leistungsdifferenzen zwischen Kindern mit und ohne Migrationshintergrund?

➢ Wird in Relation zur Verwendung des Deutschen in den Migrantenfamilien ein jeweils unterschiedlicher Lernerfolg erreicht?

> Lässt sich im Vergleich der unterschiedlichen Methoden des Anfangsunterrichts ein *Best-practice*-Modell für den schriftsprachlichen Unterricht in sprachlich-kulturell heterogenen Klassen identifizieren?

> Führt die Einbindung formaler sprachlicher Strukturierungen im Sinne einer Grammatikorientierung des Anfangsunterrichts zu Vorteilen für Zweitsprachlerner?

3 Design und Instrumente der Untersuchung

Die *BeLesen*-Studie ist eine auf vier Jahre angelegte Längsschnittstudie (2002-2006), in der die Schulleistungsentwicklung von Grundschülern von der 1. bis zur 4. Klasse im halbjährlichen Rhythmus kontinuierlich überprüft wird (vgl. Merkens et al. 2004, 2005). Im Verlauf der Untersuchung wurden Tests für die Schulleistungsbereiche Rechtschreiben, Lesen, Mathematik und Sachkunde eingesetzt. Berücksichtigt werden muss dabei, dass diese Testverfahren für die Analyse der Schulleistungsentwicklung deutschsprachiger Kinder entwickelt wurden und damit die Norm des monolingual deutschen Kindes setzen. Insofern stellte sich auch in der Regel die Notwendigkeit, die standardisierten Formate an die Stichprobe anzupassen und das Anforderungsniveau zu verändern. Für das Lesen konnte allerdings die *Würzburger Leise Lese Probe* (*WLLP*; Küspert/ Schneider 1998) in Originalversion verwandt und damit auch unmittelbar längsschnittlich interpretiert werden, da das Anforderungsformat sich im Untersuchungszeitraum nicht veränderte. Für das Rechtschreiben wurden die *Hamburger Schreibprobe* (*HSP*; May et al. 2002) und eine adaptierte Versionen des *Deutschen Rechtschreibtests* (Müller 2003) eingesetzt, für die Prüfung des Textverständnisses eine abgewandelte Form des *ELFE*-Tests (vgl. Lenhard/ Schneider im Druck), für Mathematik eine überarbeitete Version des *Deutschen Mathematik Tests (DEMAT 3+; Roick et a.l 2004)*. Zusätzlich wurden das kognitive Fähigkeitsniveau mit Skalen des *Culture Free Tests* (*CFT 1;* Weiss/Osterland 1997) erhoben und Befragungen der Lehrkräfte zum Sprachstand der Kinder durchgeführt. Aufgrund der Größe der Stichprobe war ein Einsatz der nur als Einzeltest durchführbaren Erhebungsmethoden zum Sprachstand im Deutschen und in den Herkunftssprachen (z. B. mit *HAVAS* oder *SISMIK*) nicht möglich. Im Verlauf der Untersuchung konnten diese fehlenden Daten durch die Entwicklung eines *C-Tests*[1] zumindest für die Erfassung der Sprachkompetenz im Deutschen ausgeglichen werden.

Die Stichprobe bestand zu Beginn der Untersuchung aus 59 Klassen mit über 1200 Schülerinnen und Schülern, von denen fast 70% nichtdeutscher Herkunft sind. Die Auswahl der Schulen beschränkte sich auf die Berliner Bezirke, die laut Sozialatlas zu den ungünstigen Wohngebieten zu zählen sind.

Ein Untersuchungsinteresse der *BeLesen-Studie* richtet sich auf die Evaluation unterschiedlicher Praktiken im Kontext des Schriftspracherwerbs. Die Lehrkräfte wurden deshalb in einem vierstufigen Antwortformat nach ihrer Gestaltung des Anfangsunterrichts befragt, um zu einem Methodenindex für unterschiedliche Ausprägungen der Methoden des Schriftspracherwerbs zu gelangen. Auf dieser Grundlage ließen sich im Wesentlichen drei Typen von Lehrkräften in der Gesamtstichprobe unterscheiden (vgl. Schründer-Lenzen/Mücke 2005, S. 214 f.):

Typ: „Fibellehrgang"
Lehrkräfte dieses Typs geben an, dass die Orientierung an dem Lehrgangskonzept einer Fibel dominiert. Begleitmaterialien der Fibel werden eingesetzt und alle Kinder lesen gleiche Fibel- bzw. Lehrbuchtexte. Das Vorlesen durch die Lehrerin findet seltener statt, wobei insgesamt die Leseaktivitäten verglichen mit den anderen methodischen Konzepten weniger ausgeprägt sind. Zum Einsatz kommen eher Arbeitsblätter, die die fibelergänzenden Materialien bieten. Freies Schreiben findet so gut wie nicht statt und dementsprechend wird auch die Initiierung von Sprech- und Schreibanlässen kaum für wichtig gehalten. Es wird häufig abgeschrieben, um Rechtschreibung, aber auch die Schreibmotorik zu verbessern. Im Übrigen orientiert man sich an dem Grundwortschatz des Lehrbuches, an dem praktisch täglich geübt wird. Orthographische Regeln werden trainiert und das spielerische Einschleifen des sprachlichen Hörverständnisses wird durch Lieder, Reime und Gedichte unterstützt. Der Unterrichtsstil ist lehrerzentriert und das Unterrichtsverfahren gleichschrittig und fertigkeitsorientiert.

Typ: „Lesen durch Schreiben"
Lehrkräfte dieses Typs führen die Buchstaben mit einer Anlauttabelle ein und gestalten ihren gesamten Unterricht durch fibelunabhängige Materialien, die selbst zusammengestellt wurden. Die eigenen Texte der Kinder und die Bücher aus der Leseecke sind dominantes Lesematerial, wodurch diese Gruppe von Klassen die höchsten Werte hinsichtlich der Vorleseaktivitäten der Lehrkraft und auch für das individuelle Lesen der Kinder erreichen. Wochenplanarbeit, Stationentraining, Freiarbeit bestimmen die Unterrichtsorganisation. Die Fehlertoleranz ist hoch, denn auch Skelettschreibungen der Kinder bleiben unkorrigiert. Es ist ein schreiborientierter Anfang im Sinne des Freien Schreibens, das sehr oft durch entsprechende Sprech- und Schreibanlässe unterstützt wird. Abschreiben und Rechtschreibübungen finden dementsprechend seltener statt.

Auffällig ist auch, dass diese Gruppe von Lehrkräften sich hinsichtlich der Hausaufgabenpraxis deutlich von allen anderen Lehrkräften unterscheidet, denn sie geben kaum Hausaufgaben auf. Insgesamt gesehen sind die Lehrkräfte dieses Typs stark an Individualisierung und Differenzierung ihres Unterrichtsarrangements interessiert.

Typ: „Methodenintegration"
Die weitaus größte Zahl der Lehrkräfte ist gegenüber diesen beiden Extremtypen als ein Mischtyp zu bezeichnen, der in den genannten Indizes jeweils eine mittlere Ausprägung aufweist. Als Schlüsselvariable erweist sich dabei die Antwort auf die Frage, in welchem Verhältnis die verschiedenen Materialien des Anfangsunterrichts zueinander stehen. Die Lehrkräfte dieses Typs verwenden eine Fibel bzw. auch mehrere und weitere fibelunabhängige Materialien. Diese ergänzenden Materialien sind dabei mindestens so bedeutsam wie die Fibel, wenn nicht sogar wichtiger. Die Ausprägung dieser Antworttendenz erlaubt die statistisch notwendige Unterscheidung von zwei Subgruppen dieser zahlenmäßig großen Gruppe von Lehrkräften je nachdem, ob die Bindung an einen Lehrgang noch stärker ist (*Fibel plus Spracherfahrung*) oder ob eher ein Materialmix aus fibelunabhängigen Lese- und Schreibvorlagen unter nur noch gelegentlichem Rückgriff auf Fibellehrwerke erfolgt (*Spracherfahrung plus Fibel*). Für den Schreiblernprozess wird auch eine Anlauttabelle zur Verfügung gestellt, wobei aber auf die systematische Einführung von Buchstaben nicht verzichtet wird. Trotz Fehlertoleranz beim freien Verschriften wird auf das korrigierte Endprodukt zumindest im Verlauf des Schriftspracherwerbs Wert gelegt. Ein grundwortschatzorientiertes Arbeiten findet regelmäßig statt. In der Wochenplanarbeit hat auch das Lesen in der Leseecke seinen festen Platz.

Wortschatzübungen, Einbinden kommunikativer Sprachlernsituationen und individuelle Leseübungen der Kinder sind dabei insbesondere Kennzeichen der Gruppe von Lehrkräften, die spracherfahrungsorientiert arbeiten und nur noch gelegentlich auf Fibelmaterialien zurückgreifen. Individualisierung und Strukturierung von Unterricht erfolgt hier eher entwicklungsorientiert unter Berücksichtigung individueller Lernprozesse der Kinder.

Die genannten Charakteristika des Methodenindex (Cronbachs Alpha = 0,84) sind als „ein mehr oder weniger" zu verstehen, denn auch Lehrkräfte, die mit einer Fibel arbeiten, setzen z.B. gelegentlich eine Anlauttabelle ein. Die Differenzen sind dementsprechend im Hinblick auf einzelne Aspekte nur als Tendenz zu interpretieren.

4 Kontextfaktoren

4.1 Lernausgangslage zu Beginn der Grundschule

Nationalität und Familiensprache der Kinder wurden separat erfasst und zeigen nicht unerwartete Konfundierungen im Hinblick auf diese Kriterien. So gibt es Kinder, deren Nationalität zwar deutsch ist, die aber in ihren Familien eine weitere Sprache sprechen (10%) bzw. überhaupt nicht Deutsch sprechen (1%). In den Familien der türkischen Kinder gibt es nur bei 4 der insgesamt 502 Kinder der türkischen Migranten Deutsch als alleinige Verkehrssprache, wohingegen in 62% der Familien eine parallele Verwendung von Deutsch und Türkisch vorherrscht. Bedeutsamer für die Einschätzung der Lernausgangslage ist aber die Feststellung, dass in mehr als einem Drittel der türkischen Familien ausschließlich Türkisch gesprochen wird. Die fehlende Einbindung der schulischen Bildungssprache in den Familienalltag ist demgegenüber nur für 27% der Familien gültig, die unter der Kategorie „anderes Land" gebündelt wurden. Diese Bündelung aller weiteren Nationalitäten unter einer Kategorie erwies sich als notwendig, da aufgrund der Vielzahl der Nationalitäten und der über 50 verschiedenen Regionalsprachen, die in diesem Kontext genannt wurden, statistisch sinnvoll keine weitere Gruppenbildung möglich war: die Gruppen wären zu klein ausgefallen und hätten keine weiteren statistischen Analysen ermöglicht.

Tab. 1: Nationalität und Familiensprachen der Stichprobe

Familiensprache / Herkunftsland	gesamt	Deutsch		Deutsch und eine andere Sprache		andere Sprache(n)	
	N	N	%	N	%	N	%
Deutschland	394	347	88 %	41	10 %	6	1 %
Türkei	502	4	<1 %	313	62 %	185	36 %
Andere Länder	264	11	4 %	181	68 %	72	27 %

Die familiale Sprachenkonstellation der Stichprobe lässt eine höhere Risikobelastung der türkischen Kinder erwarten, wenn man in Rechnung stellt, dass in den PISA-Befunden die Schulleistungsentwicklung von Jugendlichen aus Familien mit nur einem nicht in Deutschland geborenen Elternteil sich nicht bedeutsam von den Jugendlichen unterscheidet, deren beide Eltern in Deutschland geboren sind. Unter Berücksichtigung der sozialen Lage sind es insbesondere Jugendliche aus Familien, in denen beide Eltern über einen Migrationshintergrund verfügen, die ein zu geringes Kompetenzniveau in den schulischen

Leistungsbereichen aufweisen (Baumert/ Schümer 2001). Diese nationalitätsbezogene Differenzierung lässt erwarten, dass sie mit unterschiedlichen Dominanzen hinsichtlich der Familiensprachen kovariieren. Da im Kontext der *BeLesen*-*Studie* insbesondere die sprachnahen Faktoren der Schulleistungsentwicklung von Interesse sind, ist hier eine Bezugnahme auf die in den Familien vorherrschende Sprachenkonstellation vorgenommen worden.

Für die Einschätzung der schriftsprachlichen Kompetenzentwicklung in Relation zu unterschiedlichen methodischen Orientierungen des Anfangsunterrichts ist die Zusammensetzung der verschiedenen Teilstichproben des Anfangsunterrichts im Hinblick auf dieses Kriterium zu kontrollieren.

Tab. 2: Familiensprache der Kinder und methodische Orientierung des Anfangsunterrichts

Unterrichts-methode / Familien-sprache	lehrgangs-gebundener Anfangs-unterricht *Fibellehrgang*		Methodenintegration				Offener Anfangs-unterricht *Lesen durch Schreiben*	
			Fibel plus Spracher-fahrung		*Spracherfahrung plus Fibel*			
	N	%	N	%	N	%	N	%
Deutsch	40	28%	105	31 %	60	27 %	92	40 %
Deutsch und eine andere Sprache	40	28%	198	59 %	110	49 %	76	33 %
andere Sprache(n)	64	44%	35	10%	55	24 %	62	27 %
gesamt	144		338		225		230	

Unter Berücksichtigung der familialen Sprachsituation erweist sich die Lernausgangslage in den Teilgruppen der Methoden des Schriftspracherwerbs als unterschiedlich belastet. Von besonderem Interesse sind hierbei die beiden Extrempole *Deutsch als Familiensprache* und *andere Sprache(n)*, die deutlich unterschiedliche sprachliche Eingangsvoraussetzungen im Hinblick auf die Verkehrssprache und das familiale Unterstützungspotential erwarten lassen. Unter Anwendung dieser Kriterien erweist sich die Lernausgangslage der Klasse, in denen die Lehrkräfte eine lehrgangsgebundene Form des Anfangsunter-

26

richts favorisieren, als besonders belastet, denn 44% der Kinder dieser Gruppierung sprechen zu Haus kein Deutsch. Insgesamt können Vorteile für Klassen festgestellt werden, die in einem offenen Anfangsunterricht die deutsche Schriftsprache erwerben können, denn hier sind 40% der Kinder monolingual Deutsch gegenüber nur 28% in den fibelorientierten Klassen. Auffällig ist auch, dass in der Gruppe der Klassen, in denen der Fibellehrgang durch die Einbeziehung weiterer fibelunabhängiger Materialien variiert wird, nur für 10% der Kinder die Präsenz der schulischen Bildungssprache im häuslichen Umfeld nicht gegeben ist. Ob die Tendenz zur Flexibilisierung der lehrgangsgebundenen Form des Anfangsunterrichts bei den Lehrkräften auch eine Reaktion auf eine etwas günstigere Situation im Hinblick auf die Rolle der Umgebungssprache ist, kann hier nicht beantwortet werden.

Lässt man die Familiensprache unberücksichtigt und reduziert die Betrachtung auf das Kriterium „Migrationshintergrund", erweist sich ebenfalls eine besondere Risikobelastung der lehrgangsgebundenen Klassen *(Fibellehrgang)* , in denen 68% der Schüler unter dieses Kriterium fallen, gegenüber 59 % in den Klassen *Lesen durch Schreiben*.

Während Alter, Geschlechtszugehörigkeit und DaZ-Fördermaßnahmen in den einzelnen Gruppen des Anfangsunterrichts sich nicht signifikant unterscheiden, gibt es Differenzen innerhalb der Stichprobe bezüglich der kognitiven Eingangsvoraussetzungen. Gemessen wurde mit drei Subtests aus dem *Culture Free Test (CFT 1)* von Weiß/Osterland (1997), der allerdings mit einer deutschsprachigen Testinstruktion durchgeführt werden musste. Insofern konnte keine für alle Kinder gleiche Erhebungssituation geschaffen werden, was bei der Interpretation der Befunde berücksichtigt werden muss. Es zeigt sich ein signifikant besseres Abschneiden der monolingual deutschsprachigen Kinder gegenüber den Kindern mit Migrationshintergrund (vgl. Abb. 1). Das Signifikanzniveau bleibt auch bei der Wiederholung dieses Tests zur Mitte der 2. Klasse mit teilweise identischen teilweise neuen Subtests erhalten.

Die Variable „kognitive Leistungsfähigkeit" ist damit ein weiterer Faktor, in dem die Gruppierung *Fibellehrgang* zumindest im Hinblick auf die Kinder ohne Migrationshintergrund eine schwächere Ausgangsposition zu verzeichnen hat als alle anderen Teilgruppen. Gleichzeitig erreicht die Gruppe der Kinder mit Migrationshintergrund in dieser Unterrichtsform relativ günstige Werte, was in der Interpretation der Lernentwicklungen zu berücksichtigen sein wird. Insgesamt gesehen ist das kognitive Potential in der Gruppe *Spracherfahrungsansatz plus Fibel* am günstigsten.

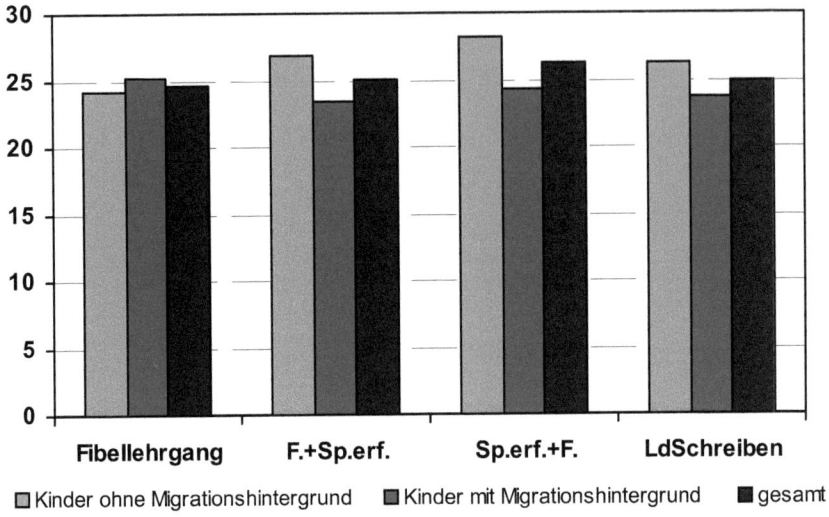

Abb. 1: Kognitive Leistungsfähigkeit (CFT 1) der Kinder mit und ohne Migrationshintergrund im Frühjahr der 1. Klasse

Nach den ersten drei Monaten Unterricht in der ersten Klasse wurden die Lehrkräfte u.a. danach befragt, wie sie den Sprachstand und den voraussichtlichen Lernerfolg der Kinder einschätzen. Hier ergeben sich erwartbare Antworttendenzen, die den Kindern mit Migrationshintergrund eine jeweils schwächere Position zuweisen. Lernbereitschaft, Konzentrationsvermögen und soziale Einbindung der Kinder werden demgegenüber von den Lehrkräften insgesamt relativ hoch eingeschätzt und bestätigen damit die optimistische Lernhaltung, die für den Beginn der Grundschule vielfach belegt ist. Die soziale Einbindung der türkischen Migrantenkinder liegt sogar über der anderer sprachlicher Gruppierungen, was auch dem Umstand geschuldet sein könnte, dass sie die zahlenmäßig größte Population der Gesamtstichprobe darstellen und schon allein deshalb über günstigere Interaktionsbedingungen in den Klassen verfügen. Für die Sprachentwicklung in der Zielsprache könnten damit gleichzeitig ungünstigere Lernbedingungen verknüpft sein.

5 Befunde

5.1 Differenzen der Schulleistungsentwicklung zwischen Kindern mit und ohne Migrationshintergrund

Alle in der *BeLesen*-Studie durchgeführten Leistungstests bestätigen ein Ergebnis: Die Differenzen zwischen Kindern mit und ohne Migrationshintergrund sind mit Schulbeginn signifikant und setzen sich fort (vgl. Merkens 2005, S. 8).

Tab. 3: Unterschiede zwischen Kindern mit und ohne Migrationshintergrund in den Klassen 1-3 der Grundschule

	Kinder ohne Migrationshintergrund		Kinder mit Migrationshintergrund			
	Mittelwert	Standardabweichung	Mittelwert	Standardabweichung	F-Wert	Sig
Mitte Klasse 1						
Verkehrszelle	5,6	1,2	6,1	0,9	36,1	.000
Sozioökonomischer Status	2,3	0,54	1,8	0,54	126,4	.000
Sprachstand der Kinder	2,5	0,43	1,9	0,51	327,4	.000
Lehrereinschätzung: Schulerfolg	2,9	0,63	2,5	0,66	44,8	.000
CFT 1	27,0	4,8	24,2	5,7	46,0	.000
Ende Klasse 1						
HSP	43,7	30,4	33,3	26,9	23,8	.000
WLLP	32,1	18,3	24,1	14,7	59,9	.000
DEMAT	21,3	6,2	19,1	6,3	29,7	.000

(Fortsetzung der Tabelle 3 auf der folgenden Seite)

	Kinder ohne Migrationshintergrund		Kinder mit Migrationshintergrund			
	Mittelwert	Standardabweichung	Mittelwert	Standardabweichung	F-Wert	Sig
Ende Klasse 2						
HSP	42,1	26,7	35,0	26,3	12,9	.000
WLLP	69,5	22,9	57,7	18,9	62,2	.000
ELFE-Test	8,2	4,5	6,0	3,2	68,3	.000
DEMAT	17,8	9,1	13,0	7,9	61,2	.000
Ende Klasse 3						
DRT	10,7	5,4	9,6	5,3	7,5	.000
WLLP	91,5	23,2	78,9	21,8	61,2	.000
ELFE-Test	13,2	4,6	10,3	4,3	82,8	.000
C-Test	21,2	4,3	17,7	4,8	105,6	.000
DEMAT	9,8	4,3	7,8	4,1	40,6	.000

Der durchgängige Leistungsvorteil der monolingualen Kinder der Stichprobe relativiert sich allerdings, wenn man ihn mit den Normwerten der Eichstichprobe vergleicht, die klassenstufenbezogen gültig sind. Hier zeigt sich das Risikopotential der Gesamtstichprobe, die zunächst deutlich hinter den klassenstufenbezogenen Normwerten zurückbleibt. Dennoch entwickelt sich der Lernverlauf der deutschen Kinder tendenziell günstiger, indem eine für die weitere Leseentwicklung bedeutsame Annäherung an basale Standards fast erreicht wird (vgl. Abb. 2). Demgegenüber bleibt der Abstand zu den monolingualen Standards für die Kinder mit Migrationshintergrund erhalten. Bis zum Ende der zweiten Klasse können durch den Unterricht durchaus kompensatorische Lernerfolge verbucht werden, denn für beide Teilstichproben reduziert sich der Abstand zu den Normwerten der Eichstichprobe: Eine Entwicklung, die im Verlauf der 3. Klasse nicht fortgesetzt werden kann. In dieser Klasse bleibt - in Relation zur Normstichprobe - das in der Klasse 2 erreichte Niveau erhalten (vgl. Tabelle 4).

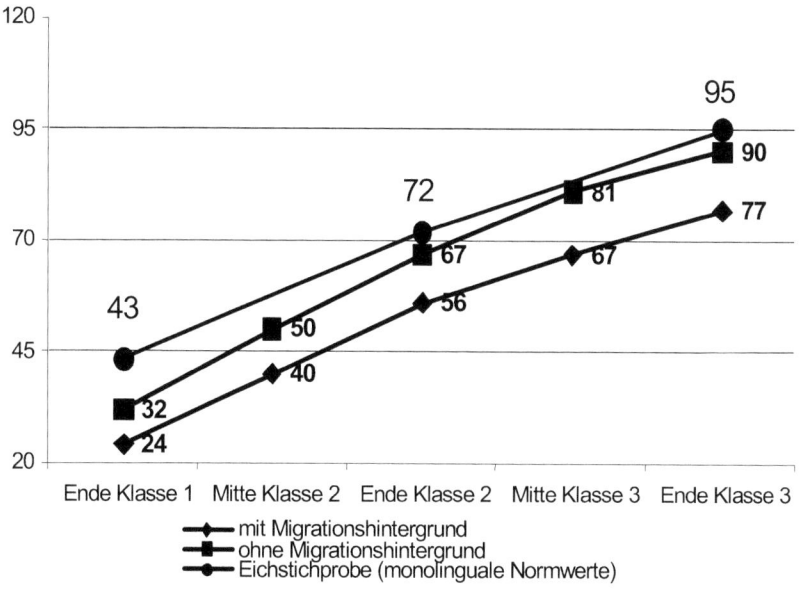

Abb. 2: Entwicklung der basalen Lesefähigkeit (WLLP) bei Kindern mit/ohne Migrationshintergrund in Relation zu monolingualen Normwerten

Tab. 4: Entwicklung von Distanzmaßen der basalen Leseleistungen (WLLP) bei Kindern mit/ohne Migrationshintergrund in Relation zu monolingualen Normwerten

WLLP-Effekstärke (d)	Ende Klasse 1	Ende Klasse 2	Ende Klasse 3
Kinder *mit* Migrationshintergrund versus Eichstichprobe	1,22	0,80	0,84
Kinder *ohne* Migrationshintergrund versus Eichstichprobe	0,65	0,23	0,22

6.2 Differenzen der Schulleistungsentwicklung in Relation zur Rolle der Zielsprache in der familialen Sprachpraxis

Die Daten der *BeLesen*-Studie erlauben eine Betrachtung der Lernentwicklung von Migrantenkindern im Kontext unterschiedlicher familialer Sprachpraxen. Typisch für die Gruppe der Migranten in der Gesamtstichprobe ist eine parallele Verwendung von Herkunftssprache und Deutsch. In 30% der Familien verständigt man sich aber ausschließlich in der Herkunftssprache. Die Lernerfolge dieser beiden Gruppen von Migranten entwickeln sich unterschiedlich (vgl. Tab. 5). Insbesondere im Bereich des basalen Lesens (WLLP) steigt die Differenz kontinuierlich bis zur 3. Klasse an (Eta-Quadrat = 0,82). Während beim ersten Messzeitpunkt nur ein leichter Vorteil für die Gruppe der Kinder festzustellen ist, die zu Hause auch in der Verkehrsprache kommunizieren, wird der zunehmende Vorteil für diese Gruppe von Migranten hinsichtlich der Lesegeschwindigkeit (WLLP) besonders deutlich. Das mit dem ELFE-Test gemessene Leseverständnis ist insgesamt bei der Gruppe der Kinder mit Migrationshintergrund besonders belastet, so dass hier im weiteren Verlauf der Studie ggf. differentielle Entwicklungen zu kontrollieren sind.

Tab. 5: Lernerfolg von Kindern mit unterschiedlicher familialer Sprachpraxis

Familiensprache	Deutsch und eine andere Sprache			andere Sprache(n)		
WLLP	N	MW	SD	N	MW	SD
Ende 1	357	25,49	14,61	155	24,47	14,92
Ende 2	357	59,22	18,68	155	56,15	18,86
Ende 3	357	81,25	21,19	155	75,16	22,07
ELFE						
Ende 2	357	6,26	3,295	155	5,46	2,977
Ende 3	357	10,75	4,328	155	9,73	4,144

Insgesamt könnte die Richtung des Ergebnisses Indikator für eine größere Unterstützungsleistung von Familien sein, in denen die schulische Bildungssprache neben der Verwendung der Herkunftssprache Bedeutung hat.

5.3 Differenzen der Schulleistungsentwicklung in Relation zu unterschiedlichen Methoden des Anfangsunterrichts

5.3.1 Rechtschreibung

Die Rechtschreibentwicklung der Kinder wurde erstmals Mitte der 1. Klasse mit der *Hamburger Schreibprobe (HSP)* gemessen und spiegelt insbesondere die Differenz des Eingangsstatus, der zeitgleich für die kognitive Leistungsfähigkeit und den Sprachstand erhoben wurde. Auf Klassenebene werden Kontextfaktoren wirksam, die einen Vorteil für Lehrkräfte zeigen, die eine Zusatzausbildung in DaZ absolviert haben. Klassen, in denen der Anteil von Kindern mit Migrationshintergrund besonders hoch liegt, weisen für die Gruppe der Migrantenkinder eine ungünstige Lernsituation aus, wohingegen die Lernentwicklung der deutschen Kinder sich zu diesem Zeitpunkt nicht beeinträchtigt zeigt.

Die beiden stärksten Einflussfaktoren auf das Ergebnis der Rechtschreibkompetenz nach dem ersten Schulhalbjahr sind Sprachstand und kognitives Fähigkeitsniveau der Kinder, wobei dieser Zusammenhang für die Kinder ohne Migrationshintergrund am stärksten ist (vgl. Tab. 6).

Tab. 6: Regressionsmodell für die Leistungen im HSP (Graphemtreffer) nach einem halben Schuljahr in der ersten Klasse (Beta-Werte)

Abhängige Variablen	Gesamt-stichprobe	Kinder *ohne* Migrationshintergrund	Kinder *mit* Migrationshintergrund
Sprachstand am Schulanfang	.31	.37	.29
CFT 1	.28	.32	.25
Unterrichtsmethode	.17	.18	.16
Lehrerfortbildung in DaZ	.07		.11
Anteil von Kindern mit Migrationsh. in einer Klasse			-.11
R-Quadrat	.26	.36	.24

Die deutliche Modellierung des Lernerfolges durch Faktoren, die nicht durch den Anfangsunterricht beeinflusst werden können, macht es sinnvoll, die Frage des Effekts unterschiedlicher Methoden des Anfangsunterrichts auf die Betrachtung von Lernzuwachsraten zu beschränken (Differenz der Leistungen zwischen Ende und Mitte der 1. Klasse).

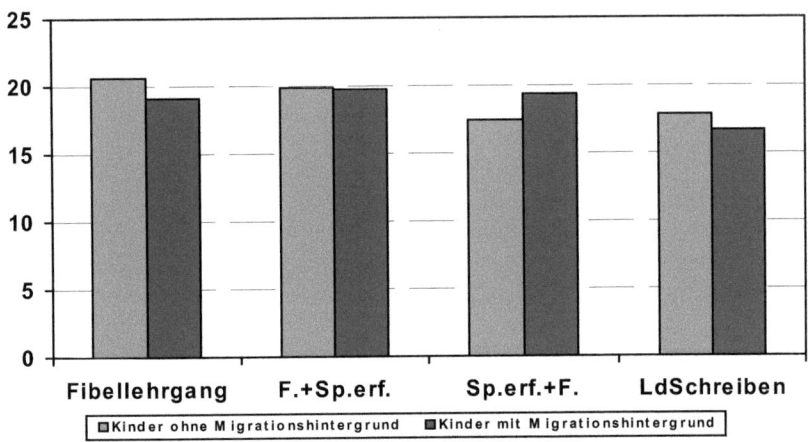

Abb. 3: Lernzuwachsraten im Rechtschreiben am Ende der 1. Klasse (Differenz der Leistungen im HSP zwischen Ende und Mitte Klasse 1; Graphemtreffer)

Im Ergebnis zeigt sich eine Überlegenheit der eher lehrgangsorientierten Verfahrensweisen für die Progression der Rechtschreibleistung in der ersten Klasse wie sie durch die beiden Methodengruppen *Fibellehrgang* und *Fibel plus Spracherfahrung* repräsentiert wird. Dieser Effekt ist unabhängig von der Herkunft, denn Kinder mit und ohne Migrationshintergrund haben in ihrer Rechtschreibleistung von den Methoden *Spracherfahrung plus Fibel* und *Lesen durch Schreiben* weniger profitieren können (vgl. Abb. 3).

Tab. 7: Univariate Varianzanalyse zur Differenz der Leistungen zwischen dem Ende und der Mitte der 1. Klasse (Messzeitpunkt 2-1)

Quelle	*F-Wert*	*Signifikanzniveau*
Kovariate: Anteil von Kindern mit Migrationshintergrund in einer Klasse	4,0	.046
Geschlecht	.0	.9
Herkunft	.04	.8
Methodische Orientierung	5.5	.000
Geschlecht x Herkunft	.1	.7
Geschlecht x methodische Orientierung	1.0	.4
Herkunft x methodische Orientierung	1.0	.4
Herkunft x Geschlecht x methodische Orientierung	.3	.9

34

Um einen möglichst objektiven Vergleich der unterschiedlichen Methoden des Schriftspracherwerbs zu ermöglichen, wurde für die Betrachtung des weiteren Verlaufs der Rechtschreibentwicklung der Datensatz in mehrfacher Hinsicht reduziert: Integrations- bzw. Förderklassen wurden ausgeschlossen, bilingual alphabetisierte Kinder und Klassen, die aufgrund von Ganztagsunterricht ein deutliches Mehr an Lernzeit in der Unterrichtssprache Deutsch absolvieren konnten und schließlich Kinder, die nicht zu allen Messzeitpunkten erfasst werden konnten. Damit ist eine tendenziell leistungsstärkere Gruppierung der Gesamtstichprobe ausgewählt (Ende Klasse 2: N= 528; Ende Klasse 3: N= 454). Trotzdem bleibt der signifikante Effekt der kognitiven Leistungsfähigkeit als zentraler Prädiktor der Lernentwicklung im Rechtschreiben erhalten und marginalisiert die Methodeneffekte in der Varianzaufklärung. Interessant ist, dass sich zum Ende der 3. Klasse die Ergebnisse der Eingangserfolge erneut bestätigen: Die Klasen, die mit einem Fibellehrgang im Anfangsunterricht gestartet sind, haben auch langfristig das beste Ergebnis erzielt und die Klassen *Lesen durch Schreiben* das geringste (vgl. Tab. 8)

Tab. 8: Stand der Rechtschreibleistungen am Ende der 3. Klasse in Relation zu unterschiedlichen Methoden des schriftsprachlichen Anfangsunterrichts (Rechtschreibtest in Anlehnung an den DRT; Cronbachs Alpha= 0,89)

	Kinder *mit* Migrationshintergrund		Kinder *ohne* Migrationshintergrund	
Unterrichtsmethode	Mittelwert	Standardabweichung	Mittelwert	Standardabweichung
Fibellehrgang	11,83	4,532	11,70	5,850
Fibel plus Spracherfahrung	9,00	5,477	11,43	5,252
Spracherfahrung plus Fibel	10,92	5,523	9,57	4,974
Lesen durch Schreiben	9,23	5,421	9,23	5,396
gesamt	10,06	5,366	10,49	5,332

Aufgrund der halbjährlichen Erfassung der Rechtschreibleistungen zeigt sich aber auch eine gewisse Inkonsistenz der Ergebnisse im Vergleich der methodenintegrierenden Verfahren und der lehrgangsgebundenen Ausprägung des Anfangsunterrichts. Noch zum Ende der 2. Klasse zeigten sich punktuell Vorteile für die methodenintegrierenden Verfahren, so dass sich eigentlich nur ein Ergebnis konstant reproduziert: der geringere Erfolg der Kinder, die nach Methode *Lesen durch Schreiben* unterrichtet wurden.

Unerwartet ist das Ergebnis, dass sich die Rechtschreibleistungen in der für den Methodenvergleich reduzierten Stichprobe zwischen den Kindern mit und ohne Migrationshintergrund praktisch nicht unterscheiden und somit zumindest auf diesen Schulleistungsbereich bezogen, keine Differenzen zwischen Kindern mit und ohne Migrationshintergrund feststellbar sind. Einschränkend muss hier allerdings darauf verwiesen werden, dass diese Leistungsäquivalenz auf einem sehr geringen Niveau besteht, das insgesamt als risikobelastet eingeschätzt werden muss.

5.3.2 Lesen

Für die basale Leseleistung, wie sie mit der WLLP gemessen wird, zeigt sich bereits am Ende der ersten Klasse eine Leistungsdifferenz zwischen den Kindern mit und ohne Migrationshintergrund. Die Richtung der Unterschiede reproduziert im Wesentlichen die Differenz der kognitiven Lernvoraussetzungen. Erst zum Ende der 2. Klasse zeigen sich Methodeneffekte, die sich durch günstigere Ergebnisse der methodenintegrierenden Verfahren für die Gesamtstichprobe erklären. Zum Ende der 3. Klasse verliert der Effekt das Signifikanzniveau, da das Abschneiden der Kinder mit Migrationshintergrund in allen Varianten des Anfangsunterrichts praktisch gleich ausfällt, nur in der Gruppe *Lesen durch Schreiben* ist das Leistungsergebnis - wie immer - noch etwas schwächer.

Zum Ende der 2. und 3. Klasse konnte jeweils der ELFE-Test eingesetzt werden, der die Anfänge des Textverständnisses überprüft. Hier zeigt sich ein ähnliches Ergebnis wie für das basale Lesen, in dem die Gruppe *Lesen durch Schreiben* die geringsten Ergebnisse zeigt. Unter Kontrolle der kognitiven Leistungsfähigkeit wird aber ein belastbares Signifikanzniveau für Methodeneffekte nicht ganz erreicht.

Tab. 9: Univariate Varianzanalyse zu den Ergebnissen des Leseverständnisses am Ende der 3. Klasse (Leseverständnistest in Anlehnung an ELFE; Cronbachs Alpha = 0,88)

Quelle	F-Wert	Signifikanzniveau
CFT 1	66,247	.000
Unterrichtsmethode	4,089	.007
Migrationshintergrund	7,055	.008
Methode x Migrationshintergrund	3,379	.018
R-Quadrat=,206 (korrigiertes R-Quadrat = ,192)		

Da die Summe der Ergebnisse hinsichtlich der Frage nach einer erfolgreichen Orientierung des Anfangsunterrichts in multilingualen Klassen immer wieder auf ein eher ungünstiges Ergebnis der Methode *Lesen durch Schreiben* verweist, wurde weiter geprüft, wie sich diese Methode generell im Hinblick auf die Art der Unterrichtsorganisation beschreiben lässt. Hierzu wurden Antworten der Lehrkräfte, die sich auf die Häufigkeit der Differenzierung im Unterricht, den Grad der Individualisierung der Aufgabenzuweisung und das Ausmaß der Schüleraktivierung beziehen, zu entsprechenden Skalen zusammengefasst.

Tab. 10: Univariate Varianzanalyse der Differenzen zwischen Methoden des Schriftspracherwerbs und generellen didaktisch-methodischen Orientierungen des Anfangsunterrichts

	Fibellehr- gang	Fibel plus Sprach- erfahrung	Sprach- erfahrung plus Fibel	Lesen durch Schreiben	F	Signifikanz- niveau
Differenzierung	2,6	2,6	2,6	3,2	141	.000
Individualisierung	3,2	3,2	3,3	3,9	226	.000
Schüleraktivierung	2,5	2,6	2,5	3,2	129	.000

Die Selbstauskünfte der Lehrkräfte, die die Methode *Lesen durch Schreiben* repräsentieren, zeigen ein Antwortverhalten, das in besonderem Maße pädagogisch erwünschten Orientierungen des offenen Unterrichts entspricht. Die Varianzanalyse zeigt, dass kaum Differenzen in der allgemeinen pädagogischen Orientierung der übrigen Lehrkräfte vorliegen (vg. Tab. 10). Jenseits der im engeren Sinne schriftsprachmethodischen Orientierungen des Anfangsunterrichts könnte sich hier ein weiterer Einflussfaktor für den Anfangsunterricht zeigen, der für eine eher behutsame bzw. nicht zu weitreichende Öffnung des Anfangsunterrichts sprechen könnte und der Strukturierung des Unterrichtsgeschehens durch die Lehrkraft größere Bedeutung zumisst.

5.4 Differenzen der Schulleistungsentwicklung in Relation zur formalen Sprachorientierung der Lehrkräfte im Anfangsunterricht

Über 60% der befragten Lehrkräfte attestieren sich bereits für die erste Klasse, auf die Korrektheit formaler Strukturen der Sprache großen Wert zu legen. Ein Vorteil für diese Form einer grammatik-didaktischen Orientierung im Anfangsunterricht konnte jedoch nicht festgestellt werden: Aus den Befragungen der Lehrkräfte zur Organisation des Anfangsunterrichts wurde ein „Grammatikindex" gebildet, indem die Antwortformate zur Intensität formaler Sprachorientierung auf Varianzaufklärung hinsichtlich der Schulleistungsentwicklung geprüft wurde. Entgegen der Erwartung konnte hierdurch keine Kovarianz mit den Testergebnissen im sprachlichen Leistungsbereich festgestellt werden.

6 Zusammenfassung und Diskussion der Ergebnisse

Insgesamt bestätigen die Ergebnisse, dass bislang übliche Fördermaßnahmen zur Unterstützung der Lernentwicklung in der Zielsprache Deutsch (DaZ) nicht ausreichen, die Differenzen der Leistungsentwicklung von Kindern mit und ohne Migrationshintergrund zu verringern. Man muss allerdings fragen, welcher Erwartungshorizont hier realistisch ist. Gerade für die Lesekompetenz gilt, dass sie in hohem Maße von Eingangsvoraussetzungen abhängig ist, die mit Schulbeginn bestehen: Die guten Leser des Schulanfangs sind die guten Leser am Ende der 2. Klasse (vgl. Ellis/Large 1988, Vellutino/Scanlon 1991, Badian 1998, Lerkkanen et al. 2004). Wenn überhaupt, dann ergeben sich Verschiebungen innerhalb der 1. Klasse bzw. nach der 2. Klasse treten dann die sogenannten Schereneffekte auf (Juel 1994). Letztlich würde dies auch die im Vergleich zu den Lernvoraussetzungen insgesamt geringen Effekte unterschiedlicher methodischer Orientierungen des Anfangsunterrichts erklären.

Tendenziell günstigere Lernergebnisse zeigen sich in der *Belesen-Studie* unter Strukturierungen des Schriftspracherwerbs, die die Rechtschreibung lehrgangsorientiert entwickeln. Vorteile für eine lehrgangsgebundene Form des Schriftspracherwerbs werden auch in der Längsschnittstudie „Lehr-Lernkulturen in der Grundschulpraxis" von Hanke (2005, S. 199 ff.) berichtet - zumindest für den Verlauf der 2. Klasse. Da die Lernentwicklung für die erste Klasse sich aber auch für Realisierungen offenen Unterrichts im Hinblick auf die Rechtschreibkompetenz als günstig erwies, interpretiert sie dieses Ergebnis als „inkonsistent". Insofern ist der Befund der *BeLesen-Studie* bedeutsam, der die in der Studie von Hanke ausgewiesene Tendenz auch für die 3. Klasse bestätigen kann. Dies müsste für ähnlich risikobelastete Gruppen weiter überprüft werden. Unerwartet ist das Ergebnis, dass zwischen den Kindern mit und ohne Migrationshintergrund keine Differenzen hinsichtlich ihrer Rechtschreibleistungen feststellbar waren. Dies ließe sich vor dem Hintergrund qualitativ-komparativer Analysen von Rechtschreibfehlern weiter bestätigen, die die Annahme interferenzbedingter Falschschreibungen einschränken (Thomé 1987). Ausnahme sind nur grammatisch induzierte Fehlerkategorien (vgl. Fix 2002, S. 54). Dies ist ohne Zweifel für rechtschreibdidaktische Überlegungen bedeutsam, denn eine *spezifische* Förderung von L2-Lernenden wäre dann in diesem Sektor nicht notwendig.

Die in besonderer Weise risikobelastete Entwicklung des Leseverständnisses bei Kindern mit Migrationshintergrund bedarf demgegenüber einer Anreicherung der Fibellehrgänge durch Bezugnahme auf vielfältige Lesetexte, die insgesamt eingebunden bleiben sollte in eine ausbalancierte Öffnung des Unterrichts. Möglicherweise ist die Frage nach der Art der Instruktion bedeutsamer als die Frage des fachdidaktischen Arrangements des Anfangsunterrichts, kurz, die Alternative ob mit oder ohne Fibel unterrichtet wird. Dafür würden die insgesamt schwachen Differenzen zwischen den unterschiedlichen Methoden des Schriftspracherwerbs sprechen und die auch in der *BeLesen*-Studie beobachtbare Heterogenität der Entwicklung auf Klassenebene (differenzierter hierzu vgl. Stephan Mücke in diesem Band). Für weitere Forschungsbemühungen könnte es ergiebig sein, das Verhältnis von expliziter und impliziter Instruktion für die Entwicklung basaler Lesekompetenz weiter zu fokussieren. Ansätze hierzu finden sich bei Foorman et al. (1998b).

Der sich andeutende geringere Lernerfolg von Kindern aus Familien, in denen die schulische Bildungssprache keine Bedeutung hat, verweist auf die Notwendigkeit der Vernetzung schulischer und familienbezogener Fördermaßnahmen.

Ein theoriekonformer Leistungsvorteil einer grammatik-didaktischen Minimalorientierung konnte bisher für den Anfangsunterricht nicht bestätigt werden. Dabei muss berücksichtigt werden, dass die eingesetzten Leistungstests nicht im engeren Sinne grammatische Kompetenz gemessen haben. Ein Vorteil hätte sich also nur zeigen können, wenn bereits in den ersten Schuljahren ein Transfer grammatischer Kompetenz auf die Rechtschreib- und Lesekompetenz stattfinden würde. Möglicherweise sind das aktive Vokabular und die Syntaxentwicklung dieser Stichprobe auch zu gering gewesen, um unmittelbar von einer explizit formalen Sprachorientierung profitieren zu können. Selbst einsprachige Kinder, die bis etwa zum 4. Lebensjahr die Grammatikstrukturen ihrer Muttersprache erwerben, sind erst mit 6 Jahren ansatzweise zu einer morphologisch-syntaktischen Reflexion in der Lage. Zweitsprachlernende sind zwar bereits in der Phase des Bedeutungserwerbs zu sprachreflexiven Äußerungen fähig, grammatische Erwerbsprobleme können aber während der Erwerbsphase morphologisch-syntaktischer Strukturen nicht zum Thema einer metasprachlichen Sequenz gemacht werden (vgl. Kutsch 1989, S. 157). Dies spricht für die untergeordnete Rolle eines grammatischen Begriffssystems und für die Notwendigkeit der Ausbalancierung expliziter und impliziter Sprachförderung in einsprachigen Fördermaßnahmen wie Deutsch als Zweitsprache. Hierzu liegt bislang nur eine experimentelle Studie vor, das Jacobs-Sommercamp-Projekt, in dem zumindest für die 3. Klasse Vorteile für einen ausgewogen instruierenden, sprachsystematischen Ansatz deutlich wurden. Offenbar können die Förderung der bewussten Wahrnehmung und der gezielte Umgang mit sprachlichen Strukturen zu positiven Transferwirkungen auf die Entwicklung von Lesekompetenz bei älteren Grundschülern führen (vgl. Stanat/Müller 2005, S. 29).

Anmerkung

[1] C-Tests sind nach einem vorgegebenen Prinzip der Auslassung von Buchstaben gestaltete Texte, in denen der Leser nach einem vollständigen Einführungssatz die übrigen lückenhafte Textteile durch Rückgriff auf sein semantisch-syntaktisches und orthographisches Wissen unter Anwendung der Strategie der Textkohäsion erschließen muss. C-Tests müssen jeweils von einer altergleichen muttersprachlichen Stichprobe mit über 90% Wahrscheinlichkeit richtig gelöst werden können, um sie als Testformat für eine zweitsprachige Stichprobe einsetzen zu können.

Literatur

Alba, R./Nee, V. (1997): Rethinking assimilation theory for a new era of immigration. In: International Migration Review, 31 (4), S. 826-874.

Artelt, C./McElvany, N./Christmann, U./Richter, T./Groeben, N./Köster, J./Schneider, W./Stanat, P./Ostermeier, C./Schiefele, U./Valtin, R./Ring, K. (2005): Expertise – Förderung von Lesekompetenz. Bildungsreform Band 17. Berlin: Bundesministerium für Bildung und Forschung.

Baker, C./Prys, S. (1998): Encyclopaedia of Bilingualism and Bilingual Education. Clevedon: Multilingual Matters Ltd.

Bartnitzky, H./Speck-Hamdan, A. (2005): Sprachförderung als Herausforderung. In: Bartnitzky, H./Speck-Hamdan, A. (Hrsg.): Deutsch als Zweitsprache. Beiträge zur Reform der Grundschule 120. Frankfurt a. M.: Arbeitskreis Grundschule – Der Grundschulverband, S. 8-18.

Badian, N.A. (1994): Preschool prediction: orthographic and phonological skills, and reading. In: Annals of Dyslexia, 44, S. 3-25.

Bates, E./Dale, P.S./Thal, D (1995): Individual differences and their implications for theories of language development. In: Fletcher, P./ MacWhinney, B (Hrsg.): The Handbook of child language. Oxford: Blackwell, S. 96-151.

Baumert, J./Schümer, G. (2001): Familiäre Lebensverhältnisse, Bildungsbeteiligung und Kompetenzerwerb. In: Deutsches PISA-Konsortium (Hrsg.): PISA 2000 – Basiskompetenzen von Schülerinnen und Schülern im internationalen Vergleich, Opladen: Leske & Budrich, S. 323-407,

Belke, G. (2003a): Methoden des Sprachunterrichts in multilingualen Lerngruppen. In: Bredel, U./Günther, H./Klotz, P./Ossner, J./Siebert-Ott, G. (Hrsg.): Didaktik der deutschen Sprache. Band 1. Paderborn: Schöningh, S. 840-853.

Belke, G. (2003b): Mehrsprachigkeit und Deutschunterricht. Sprachspiele, Spracherwerb, Sprachvermittlung, Hohengehren: Schneider.

Bialystok, E. (2001): Bilingualismen in development. Language, literacy and cognition. Cambridge: Cambridge University Press.

Bialystok, E. (2002): Acquisition of Literacy in Bilingual Children: A Framework for Research. In: Language Learning, 52, S. 159-199.

Bialystok, E./Hakuta, K. (1994): In other words: The psychology and science of second language acquisition. New York: Basic Books.

Bittner, U. (1994): Erstlesen und Erstschreiben. Wesentliche Erfahrungen und Perspektiven für die Schulpraxis. In: Pädagogische Welt. Zeitschrift für Unterricht und Erziehung, 48,3, S. 124-128.

Bos, W./Lankes, E.-M./Schwippert, K./Valtin, R./Voss, A./Badel, I./Plaßmeier, N. (Hrsg.) (2003): Lesekompetenzen deutscher Grundschülerinnen und Grundschüler am Ende der vierten Jahrgangsstufe im internationalen Vergleich. In: Bos, W./Lankes, E.-M./Prenzel, M./Schwippert, K./Valtin, R./Walther, G. (Hrsg.): Erste Ergebnisse aus IGLU. Schülerleistungen am Ende der vierten Jahrgangsstufe im Vergleich. Münster: Waxmann, S. 69-141.

Brügelmann, H. (1983): Kinder auf dem Weg zur Schrift. Eine Fibel für Lehrer und Laien. Konstanz: Libelle.

Bühler-Otten, S./Neumann, U./Reuter, L. (2000): Interkulturelle Bildung in den Lehrplänen. In: Gogolin, I./Nauck, B. (Hrsg.): Migration, gesellschaftliche Differenzierung und Bildung. Opladen: Leske & Budrich, S. 279-320.

Caroll, J.B. (1973): Ein Modell schulischen Lernens. In: Edelstein, W./Hopf, D. (Hrsg.): Bedingungen des Bildungsprozesses. Psychologische und pädagogische Forschungen zum Lehren und Lernen in der Schule. Stuttgart: Klett, S. 234-250.

Carroll, J.B. (1975): The Teaching of French as a Foreign Language in Eight countries. Stockholm: Almqvist & Wiksell.

Cummins, J. (1979): Linguistic Interdependence and the Educational Development of Bilingual Children. In: Review of Educational Research, 49, 22, S. 222-251.

Cummins, J. (1984): Zweisprachigkeit und Schulerfolg. Zum Zusammenwirken von linguistischen, soziokulturellen und schulischen Faktoren auf das zweisprachige Kind. In: Die Deutsche Schule, 76, 1, S. 187-198.

Cummins, J. (1991): Interdependency in first and second language proficiency in bilingual children. In: Bialystock, E. (Hrsg.): Language Processing in bilingual Children. Cambridge: Cambridge University Press, S. 70 – 89.

Diefenbach, H. (2005): Schulerfolg von ausländischen Kindern und Kindern mit Migrationshintergrund als Ergebnis individueller und institutioneller Faktoren. In: Arbeitsstelle interkulturelle Konflikte und gesellschaftliche Integration (Hrsg.): Migrationshintergrund von Kindern und Jugendlichen: Wege zur Weiterentwicklung der amtlichen Statistik. Bildungsreform Bd. 14. Bonn, Berlin: Bundesministerium für Bildung und Forschung, S. 43-54.

Durgunoglu, A.Y. (1997): Bilingual reading: Its components, development, and other issues. In: de Groot, A.M.B./Kroll, J.F. (Hrsg.): Tutorials in bilingualism: Psycholinguistic perspectives, Mahwah, NJ: Erlbaum, S. 225-276.

Einsiedler, W. (1997): Unterrichtsqualität und Leistungsentwicklung: Literaturüberblick. In : Weinert, F.E./Helmke, A. (Hrsg.): Entwicklung im Grundschulalter, Weinheim: Beltz, S. 225-251.

Einsiedler, W. (2002): Unterricht in der Grundschule. In: Schnabel, K./Baumert, J./Leschinsky, A./Mayer, K.-U. (Hrsg.): Das Bildungswesen in der Bundesrepublik Deutschland. Reinbek b. Hamburg: S. 342-391.

Ellis, N.C. (Hrsg.) (1994): Implicit and explicit learning of languages. London: Academic Press.

Ellis, N. C. (2005): At the interface: Dynamic interactions of explicit and implicit language knowledge. In: Studies in Second Language Acquisition, 27, 2, S. 305-352.

Ellis, N.C./Large, B. (1988): The early phases of reading: a longitudinal study. In: Applied Cognitive Psychology, 2, S. 47-76.

Ferdinand, W. (1970): Über die Erfolge des ganzheitlichen und des synthetischen Lese- (Schreib-) Unterrichts in der Grundschule. In: Neue Deutsche Schule: Essen.

Fix, M. (2002): "Die Rechtschreibung ferbessern" – Zur orthographischen Kompetenz in der Zweitsprache Deutsch. In: Didaktik Deutsch, 7, 12, S. 39-55.

Foorman, B.R./Fletcher, J.M./Francis D.J. (1998a): Preventing Reading Failure by Ensuring Effective Reading Instruction. In: Patton, S./Holmes, M. (Hrsg.): The Keys to Literacy. Washington: Council for Basic Education, S. 29-39.

Foorman, B. R./Fletcher, J.M./Francis D.J./Schatschneider, Ch. (1998b): The Role of Instruction in Learning to read: Preventing reading failure in at-risk-children. In: Journal of Educational Psychology, Vo. 90, No. 1, S. 37-55.

Frith, U., Wimmer, H., Landerl, K (1998).: Differences in phonological recoding in German- and English-speaking children. In: Scientific Studies of Reading, 2, 1, S. 31-54.

Gogolin, I. (1994): Der monolinguale Habitus der multilingualen Schule. Münster: Waxmann.

Gogolin, I./Neumann, U./Reuter, L. (1998): Schulbildung für Minderheiten. Eine Bestandsaufnahme. In: Zeitschrift für Pädagogik, 44, S. 663-678.

Greene, J.P. (1998): A Meta-Analysis of the Effectiveness of Bilingual Education. Los Angeles: University of Southern California.

Grießhaber, W. (2002): Erwerb und Vermittlung des Deutschen als Zweitsprache. In: Deutsch in Armenien Teil 1: 2001/1, 17-24; Teil 2: 2001/2, 5-15 Jerewan: Armenischer Deutschlehrerverband.

Grimm, H. (1995): Gestörter Sprachlernprozess: Ursachen und schulische Folgen. In: Niemeyer, W. (Hrsg.): Kommunikation und Lese-Rechtschreibschwäche. Bochum: Winkler, S. 53-70.

Grimm, H. (1999): Störungen der Sprachentwicklung. Göttingen: Hogrefe.

Haag, L./Stern, E. (2000): Non scholae sed vitae discimus? Auf der Suche nach globalen und spezifischen Transfereffekten des Lateinunterrichts. In: Zeitschrift für Pädagogische Psychologie, 14, S. 146-157.

Hakuta, K. (1987): Degree of bilingualism and cognitive ability in mainland Puerto Rican children. In: Child Development, 54, S. 1372-1388.

Hakuta, K./Butler, Y.G./Witt, D. (2000): How long does it take English learners to attain proficiency? Stanford University.

Hanke, P. (1996): Projekt „Schriftspracherwerb". Bericht Nr. 1. Abteilung für Allgemeine Didaktik und Schulpädagogik der Universität zu Köln.

Hanke, P. (2005): Öffnung des Unterrichts in der Grundschule. Lehr-Lernkulturen und orthographische Lernprozesse im Grundschulbereich. Münster: Waxmann.

Harley, B./Wang, W. (1997): The critical period hypotheses: Where are we now? In: de Groot, A.M.B./Kroll, J.F. (Hrsg.): Tutorials in bilingualism: Psycholinguistics perspectives, Mahwah. Nj: Erlbaum, S. 19-51.

Hopf, D. (2005): Zweisprachigkeit und Schulleistung bei Migrantenkindern. In: Zeitschrift für Pädagogik, 51, 2, S. 236-251.

Johnson, J. S./Newport, E.L. (1989): Critical Period Effects in Second Language Learning: The Influence of Maturational State on the Acquisition of English as a Second Language. In: Cognitive Psychology, 21, S. 60-99.

Juel, C. (1994): Learning to read and write in one elementary school. New York: Springer.

Kao, G./Tienda, M. (1995): Optimism and achievement: the educational performance of immigrant youth. In: Social Science Quarterly, 76, 3.1-19.

Kirschhock, E.-M. (2004): Entwicklung schriftsprachlicher Kompetenzen im Anfangsunterricht. Bad Heilbrunn/Obb.: Klinkhardt.

Koda, K. (1994): Second language reading research: Problems and possibilities. In: Applied psycholinguistics, 15, S. 1-28.

Krampen, G./Blatz, H./Brendel, M./Freilinger, J./Medernach, J. (2001): Komparative Befunde zur Wortschatzentwicklung und Sprachförderdiagnostik bei multilingualen Primarschulkindern. In: Zeitschrift für Entwicklungspsychologie und Pädagogische Psychologie, 34, 4, S. 194-200.

Kutsch, St. (1989): Sprachreflexive Fähigkeiten im Zweitspracherwerb. In: Osnabrücker Beiträge zur Sprachtheorie, 40, S. 143-159.

Küspert, P./Schneider, W. (1998): Würzburger Leise Leseprobe (WLLP) – Ein Gruppentest für die Grundschule. Göttingen u.a.: Hogrefe.

Langenmayr, A. (1997): Sprachpsychologie. Göttingen: Hogrefe.

Lenhard, W./Schneider, W. (im Druck): ELFE 1-6: Ein Leseverständnistest für Erst- bis Sechstklässler. Göttingen: Hogrefe.

Lerkkanen, M.-K./Rasku-Puttonen, H./Aunola, K./Nurmi, J.-E. (2004): Predicting reading performance during the first an the second year of primary school. In: British Educational Research Journal, Vol. 30, No.1, S. 67-92.

May, P./Vieluf, U. /Malitzky, V.(2002): Hamburger Schreibprobe – Handbuch für alle Stufen 6. Akt. und erw. Aufl. Hamburg: Verlag für pädagogische medien (vpm).

McLaughlin, B. (1978): Second –Language Acquisition in Childhood. Hillsdale, New York: Erlbaum.

Meisel, J.M. (2006): The bilingual child. In: Bhatia, T.K./Richie, W.C. (Hrsg.): The handbook of bilingualism. Cambridge, MA: Blackwell Publishing.

Merkens, H.(2005): Schulkarrieren von Kindern mit Migrationshintergrund in den ersten drei Jahren der Grundschule,Berichte aus der Arbeit des Arbeitsbereichs Empirische Erziehungswissenschaft der Freien Universität Berlin, Heft 43, Berlin 2005.

Merkens, H./Schründer-Lenzen, A./Limbird, Ch./Francke, J./Gelfort, K./Heintze, A./Mücke, St./ Schneewind, J.(2004/2005): Projekt BeLesen: Berliner Längsschnittstudie zur Lesekompetenzentwicklung von Grundschulkindern. Zweiter und dritter Zwischenbericht. Berlin: Mimeo.

Müller, H. (1964): Methoden des Erstleseunterrichts und ihre Ergebnisse. Meisenhain. Hain

Müller, R. (2003): Diagnostischer Rechtschreibtest für 3. Klassen, 4. akt. Aufl. In: Hasselhorn, M./Marx, H./Schneider, W. (Hrsg.): Deutsche Schultests. Weinheim: Beltz.

Norris, J./Ortega, L. (2000): Effectiveness of L2 instruction: a research synthesis and quantitative meta-analysis. In: Language Learning, 50, 3, S. 417-528.

OECD – Organisation for Economic Co-operation and Development (2001): Lernen für das Leben: Erste Ergebnisse der internationalen Schulleistungsstudie PISA 2000. Paris: OECD.

OECD – Organisation for Economic Co-operation and Development (2002): Understanding the Brain, Towards a new learning Science. Paris: OECD.

Ramm, G./Prenzel, M./Heidemeier, H./Walter, O. (2004): Soziokulturelle Herkunft: Migration. In: PISA-Konsortium Deutschland (Hrsg.): PISA 2003. Der Bildungsstand der Jugendlichen in Deutschland – Ergebnisse des zweiten internationalen Vergleichs. Münster: Waxmann, S. 254-272.

Reich, H.H./Roth, H.-J. (2002): Spracherwerb zweisprachig aufwachsender Kinder und Jugendlicher. Ein Überblick über den Stand nationaler und internationaler Forschung. Hamburg: Behörde für Bildung und Sport.

Reichen, J. (1982): Lesen durch Schreiben. Leselehrgang, Schülermaterial und Lehrerkommentar. Zürich: Sabe.

Rösch, H.(2003): Deutsch als Zweitsprache: Grundlagen, Übungsideen und Kopiervorlagen für die Sprachförderung. Hannover: Schroedel.

Sanz, Ch. (2005): Mind and context in adult second language acquisition, GUP.

Schründer-Lenzen, A. (2004): Schriftspracherwerb und Unterricht. Bausteine professionellen Handlungswissens. Opladen: Leske & Budrich.

Schründer-Lenzen, A./Mücke, St. (2005): Mit oder ohne Fibel – was ist der Königsweg für die multilinguale Klasse? In: Bartnitzky, H./Speck-Hamdan, A. (Hrsg.): Deutsch als Zweitsprache lernen. Beiträge zur Reform der Grundschule 120. Frankfurt a.M.: Arbeitskreis Grundschule – Der Grundschulverband, S. 210-222.

Slavin, R.E/Tchueng, A. (2003): Effecive reading programms for English language learners. A best-evidence syntheses. Baltimore: John Hopkins University.

Söhn, J. (2005a): Zweisprachiger Schulunterricht für Migrantenkinder: Ergebnisse der Evaluationsforschung zu seinen Auswirkungen auf Zweitspracherwerb und Schulerfolg. Berlin: Arbeitsstelle Interkulturelle Konflikte und gesellschaftliche Integration. Wissenschaftszentrum Berlin für Sozialforschung (WZB), Arbeitsstelle interkulturelle Konflikte und gesellschaftliche Integration.

Söhn, J. (2005b): The Effectiveness of bilingual School Programs for Immigrant Children. Berlin: Arbeitsstelle Interkulturelle Konflikte und gesellschaftliche Integration. Wissenschaftszentrum Berlin für Sozialforschung (WZB), Discussion Papers

Stanat, P. (2003): Schulleistungen von Jugendlichen mit Migrationshintergrund: Differenzierung deskriptiver Befunde aus PISA und PISA-E. In: Baumert, J. /Artelt, C./Klieme, E./ Neubrand, M./Prenzel, M./Schiefele, U./Schneider, W./Tillmann, K. J./Weiß, M. (Hrsg.): PISA 2000. Ein differenzierter Blick auf die Länder der Bundesrepublik Deutschland, Opladen: Leseke & Budrich, S. 243-260.

Stanat, P./Müller, A. G. (2005): Förderung von Schülerinnen und Schülern mit Migrationshintergrund. In: Bartnitzksy, H./Speck-Hamdan, A. (Hrsg.): Deutsch als Zweitsprache. Beiträge zur Reform der Grundschule 120. Frankfurt a.M.: Arbeitskreis Grundschule – Der Grundschulverband, S. 20-32.

Thomas, W.P./Collier, V. (1997): School Effectiveness for Language Minority Students. Washington: National Clearinghouse for Bilingual Education.

Thomé, G. (1987): Rechtschreibfehler türkischer und deutscher Schüler. Heidelberg: Gross.

Tiedemann, J./Billmann-Mahecha, E. (2004): Migration, Familiensprache und Schulerfolg. Ergebnisse aus der Hannoverschen Grundschulstudie. In: Bos, W./Lankes, E.-M./Plaßmeier, N./ Schwippert, K. (Hrsg.): Heterogenität. Eine Herausforderung an die empirische Bildungsforschung. Münster: Waxmann, S. 269-279.

Tracy, R. (2005): Spracherwerb bei vier- bis achtjährigen Kindern. In: Guldimann, T./Hauser, B. (Hrsg.): Bildung 4- bis 8- jähriger Kinder. Münster: Waxmann, S. 59-75.

Uçar, A. (2000): Deutschkenntnisse der Schulanfänger nichtdeutscher Herkunftssprache. In: BIL: Schilfblatt 10, S. 14-18.

Valtin, R. (2003): Methoden des basalen Lese- und Schreibunterrichts. In: Bredel, U./Günther, H./Klotz, P./Ossner, J./Siebert-Ott, G. (Hrsg.): Didaktik der deutschen Sprache. Band 2. Paderborn, München, Wien, Zürich: Schöningh, S. 760-771.

Vellutino, F.R./Scanlon, D.M. (1991): The preeminence of phonologically based skills in learning to read. In: Brady, S.A./Skankweiler, D.P. (Hrsg.): Phonological processes in literacy. A tribute to Isabelle Y. Liberman. Hillsdale, Nj: Erlbaum.

Verhoeven, L. (2000): Components in early second language reading and spelling. In: Scientific studies of reading, 4, S. 313-330.

Walter, P. (2001): Schule in der kulturellen Vielfalt. Beobachtungen und Wahrnehmungen interkulturellen Unterrichts. Opladen: Leske & Budrich.

Weinert, F.E./Helmke, A. (Hrsg.)(1997): Entwicklung im Grundschulalter. Weinheim: Beltz .

Weiss, R./Osterland, J. (1997): Grundintelligenztest Skala 1,5, rev. Aufl.. Göttingen: Hogrefe.

Einfluss soziokultureller Faktoren auf den Schriftspracherwerb im Grundschulalter

Isabelle Zöller, Jeanette Roos und Hermann Schöler

Zusammenfassung

In zahlreichen empirischen Untersuchungen konnte die Bedeutung soziokultureller Merkmale für den schulischen Lernerfolg aufgezeigt werden. Im Rahmen des Projektes EVES (*E*valuation eines *V*orschultrainings zur Prävention von Schriftspracherwerbsproblemen sowie Verlauf und Entwicklung des *S*chriftspracherwerbes in der Grundschule) wird der Schriftspracherwerb von 777 Kindern des Einschulungsjahrgangs 2001 längsschnittlich über die Grundschulzeit hinweg untersucht. Neben der Erfassung der Schulnoten werden in regelmäßigen Abständen Leistungstests im Lesen und Rechtschreiben durchgeführt, sowie soziokulturelle Faktoren wie etwa das elterliche Bildungsniveau und Informationen zur familiären Sprachsituation erhoben. In Übereinstimmung mit den Befunden bisheriger Untersuchungen kann festgestellt werden, dass Kinder, deren Eltern ein vergleichsweise hohes Bildungsniveau aufweisen, im Vergleich zu Kindern aus bildungsferneren Schichten bessere Lese- und Rechtschreibleistungen erzielen. Hinsichtlich der familiären Sprachsituation lässt sich ein besseres Abschneiden rein deutschsprachig aufwachsender Kinder gegenüber mehrsprachig aufwachsenden Kindern nur für das Lesen, nicht jedoch für das Rechtschreiben finden. Unabhängig von der familiären Sprachsituation erzielen Kinder aus bildungsnahen Familien im Mittel bessere Testleistungen: Ein mehrsprachig aufwachsendes Akademikerkind hat im Durchschnitt also bessere Aussichten auf gute und sehr gute Testleistungen als etwa ein einsprachig aufwachsendes Kind aus einer Nicht-Akademiker-Familie. Betrachtet man die Leistungseinschätzungen durch die Lehrkräfte, so ergibt sich ein vergleichbares Bild.

1   Einleitung

Nicht zuletzt auf Grund der – aus deutscher Sicht – eher enttäuschenden Ergebnisse aktueller Schulleistungsstudien wie TIMSS (Baumert et al. 1997) und PISA (Baumert et al. 2001; OECD 2004; Prenzel et al. 2004) ist sowohl hinsichtlich des allgemein-gesellschaftlichen als auch des wissenschaftlichen Interesses an den Ursachen unterschiedlicher Schulleistungen auf nationaler wie internationaler Ebene ein enormer Bedeutungszuwachs zu verzeichnen. Die Erkenntnis, dass in Bezug auf die Qualität des Lehrens und Lernens ein deutlicher Rückstand zu den PISA-Gewinnern Finnland, Japan oder Korea besteht, weckt das Bedürfnis nach Vergleichen und Erklärungen. In zahlreichen empirischen Untersuchungen konnte die Bedeutung kognitiver Grundfertigkeiten für

45

den schulischen Lernerfolg aufgezeigt werden (Helmke/Weinert 1997). Vieles deutet jedoch darauf hin, dass sich der schulische Lernerfolg nicht alleine durch die individuelle Leistungsfähigkeit eines Schülers erklären lässt. Zwar konnten etwa Artelt et al. (2001) anhand der deutschen PISA-Daten zeigen, dass die kognitiven Grundfertigkeiten nach wie vor den besten Prädiktor für die Lesekompetenz der Schülerinnen und Schüler darstellen. Es wird allerdings deutlich, dass die Schulleistungen nicht hinreichend durch die Intelligenz der Schüler erklärbar sind, sondern von einer multiplen Determiniertheit schulischer Leistungen auszugehen ist (Helmke/Schrader 2001; Helmke/Weinert 1997). Neben institutionellen und individuellen Faktoren spielen dabei auch soziographische und soziokulturelle Rahmenbedingungen eine wichtige Rolle für den Lernprozess (Roos et al. 2005; Scheib et al. 2005; Schöler et al. 2003).

2   Forschungsstand und Fragestellung

2.1   *Sozioökonomische und soziokulturelle Bedingungen*

Schulische Leistungen sind in erheblichem Maße von den sozioökonomischen und soziokulturellen Bedingungen des häuslichen Umfelds abhängig. Diese Tatsache wurde von Vertretern der schichtspezifischen Sozialforschung wie Bourdieu (1982, 1983) wiederholt thematisiert und in der Folgezeit auch empirisch belegt. Ein hoher sozioökonomischer Status der Eltern geht mit einer positiven Kompetenzentwicklung der Kinder einher (vgl. u. a. Bos/Pietsch 2004; Helmke et al. 2002; Lehmann/Nikolova 2005; OECD 2004; Schnabel/Schwippert 2000; Schwippert et al. 2003; Stanat 2003). Der sozioökonomische Status der Eltern, d. h. ihre finanzielle Ausstattung und ihr gesellschaftlicher Status, bestimmt in entscheidender Weise die innerhalb der Familie verfügbaren Ressourcen und damit die Ausgestaltung des Entwicklungsumfeldes im Hinblick auf eine das Lernen unterstützende Förderung von Kindern (Ehmke et al. 2004). Dass wohlhabende Eltern ihren Kindern potenziell günstigere Lebens- und Lernbedingungen bieten können als Eltern mit knappen finanziellen Ressourcen, ist leicht nachvollziehbar. Neben den im Allgemeinen günstigeren Wohnverhältnissen gutsituierter Familien und dem erleichterten Zugang zu lernrelevanten Medien wie etwa Computern, Büchern und Spielen darf nicht übersehen werden, dass sich auch kulturelle Erfahrungen wie etwa Museums- und Theaterbesuche sowie Auslandsaufenthalte über das hierbei erworbene Wissen und die vielfältigen Erfahrungen positiv auf den Schulerfolg der Kinder auswirken können. Die familiären Lebensverhältnisse, unter denen ein Kind aufwächst, sind somit wichtige kulturelle Ressourcen, die die aktuellen Schulleistungen und auf lange Sicht auch die Bildungslaufbahn eines Kindes nachhaltig beeinflussen können (Ditton 1992; Esser 1990; Lehmann/Nikolova 2005; Meulemann 1979). Die bisher skizzierten Rahmenbedingungen basieren überwiegend auf solchen wissenschaftlichen Studien, bei denen eher die mathematisch-naturwissenschaftlichen Kompetenzen der Schüler überprüft wurden. Für die vorliegende Betrachtung besitzen jedoch vor allem solche Forschungsergebnisse Relevanz, die sich auf die Lese- und Rechtschreibkompetenz im Allgemeinen bzw. im Speziellen auf den Schriftspracherwerb in der Grundschule beziehen. Vor diesem Hintergrund sei zunächst auf die Ergebnisse der internationalen Schulleistungsstudie PISA (Baumert/Schümer 2001) verwiesen. Im Rahmen dieser Studie wurden die sozialen Verhältnisse der getesteten Schülerinnen und Schüler - systematisch und theoretisch begründet - erfasst. Hierzu wurde u. a. auf das theoretische Konzept von Bourdieu (1982, 1988, zit. nach Baumert/Schümer 2001) zurückgegriffen. Seiner Ansicht nach stellt die soziale Herkunft einer Person das Ergebnis des ihr zur Verfügung stehenden wirtschaftlichen, kulturellen und sozialen Kapitals dar (Bourdieu 1983). Dabei sind unter dem Begriff 'Kapital' diejenigen (nachweisbaren) Eigenschaften einer Person zu verstehen, die, wie z. B. ein Abiturzeugnis mit der in ihm verkörperten Zugangsberechtigung zum Hochschulstudium, ihre Handlungsmöglichkeiten abbilden und somit indirekt auch ihre (künftige) sozioökonomische Stellung beeinflussen können. Im Rahmen der PISA-Studie erfolgte die Erfassung der sozialen Verhältnisse mittels umfangreicher Begleitfragebogen. Als Maß für die soziale Herkunft wurde auf der Grundlage des elterlichen Schul- und Bildungsniveaus sowie der Art und Anzahl verfügbarer kultureller Ressourcen ein Index gebildet, der die Bildungsnähe des Elternhauses widerspiegeln soll. Im Ergebnis zeigt sich, dass ein bedeutsamer Zusammenhang zwischen dem Sozialstatus der Eltern und den Leseleistungen des Kindes besteht: Kinder aus bildungsfernen Schichten sind demnach in den höheren Kompetenzbereichen deutlich unterrepräsentiert (Baumert/Schümer 2001, 2002). Dieser Effekt bleibt, wie Ramseier und Brühwiler (2003) im Rahmen der nationalen schweizerischen PISA-Ergänzungsstudie zeigen konnten, auch dann stabil, wenn die kognitiven Grundfertigkeiten der Kinder systematisch kontrolliert werden.

Zu einem vergleichbaren Ergebnis kommt die internationale Grundschul-Lese-Untersuchung - IGLU (Schwippert et al. 2003). Als Maß für die soziale Herkunft wurde hier, wie bereits in der PISA-Studie, der International Socio-Economic Index (ISEI) bzw. der höchste sozioökonomische Index einer Familie (Highest International Socio-Economic Index - HISEI) herangezogen. Unter Berücksichtigung von Informationen zur Weisungsbefugnis im Beruf konnte darüber hinaus der von Erikson et al. (1979, zit. nach Schwippert et al. 2003) entwickelte Klassifikationsindex (EGP) gebildet werden. Im Rahmen der IGLU-

Studie werden dabei sechs EGP-Klassen unterschieden: (1) obere Dienstklasse: Angehörige von freien akademischen Berufen, führende Angestellte, höhere Beamte sowie selbstständige Unternehmer/innen (mit mehr als zehn Mitarbeitern), (2) untere Dienstklasse: Angehörige des mittleren Managements, Beamte im mittleren und gehobenen Dienst sowie technische Angestellte, (3) Routinedienstleistungen in Handel und Verwaltung, (4) Selbstständige Landwirte, Selbstständige aus manuellen Berufen und Freiberufler, (5) Facharbeiter und Arbeiter mit Leitungsfunktionen sowie Angestellte in manuellen Berufen, (6) un- und angelernte Arbeiter sowie Landarbeiter. Bei Kindern, deren Eltern beruflich der oberen und unteren Dienstklasse zugerechnet werden können, liegt das Leseverständnis deutlich höher als bei Kindern von Routinedienstleistenden, Selbstständigen, Facharbeitern und leitenden Angestellten. Am geringsten ist das Leseverständnis von Kindern aus Haushalten un- und angelernter Arbeiter.

2.2 Familiäre Sprachsituation

Als eine weitere wichtige Determinante des soziokulturellen Umfeldes gilt die familiäre Sprachsituation. Sprache stellt eine bedeutsame Grundlage für selbstständiges und systematisches Lernen dar. Ein erfolgreicher schulischer Wissenserwerb setzt daher die Beherrschung der jeweiligen Unterrichtssprache voraus. Weicht die familiäre Umgangssprache, wie dies insbesondere bei zugewanderten Familien nicht selten der Fall ist, von der Unterrichtssprache ab, so kann sich dies nachteilig auf die schulische Leistungsentwicklung auswirken. Dies gilt vor allem dann, wenn das Kind die Zweitsprache Deutsch nur unzureichend beherrscht bzw. außerhalb der Schule nur eingeschränkte Möglichkeiten bestehen, die sprachlichen Kompetenzen in der Unterrichtssprache zu üben und zu erweitern. Wie die Ergebnisse von Schulleistungsstudien wiederholt gezeigt haben, erzielen Kinder und Jugendliche aus zugewanderten Familien im Vergleich zu Schülerinnen und Schülern aus einheimischen Familien deutlich geringere Bildungserfolge (u. a. Baumert/Schümer 2001; Helmke et al. 2002; Ramm et al. 2004; Schwippert et al. 2003; Weißhuhn/Rövekamp 2004).

Im Rahmen der IEA-Leseverständnisstudie konnten Lehmann et al. (1995) für das Lesen und Rechtschreiben zeigen, dass nicht nur in der Grundschule sondern auch in der Sekundarstufe I rein deutschsprachig aufwachsende Kinder im Vergleich zu ihren mehrsprachig aufwachsenden Altersgenossen signifikant bessere Leistungen zeigen. Die Leistungskurven von ein- und mehrsprachig aufwachsenden Kindern überlappen sich allerdings deutlich, was darauf hindeutet, dass es auch zahlreichen Migrantenkindern gelingt, gute bis sehr gute Leseleistungen zu erzielen. Zu einem vergleichbaren Ergebnis gelangt Rüsch (1998, zit. nach Reich/Roth 2002) in einer Untersuchung der Deutsch-Leseleistungen von Schweizer Schülerinnen und Schülern der 3. Primarstufe. Immigrantenkinder, die im Allgemeinen vor einem anderen Sprachhintergrund aufgewachsen sind, blieben in ihren mittleren Leseleistungen auch dann hinter den Leistungen der einheimischen Kinder zurück, wenn der sozioökonomische Status kontrolliert wurde. Darüber hinaus konnte gezeigt werden, dass mit steigendem Anteil an Kindern aus den oberen sozioökonomischen Schichten die Schülerinnen und Schüler einer Klasse insgesamt bessere Leistungen erzielen. Der Anteil verschiedensprachiger Schülerinnen und Schüler in einer Klasse stand hingegen in keiner Beziehung zum Leistungsniveau. Dieser Befund steht allerdings nicht im Einklang mit den Ergebnissen der PISA-Studie (Baumert et al. 2003), der zufolge Kinder bei vergleichbarer kognitiver Leistungsfähigkeit deutlich niedrigere mittlere Leistungen erzielen, wenn sie eine Schule besuchen, in der mehr als 20% der Schülerinnen und Schüler im häuslichen Umfeld nicht die jeweilige Unterrichtssprache sprechen.

2.3 Forschungsfragen

Die einleitenden Bemerkungen verdeutlichen die Komplexität des Bedingungsgefüges von schulischen Leistungen. Bei der Untersuchung und Analyse von Bedingungsfaktoren für das allseits erwünschte hohe Maß an schulischen Leistungen sollte diese Komplexität zwar berücksichtigt, in empirischen Studien muss sie aber in aller Regel reduziert werden. Im vorliegenden Bericht steht die Frage im Vordergrund, auf welche Weise und in welchem Ausmaß *soziokulturelle Merkmale* den Schriftspracherwerb von Schülerinnen und Schülern in der Grundschule beeinflussen. Die hier vorgestellten Ergebnisse wurden im Forschungsprojekt EVES (*E*valuation eines *V*orschultrainings zur Prävention von *S*chriftspracherwerbsproblemen sowie Verlauf und *E*ntwicklung des *S*chriftspracherwerbes in der Grundschule) gewonnen, in dessen Rahmen die Schülerinnen und Schüler der Einschulungsjahrgänge 2001 und 2002 aus 16 Heidelberger Grundschulen von der 1. bis zur 4. Klasse in ihrer schulischen Leistungsentwicklung beobachtet werden. Das besondere Augenmerk gilt hierbei der Schriftsprachentwicklung bzw. dem Erwerb von Lese- und Rechtschreibkompetenzen. Da der Schriftspracherwerb, ebenso wie die Schulleistungen, von sehr unterschiedlichen Einflussfaktoren abhängig ist, werden im Rahmen der EVES-Studie neben individuellen und soziographischen Lernvoraussetzungen auch soziokulturelle Merkmale erfasst.

Im Folgenden werden das Alter, das Geschlecht, die kognitiven Grundfähigkeiten der Kinder, das Bildungsniveau der Eltern sowie die familiäre Sprachsituation (ein- oder mehrsprachig) als Einflussfaktoren auf den Schriftspracherwerb betrachtet. Von besonderem Interesse ist in diesem Zusammenhang, inwiefern Variablen der familiären Herkunft bei Kontrolle der kognitiven Grundfähigkeiten die schulische Leistungsentwicklung im Lesen und Rechtschreiben vorhersagen. Basierend auf den Befunden bisheriger Untersuchungen wird erwartet, dass Kinder aus einem bildungsnahen Familienumfeld im Vergleich zu Kindern aus bildungsferneren Schichten bei gleicher kognitiver Grundfertigkeit bessere Lese- und Rechtschreibleistungen erzielen. Hinsichtlich der familiären Sprachsituation wird von einem besseren Abschneiden der rein deutschsprachig aufwachsenden Kinder gegenüber mehrsprachig aufwachsenden Kindern ausgegangen. Im direkten Vergleich sollte jedoch das elterliche Bildungsniveau die Lese- und Rechtschreibleistungen in der Grundschule stärker beeinflussen als die familiäre Sprachsituation.

3   Design und Instrumente

3.1   Untersuchungsgruppe und -durchführung

Im Rahmen des Projektes EVES werden insgesamt 1.520 Schülerinnen und Schüler der Einschulungsjahrgänge 2001 und 2002 aus 16 Heidelberger Grundschulen längsschnittlich über die Grundschulzeit hinweg untersucht, wobei jeweils am Ende eines Schuljahres die Leistungstests durchgeführt und die Schulnoten erhoben werden. Von den 777 Kindern des Einschulungsjahrganges 2001, über die im Folgenden berichtet wird, liegen gegenwärtig die Ergebnisse der ersten drei Schuljahre vor. Diese Gruppe setzt sich aus 362 Mädchen (46,6%) und 415 Jungen (53,4%) zusammen. Das Durchschnittalter der Kinder lag zum Zeitpunkt des Schuleintritts bei 6;7 Jahren (Spanne: 5;0 bis 9;1 Jahre). Mit einem T-Wert von 58.7 ($SD = 8.3$) ist die kognitive Leistungsfähigkeit der Kinder deutlich erhöht und liegt im Durchschnitt fast eine Standardabweichung über der Norm (zu einer detaillierten Beschreibung des Einschulungsjahrganges s. Roos et al. 2005; Schöler et al. 2003).

3.2   Erhebungsinstrumente

Aus zeitökonomischen Gründen konnten nur Tests eingesetzt werden, die im Klassenrahmen durchgeführt werden können. Die Leseleistung wurde dabei mit folgenden zwei Tests erfasst, die in allen vier Klassenstufen eingesetzt werden können: (1) *Würzburger Leiseleseprobe WLLP* (Küspert/Schneider 1998), bei der die Leseleistung als Dekodiergeschwindigkeit operationalisiert ist. Für Mädchen und Jungen liegen dabei getrennte Normen vor. (2) *Knuspels Leseaufgaben* (*KNUSPEL-L*, Marx 1998). Diesem Lesetest liegt ein Modell der Leseentwicklung zugrunde, demzufolge sinnerfassendes Lesen auf Satz- und Textebene (Leseverstehen) die Fertigkeiten zum Rekodieren (Übersetzen eines geschriebenen Wortes in ein gesprochenes Wort) und Dekodieren (Erfassen der Wortbedeutung) von Schriftsprache sowie die Fähigkeit zum Hörverstehen voraussetzt. Der *KNUSPEL-L* enthält vier Subtests, auf deren Basis sich zwei inhaltlich verschiedene Summenwerte berechnen lassen: *KNUSPEL*-Score I umfasst die Vorläuferfertigkeiten für das verstehende Lesen und *KNUSPEL*-Score II spiegelt die tatsächliche Lesefähigkeit wider. Die Rechtschreibleistung musste pro Klassenstufe mit einem anderen Test erfasst werden: Der *Weingartener Grundwortschatz-Rechtsschreib-Test* (*WRT*, Birkel 1995) liegt in einer Version für die 1. Klasse *WRT 1+* und 2. Klasse *WRT 2+* vor; in der 3. Klasse wurde der *Diagnostische Rechtschreibtest für 3. Klassen* (*DRT-3*, Müller 2004) eingesetzt. Alle drei Verfahren erfassen die Rechtschreibleistung in Form eines Lückentextdiktates mit 25 (*WRT 1+*), 43 (*WRT 2+*) bzw. 44 Wörtern (*DRT-3*). Zusätzlich zu den Testleistungen liegen für jedes Schuljahr die Noten im Lesen und Rechtschreiben vor, die jeweils am Ende jedes Schuljahres von den Lehrkräften erfragt wurden.

Die kognitive Leistungsfähigkeit wurde anhand des sprachfreien *Grundintelligenztests Skala 1* (*CFT 1*, Cattell et al. 1997) erfasst. Dieser kulturfaire Test wurde gewählt, um eine Konfundierung mit der kulturellen Herkunft bzw. der Ein- und Mehrsprachigkeit eines Kindes zu vermeiden. Nach Cattell et al. (1997, S. 4) stellt Intelligenz die Fähigkeit dar, „in neuartigen Situationen und anhand von sprachfreiem, figuralem Material, Denkprobleme zu erfassen, Beziehungen herzustellen, Regeln zu erkennen, Merkmale zu identifizieren und rasch wahrzunehmen". Der *CFT 1* wurde zweimal durchgeführt: am Ende der 1. und 2. Klasse. Für die nachfolgende Ergebnisdarstellung gilt das Mittel aus beiden Werten als Maß für die kognitive Leistungsfähigkeit.

Die soziale Herkunft wurde auf der Basis von sieben Items bestimmt, die dem PISA-Elternfragebogen (Baumert et al. 2001) entnommen wurden. Neben dem aktuellen Erwerbsstatus der Eltern wurde analog zur PISA-Untersuchung eine Tätigkeitsbeschreibung des derzeitig bzw. zuletzt ausgeübten Berufes erfragt sowie die berufliche Stellung der Eltern und deren Personalverantwortung erfasst. Auf Basis der elterlichen Schul- bzw. Berufsausbildung wurde ein Index gebildet, der zwischen vier Niveaustufen differenziert: (1) keine abgeschlossene Berufsausbildung bei abgeschlossener oder nicht abgeschlossener Schulausbildung, (2) Schulabschluss und abgeschlossene Lehre, (3) Schulabschluss unterschiedlicher Qualifikation und Berufsfachschulabschluss, (4) abgeschlossenes

51

Studium. Zusätzlich zur sozialen Herkunft wurde die häusliche Sprachsituation erfasst. Basierend auf der Anzahl der Sprachen, mit denen ein Kind aufwächst, wird zwischen ein- und mehrsprachig aufwachsenden Kindern unterschieden: Als einsprachig aufwachsend werden jene Kinder bezeichnet, die ausschließlich mit Deutsch als Muttersprache aufwachsen, als mehrsprachig gilt ein Kind, wenn neben Deutsch noch mindestens eine Fremdsprache in der Familie gesprochen wird.

4 Befunde

Das elterliche Bildungsniveau ist insgesamt als hoch zu bewerten: 52,4% der teilnehmenden Schülerinnen und Schüler stammen aus einer Familie, in der wenigstens ein Elternteil einen Hochschulabschluss besitzt. In 11,5% der Fälle weist mindestens ein Elternteil eine abgeschlossene Lehre bzw. in 29,5% sogar einen Berufsfachschulabschluss auf. Lediglich in 6,6% der Fälle besitzt kein Elternteil eine abgeschlossene Berufsausbildung.

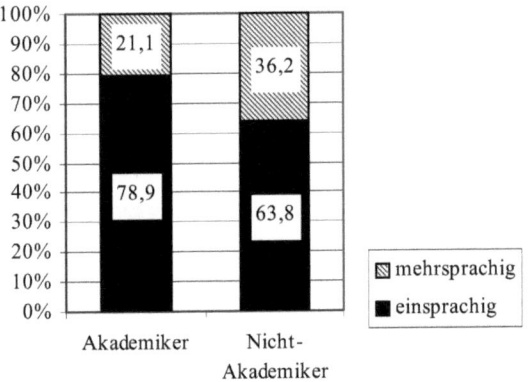

Abb. 1: Anteile ein- und mehrsprachig aufwachsender Kinder in Abhängigkeit vom elterlichen Bildungsniveau und der familiären Sprachsituation

Aufgrund der großen Zahl an Akademikerfamilien wird im Rahmen der folgenden Analysen auf eine differenziertere Erfassung des elterlichen Bildungsniveaus verzichtet und lediglich zwischen bildungsnahen (Akademikerfamilien) und bildungsferneren Familien (kein Elternteil besitzt einen Hochschulabschluss) unterschieden. Eine Analyse der familiären Sprachsituation zeigt, dass 70,9% aller Kinder einsprachig mit Deutsch als Muttersprache aufwachsen. 29,1% der Schülerinnen und Schüler wachsen mehrsprachig auf, d. h. neben Deutsch wird in der Familie noch mindestens eine weitere Sprache gesprochen. Der Anteil mehrsprachig aufwachsender Kinder ist dabei unter den Akademikerfamilien signifikant geringer (vgl. Abb. 1).

4.1 Testleistungen

Vorbemerkungen: Die Lese- und Rechtschreibleistungen am Ende der 1. Klasse können maßgeblich durch die jeweils eingesetzte Methode des Anfangsunterrichts beeinflusst werden. Für die folgenden Prüfungen des Einflusses von elterlichem Bildungsniveau und Ein- bzw. Mehrsprachigkeit auf die Leistungen im Lesen und Rechtschreiben werden daher nur die Leistungen am Ende der 2. und 3. Klasse betrachtet. Als Indikator für die Leseleistung beim *KNUSPEL-L* wird nur Score 2 einbezogen, der sich aus drei Untertests (Rekodieren, Dekodieren und Leseverstehen) zusammensetzt. Berechnet wurden jeweils dreifache Varianzanalysen mit den zweistufigen Faktoren elterliches Bildungsniveau (Akademiker vs. Nicht-Akademiker), familiäre Sprachsituation (ein- vs. mehrsprachig) und dem Messwiederholungsfaktor Klassenstufe (2. und 3. Klasse) sowie den Kovariaten Geschlecht, kognitive Leistungsfähigkeit und Schuleintrittsalter des Kindes.

4.1.1 Lesen

Sowohl das elterliche Bildungsniveau als auch die familiäre Sprachsituation erweisen sich als bedeutsame Einflussgrößen auf die Leseleistungen (vgl. Tab. 1 und 2): Akademikerkinder erzielen in beiden Lesetests bedeutsam bessere Leistungen als Kinder, deren Eltern keinen akademischen Abschluss besitzen und einsprachig aufwachsende Kinder schneiden deutlich besser ab als mehrsprachig aufwachsende Kinder. Die Effektstärken[1] (η^2) sind allerdings klein, wobei sich das elterliche Bildungsniveau deutlich stärker beim *KNUSPEL* ($\eta^2 = .12$; s. Tab. 1) auswirkt als bei der *WLLP* ($\eta^2 = .04$; s. Tab. 2). Die familiäre Sprachsituation hat mit einer Stärke von $\eta^2 = .03$ (*KNUSPEL*) bzw. $\eta^2 = .01$ (*WLLP*) nur einen sehr geringen Effekt. Den größten Einfluss bei beiden Tests hat die kognitive Leistungsfähigkeit, wobei die Effektstärken aber auch hier nur als klein zu werten sind. Auch die beiden anderen Kovariaten tragen bedeutsam zur Aufklärung der Leseleistung bei – allerdings nur beim *KNUSPEL*: Mädchen erzielen hier höhere Leistungen als Jungen, wobei ein Effekt bei der *WLLP* aufgrund der Geschlechtsnormierung auch nicht zu erwarten wäre.

Tab. 1: Leistungen im *KNUSPEL-L* am Ende der 2. und 3. Klasse in Abhängigkeit vom elterlichen Bildungsniveau und der familiären Sprachsituation (Varianzanalysetafel)

Elterliches Bildungsniveau	Familiäre Sprachsituation	N	2. Klasse		3. Klasse	
			M	SD	M	SD
Akademiker	einsprachig	205	55.3	8.4	56.5	8.1
	mehrsprachig	50	54.1	7.6	54.6	7.9
	gesamt	255	55.1	8.2	56.1	8.1
Nicht-Akademiker	einsprachig	137	50.5	7.3	50.7	8.9
	mehrsprachig	75	44.6	7.3	44.3	9.0
	gesamt	212	48.4	7.8	48.4	9.4
gesamt	einsprachig	342	53.4	8.3	54.1	8.9
	mehrsprachig	125	48.4	8.7	48.4	10.0
	gesamt	467	52.0	8.7	52.6	9.5

Quelle der Variation	F	p	η^2
elterliches Bildungsniveau	64.70	< .001	**.12**
Sprachsituation	13.37	< .001	.03
Bildungsniveau x Sprachsituation	4.72	.030	.01
kognitive Leistungsfähigkeit	72.15	< .001	**.14**
Einschulungsalter	21.62	< .001	.05
Geschlecht	5.51	.019	.01
Klassenstufe*	.88	.35	< .01

* Nur statistisch signifikante Wechselwirkungen mit dem Messwiederholungsfaktor Klassenstufe werden aufgeführt.

Allerdings zeigt die bedeutsame Wechselwirkung zwischen Geschlecht und Klassenstufe beim *WLLP* an, dass sich die Leistung der Mädchen von der 2. zur 3. Klasse verbessert hat, das Leistungsniveau bei den Jungen blieb hingegen annähernd gleich. Die bei der Einschulung jüngeren Kinder (sog. Kannkinder oder vorzeitig eingeschulte Kinder) erbringen höhere Leistungen als die normal oder verspätet eingeschulten Kinder.

Tab. 2: Leistungen in der *WLLP* am Ende der 2. und 3. Klasse in Abhängigkeit vom elterlichen Bildungsniveau und der familiären Sprachsituation (Varianzanalysetafel)

Elterliches Bildungsniveau	Familiäre Sprachsituation	N	2. Klasse M	2. Klasse SD	3. Klasse M	3. Klasse SD
Akademiker	einsprachig	219	55.0	9.4	54.8	9.5
	mehrsprachig	50	53.0	9.4	53.3	9.8
	gesamt	269	54.6	9.4	54.5	9.5
Nicht-Akademiker	einsprachig	139	52.1	10.0	50.8	11.0
	mehrsprachig	69	47.1	9.3	46.4	10.6
	gesamt	208	50.4	10.0	49.4	11.0
gesamt	einsprachig	358	53.9	9.7	53.3	10.2
	mehrsprachig	119	49.6	9.7	49.3	10.8
	gesamt	477	52.8	9.9	52.3	10.5

Quelle der Variation	F	p	η^2
elterliches Bildungsniveau	21.46	< .001	.04
Sprachsituation	5.90	.016	.01
Bildungsniveau x Sprachsituation	1.82	.18	< .01
kognitive Leistungsfähigkeit	51.83	< .001	.10
Einschulungsalter	.60	.44	.05
Geschlecht	.76	.38	< .01
Klassenstufe*	.04	.85	< .01
Klassenstufe x Geschlecht*	19.39	< .001	.04

* Nur statistisch signifikante Wechselwirkungen mit dem Messwiederholungsfaktor Klassenstufe werden aufgeführt.

Beim *KNUSPEL* zeigt die bedeutsame Wechselwirkung zwischen den beiden Faktoren (vgl. Abb. 2), dass sich die familiäre Sprachsituation insbesondere bei Nicht-Akademikern auswirkt: Mehrsprachige Kinder von Nicht-Akademikern erzielen hier deutlich geringere Leistungen als einsprachig aufwachsende.

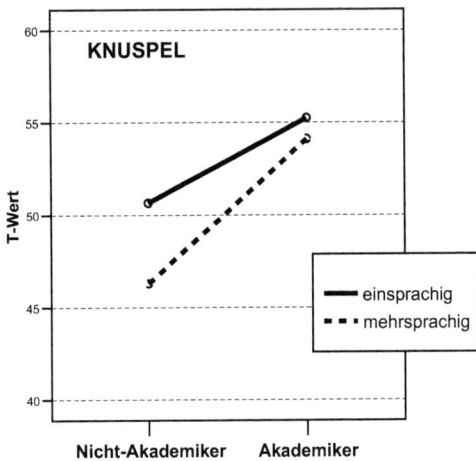

Abb. 2: Leseleistungen im *KNUSPEL* in Abhängigkeit vom elterlichen Bildungsniveau und der familiären Sprachsituation

4.1.2 Rechtschreiben

Auch für die Rechtschreibleistung ergibt sich hinsichtlich des elterlichen Bildungsniveaus das bereits bekannte Bild (vgl. Tab. 3). Ein hohes Bildungsniveau des Elternhauses wirkt sich positiv auf die Testleistungen der Kinder aus. Die Effektstärke ist zwar mit $\eta^2 = .08$ am höchsten von allen geprüften Einflussfaktoren, sie ist aber nur als gering zu werten. Die familiäre Sprachsituation hat ebenfalls einen, wenn auch nur minimalen Effekt auf die Rechtschreibleistung. Die signifikante Wechselwirkung zwischen diesen beiden Faktoren und der Klassenstufe zeigt, dass es allen vier, durch elterliches Bildungsniveau und Sprachsituation definierten Gruppen von Schülerinnen und Schülern gelingt, ihre Rechtschreibleistung über den zu erwartenden Leistungszuwachs von der 2. zur 3. Klasse hinaus zu steigern, jedoch in unterschiedlichem Maße: Der geringste Leistungszuwachs ist bei den mehrsprachigen Kindern aus Familien mit niedrigerem Bildungsniveau zu beobachten, der größte bei Kindern aus Akademikerfamilien.

Tab. 3: Leistungen im WRT 2+ am Ende der 2. und im DRT-3 am Ende der 3. Klasse in Abhängigkeit vom elterlichen Bildungsniveau und der familiären Sprachsituation (Varianzanalysetafel)

Elterliches Bildungsniveau	Familiäre Sprachsituation	N	2. Klasse		3. Klasse	
			M	SD	M	SD
Akademiker	einsprachig	210	52.5	8.5	54.0	8.0
	mehrsprachig	48	50.4	8.0	53.3	8.2
	gesamt	258	52.1	8.4	53.9	8.0
Nicht-Akademiker	einsprachig	132	47.0	8.9	49.4	9.3
	mehrsprachig	66	43.9	9.3	44.9	9.5
	gesamt	198	45.9	9.1	47.9	9.6
gesamt	einsprachig	342	50.4	9.0	52.3	8.8
	mehrsprachig	114	46.6	9.3	48.5	9.8
	gesamt	456	49.4	9.2	51.3	9.2

Quelle der Variation	F	p	η^2
elterliches Bildungsniveau	37.07	< .001	.08
Sprachsituation	4.39	.037	.01
Bildungsniveau x Sprachsituation	1.09	.30	< .01
kognitive Leistungsfähigkeit	32.70	< .001	.03
Einschulungsalter	11.34	< .001	.05
Geschlecht	18.36	< .001	.04
Klassenstufe*	.11	.75	< .01
Klassenstufe x Bildungsniveau x Sprachsituation*	4.24	.040	.01

* Nur statistisch signifikante Wechselwirkungen mit dem Messwiederholungsfaktor Klassenstufe werden aufgeführt.

Alle drei Kovariaten haben einen statistisch bedeutsamen, wenn auch geringen Einfluss auf die Rechtschreibleistung. Dabei kommt der kognitiven Leistungsfähigkeit wiederum das stärkste Gewicht zu (vgl. Tab. 3): Kinder mit einer höheren kognitiven Leistungsfähigkeit erreichen auch höhere Rechtschreibleistungen, Mädchen erzielen bessere Leistungen als Jungen (s. Abb. 3), und die jüngeren schneiden besser ab als die älteren Kinder.

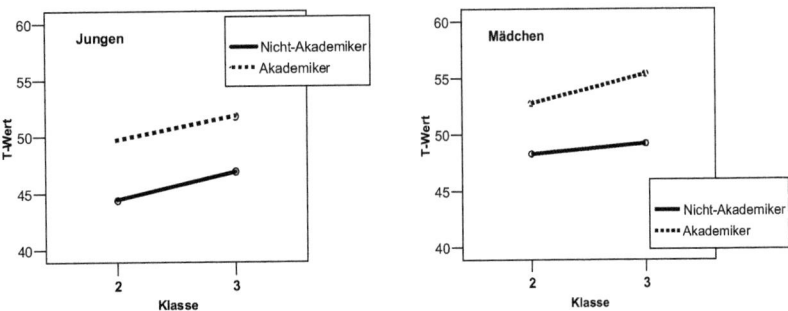

Abb. 3: Rechtschreibleistungen von Mädchen und Jungen in der 2. und 3. Klasse in Abhängigkeit vom elterlichen Bildungsniveau

Vergleicht man die mittleren Leistungen bei den Lese- und Rechtschreibtests am Ende der 2. und 3. Klasse, so zeigen sich bei keinem der Tests bedeutsame Unterschiede, ein bedeutsamer Haupteffekt der Klassenstufe tritt nicht auf (vgl. Tab. 1-3). Da der Auswertung Normdaten auf Ebene der Klassenstufe zugrunde liegen, bedeutet dies nicht, dass die Kinder ihre Lese- und Rechtschreibleistung im Verlauf der dritten Klasse nicht verbessern konnten, sondern vielmehr, dass die Lernzuwächse der Kinder nicht größer waren als in der entsprechenden Referenzstichprobe gleichaltriger Kinder.

4.2 Leistungsbeurteilung durch die Lehrkräfte

Auch bei der Schulleistungsbeurteilung durch die Lehrkräfte (Schulnoten) wurde u. a. der Einfluss von elterlichem Bildungsniveau und familiärer Sprachsituation untersucht. Da die Fragebögen nicht von allen Lehrkräften zurückgegeben wurden, ist die Zahl der Kinder gegenüber den Testerhebungen deutlich gemindert.

4.2.1 Lesen

Akademikerkinder erhalten im Durchschnitt eine bessere Lesenote als Kinder aus Familien mit geringerem Bildungsniveau (vgl. Tab. 4); ein Ergebnis, das mit ihren höheren Lesetestwerten in Einklang steht. Ein bedeutsamer Zusammenhang zwischen der familiären Sprachsituation und der Lesenote konnte nicht festgestellt werden. Die kognitive Leistungsfähigkeit spielt für die Lesenote mit einer Effektstärke von $\eta^2 = .15$ die größte Rolle (s. Tab. 4). Aber auch das Geschlecht und das Einschulungsalter weisen statistisch bedeutsame Effekte auf: Die Lesenoten der Mädchen sind deutlich besser als die der Jungen. Die jüngeren Kinder sind im Lesen besser als die älteren.

Tab. 4: Beurteilung der Leseleistung (in Schulnoten) durch die Lehrperson am Ende der 2. und 3. Klasse in Abhängigkeit vom elterlichen Bildungsniveau und der familiären Sprachsituation (Varianzanalysetafel)

Elterliches Bildungsniveau	Familiäre Sprachsituation	*N*	2. Klasse		3. Klasse	
			M	*SD*	*M*	*SD*
Akademiker	einsprachig	110	*1.8*	.8	*1.7*	.6
	mehrsprachig	28	*1.9*	.8	*2.1*	.6
	gesamt	138	1.8	.8	1.8	.6
Nicht-Akademiker	einsprachig	71	*2.4*	1.1	*2.4*	.9
	mehrsprachig	47	*2.6*	.9	*2.6*	.9
	gesamt	118	2.5	.9	2.5	.9
gesamt	einsprachig	181	2.0	.9	2.0	.8
	mehrsprachig	75	2.4	.9	2.4	.8
	gesamt	256	2.1	.9	2.1	.8

Quelle der Variation	*F*	*p*	η^2
elterliches Bildungsniveau	22.90	*< .001*	.08
Sprachsituation	3.35	.07	.01
Bildungsniveau x Sprachsituation	1.01	.32	< .01
kognitive Leistungsfähigkeit	43.63	*< .001*	*.15*
Einschulungsalter	10.47	*.001*	.04
Geschlecht	7.27	*< .01*	.03
Klassenstufe*	.70	.41	< .01
Klassenstufe x Bildungsniveau x Sprachsituation*	4.58	*< .05*	.02

* Nur statistisch signifikante Wechselwirkungen mit dem Messwiederholungsfaktor Klassenstufe werden aufgeführt.

4.2.2 Rechtschreiben

Für die Rechtschreibnote ergibt sich ein vergleichbares Bild (s. Tab. 5): Akademiker-Kinder schneiden auch hier deutlich besser ab als Kinder aus Elternhäusern mit geringerem Bildungsniveau. Ein bedeutsamer Effekt der familiären Sprachsituation ist wiederum nicht beobachtbar.

Tab. 5: Beurteilung der Rechtschreibleistung durch die Lehrkräfte am Ende der 2. und der 3. Klasse in Abhängigkeit vom elterlichen Bildungsniveau und der familiären Sprachsituation

Elterliches Bil-dungsniveau	Familiäre Sprachsituation	N	2. Klasse		3. Klasse	
			M	SD	M	SD
Akademiker	einsprachig	111	1.9	.8	2.0	.9
	mehrsprachig	28	2.1	.8	2.3	1.0
	gesamt	139	1.9	.8	2.0	.9
Nicht-Akademiker	einsprachig	70	2.6	1.1	2.8	1.4
	mehrsprachig	47	2.9	1.2	3.1	1.2
	gesamt	117	2.7	1.1	2.9	1.3
gesamt	einsprachig	181	2.2	1.0	2.3	1.2
	mehrsprachig	75	2.6	1.1	2.8	1.2
	gesamt	256	2.3	1.0	2.4	1.2

Quelle der Variation	F	p	η^2
elterliches Bildungsniveau	21.70	< .001	.08
Sprachsituation	1.16	.28	.01
Bildungsniveau x Sprachsituation	.40	.53	< .01
kognitive Leistungsfähigkeit	44.83	< .001	.15
Einschulungsalter	6.41	.012	.03
Geschlecht	16.85	< .001	.06
Klassenstufe*	.51	.48	< .01

* Es treten keine statistisch signifikanten Wechselwirkungen mit dem Messwiederholungsfaktor Klassenstufe auf.

Bei den drei Kovariaten kognitive Leistungsfähigkeit, Geschlecht und Einschulungsalter ist das Ergebnis ähnlich (vgl. Tab. 5): Auch bei der Rechtschreibnote ist die kognitive Leistungsfähigkeit die bedeutsamste Einflussgröße, Mädchen sind deutlich besser als Jungen, und die jüngeren Kinder besser als die älteren.

5 Diskussion der Ergebnisse

Die Ergebnisse der vorliegenden Untersuchung belegen erneut den Einfluss soziokultureller Faktoren auf den Schriftspracherwerb. So zeigen sich erwartungsgemäß Leistungsunterschiede in Abhängigkeit vom elterlichen Bildungsniveau. Schülerinnen und Schüler, deren Eltern ein vergleichsweise hohes Bildungsniveau aufweisen, schneiden sowohl in den Lese- als auch Rechtschreib-tests besser ab als Kinder aus bildungsferneren Familien. Die familiäre Sprach-situation, das heißt, die Tatsache, dass ein Kind ein- bzw. mehrsprachig auf-wächst, hat ebenfalls einen Einfluss auf die Testleistungen. Dieser Befund findet sich allerdings nur für die Lesekompetenz. Während die Leistungen im Recht-schreibtest am Ende der 2. und 3. Klasse keine bedeutsamen Unterschiede zwi-schen ein- und mehrsprachig aufwachsenden Kindern erkennen lassen, schnei-den mehrsprachig aufwachsende Kinder in den Lesetests *KNUSPEL-L* und *WLLP* signifikant schlechter ab als deutschsprachig aufwachsende Kinder. In Übereinstimmung mit den Ergebnissen der IEA-Leseverständnisstudie von Lehmann et al. (1995) zeigt sich jedoch auch hier eine deutliche Überlappung der jeweiligen Leistungskurven. Folglich finden sich auch unter den mehrspra-chig aufwachsenden Kindern der EVES-Studie Schülerinnen und Schüler, die gute oder gar sehr gute Lesetestleistungen erzielen. Allerdings kommen diese Kinder hauptsächlich aus der Gruppe der Familien mit akademischem Hinter-grund. Unabhängig von der familiären Sprachsituation erzielen Kinder aus bil-dungsnahen Familien im Mittel bessere Testleistungen: Ein mehrsprachig auf-wachsendes Akademikerkind hat im Durchschnitt also bessere Aussichten auf gute und sehr gute Testleistungen als etwa ein einsprachig aufwachsendes Kind aus einer Nicht-Akademiker-Familie. Betrachtet man die Leistungseinschätzun-gen durch die Lehrkräfte, so ergibt sich ein vergleichbares Bild: Die Leistungen im Lesen und Rechtschreiben von Kindern aus bildungsnahen Familien werden signifikant besser beurteilt als die Leistungen von Kindern aus bildungsferneren Schichten. Ein entsprechender Einfluss der familiären Sprachsituation lässt sich jedoch nicht feststellen. Elternhäuser mit hohem Bildungsniveau können ihren Kindern eine adäquatere Lehr- und Lernumwelt bieten, als dies in bildungsfer-neren Familien der Fall ist. Die gemessenen Effektstärken sind aber insgesamt eher gering. Es ergeben sich interessante Unterschiede in Abhängigkeit von den jeweils untersuchten Facetten des Schriftspracherwerbs. So liefert etwa die kognitive Leistungsfähigkeit insbesondere hinsichtlich der Lesetestleistungen den größten Beitrag zur Varianzaufklärung, weniger jedoch in Bezug auf die Rechtschreibleistung. Hingegen ist der Einfluss des elterlichen Bildungsniveaus bei den *KNUSPEL*-Leistungen bedeutsamer als bei der *WLLP* und den Recht-schreibtests. Dies hängt u. a. damit zusammen, dass die beiden Lesetests inhalt-lich unterschiedliche Merkmale erfassen. Der hier verwendete *KNUSPEL*-Score II spiegelt in erster Linie die Fähigkeit zum sinnerfassenden Lesen auf Satz- und Textebene wider. Die schnelle und korrekte Erfassung von Text- und Wortbe-deutungen setzt nicht nur ein gewisses Maß an kognitiver Leistungsfähigkeit voraus, sondern dürfte darüber hinaus durch bereichsspezifisches Vorwissen beeinflusst werden. Geht man davon aus, dass Eltern mit einem formal höheren

Bildungsgrad ihren Kindern ein anregenderes Lernumfeld bieten können und dass dies in der Regel nicht nur mit einem größeren Allgemeinwissen, sondern meist auch mit einer größeren sprachlichen Gewandtheit und einem umfassenderen Wortschatz einher geht, verwundert es nicht, dass sich das elterliche Bildungsniveau insbesondere in den *KNUSPEL*-Leistungen niederschlägt. Im Rahmen der *WLLP* wird die Leseleistung überwiegend als Dekodiergeschwindigkeit operationalisiert. Entsprechend trägt hier vor allem die kognitive Leistungsfähigkeit, weniger aber die soziokulturellen Faktoren zur Varianzaufklärung bei. Der *CFT* dient als Maß zur Erfassung der fluiden Intelligenz, welcher nach Cattell et al. (1997) vor allem solche Fähigkeiten zugerechnet werden, die sich unabhängig von systematischen Einflüssen des kulturellen Milieus bzw. der regionalen und sozialen Herkunft entwickeln. Erfasst werden diese Fähigkeiten auf der Basis von bildhaftem Material, das die Herstellung von formalen Beziehungen, das Erkennen von Regeln und Gesetzmäßigkeiten, Vollständigkeit und Schnelligkeit bei der Wahrnehmung sowie die Zuordnung und Wiedergabe von Symbolen erfordert. Insbesondere die beiden letztgenannten Fähigkeiten dürften daher in enger Beziehung zur Lesegeschwindigkeit stehen. Da bei der *WLLP* nur Begriffe dekodiert werden müssen, die ein konkretes Objekt bezeichnen (z.B. Eimer oder Fernseher), stellt die Bearbeitung der *WLLP* geringere Anforderungen an Wortschatz oder gar Leseverstehen und erfordert ein geringeres Vorwissen als etwa der *KNUSPEL-L*. Entsprechend wenig Varianz wird daher durch das elterliche Bildungsniveau aufgeklärt.

Im Bereich der Rechtschreibung klärt im Gegensatz zum Lesen keiner der hier untersuchten Faktoren einen erheblichen Varianzanteil auf, am ehesten noch das elterliche Bildungsniveau. Der geringe Zusammenhang zwischen Rechtschreibleistungen und kognitiver Leistungsfähigkeit, elterlichem Bildungsniveau bzw. familiärer Sprachsituation mag auf den ersten Blick verwundern, deckt sich jedoch mit den Ergebnissen anderer Schulleistungsstudien. So wurde etwa im Rahmen der ELEMENT-Studie (Lehmann/Nicolova 2005) festgestellt, dass der Erwerb der Rechtschreibkompetenz durch soziokulturelle Faktoren weniger beeinflusst wird als die Entwicklung der Lesekompetenz. Die Autoren nehmen an, dass der Einfluss des familiären Umfeldes beim Lesen stärker als beim Rechtschreiben ist, da letzteres in größerem Maße durch die Schule gefördert wird, Lesen hingegen auch durch das Elternhaus u. a. in Form von regelmäßigem Vorlesen und der Anzahl verfügbarer Bücher. Die geringe Effektstärke im Bereich der kognitiven Leistungsfähigkeit ergibt sich durch die Fokussierung des *CFT* auf die Erfassung der fluiden Intelligenz. Orthographisch korrektes Schreiben setzt das Erlernen von Regeln und deren Anwendung voraus und ist folglich eher der kristallinen Intelligenz im Sinne von Cattell et al.

(1997) zuzurechnen. Diese wird im sprachfreien *CFT* jedoch ausdrücklich nicht erfasst.

Fazit: Insgesamt lässt sich im Bereich des Schriftspracherwerbs im Rahmen der Grundschule ein wesentliches Ergebnis der PISA- und IGLU-Studie bestätigen: Kinder, die aus familiären Strukturen mit hohem Bildungsgrad und Wohlstand stammen, können ihr Lernpotential gegenüber gleichaltrigen Kindern aus bildungsferneren Schichten besser nutzen. Besonders bedenklich ist dabei, dass bereits zu einem sehr frühen Zeitpunkt (in der zweiten und dritten Grundschulklasse) schulischer Erfolg unter anderem durch soziokulturelle Merkmale der Herkunftsfamilien determiniert wird. Dies gilt in besonderer Weise für den Bereich des Lesens. Da Lesen für den allgemeinen Wissenserwerb zweifellos eine größere Rolle spielt als etwa die Fähigkeit zum orthographisch korrekten Schreiben, besitzen die vorliegenden Ergebnisse jedoch eine große bildungspolitische Relevanz. Werden die Schulleistungen von soziokulturellen und ökonomischen Faktoren beeinflusst, kann dies dazu führen, dass bestimmte Gruppen von Schülern, z. B. für Migrantenkinder oder Kinder aus bildungsfernen Schichten, systematisch benachteiligt werden. Diese Kompositionseffekte unterschiedlicher Entwicklungsmilieus auf die Schulleistung gilt es insbesondere im Bereich der Lehrerschaft und bei der Ausbildung von künftigen Lehrkräften zu verdeutlichen, um eine entsprechende Sensibilität für risikobelastete Lernausgangslagen im Grundschulbereich sicherzustellen.

Anmerkung

[1] η^2 gibt den Anteil des Faktors an der Gesamtvariabilität an.

Literatur

Artelt, C./Stanat, P./Schneider, W./Schiefele, U. (2001): Lesekompetenz. Testkonzeption und Ergebnisse. In: Baumert, J./Klieme, E./Neubrand, M./Prenzel, M/Schiefele, U./Schneider, W./Stanat, P./Tillmann, K.-J./Weiß, M (Hrsg.): PISA 2000. Basiskompetenzen von Schülerinnen und Schülern im internationalen Vergleich. Opladen: Leske & Budrich, S. 69-140.

Baumert, J./Artelt, C./Klieme, E./Neubrand, M./Prenzel, M/Schiefele, U./Schneider, W./Schümer, G./Stanat, P./Tillmann, K.-J./Weiß, M (2003). PISA 2000. Ein differenzierter Blick auf die Länder der Bundesrepublik Deutschland. Zusammenfassung zentraler Befunde. [Online erhältlich am 15.12.2005 unter http://www.mpib-berlin.mpg.de/pisa/PISA-E_Vertief_Zusammenfassung.pdf]

Baumert, J./Klieme, E./Neubrand, M./Prenzel, M./Schiefele, U./Schneider, W./Stanat, P./Tillmann, K.-J./Weiß, M. (2001): PISA 2000. Basiskompetenzen von Schülerinnen und Schülern im internationalen Vergleich. Opladen: Leske & Budrich.

Baumert, J./Lehmann, R./Lehrke, M./Schmitz, B./Clausen, M./Hosenfeld, I./Köller, O./Neubrand, J. (1997): TIMSS – Mathematisch-naturwissenschaftlicher Unterricht im internationalen Vergleich. Deskriptive Befunde. Opladen: Leske & Budrich.

Baumert, J./Schümer, G. (2001): Familiäre Lebensverhältnisse, Bildungsbeteiligung und Kompetenzerwerb. In: Baumert, J./Klieme, E./Neubrand, M./Prenzel, M/Schiefele, U./Schneider, W./Stanat, P./Tillmann, K.-J./Weiß, M (Hrsg.): PISA 2000. Basiskompetenzen von Schülerinnen und Schülern im internationalen Vergleich. Opladen: Leske & Budrich, S. 323-407.

Baumert, J./Schümer, G. (2002): Familiäre Lebensverhältnisse, Bildungsbeteiligung und Kompetenzerwerb im nationalen Vergleich. In: Baumert, J./Artelt, C./Klieme, E./Neubrand, M./Prenzel, M./Schiefele, U./Schneider, W./Tillmann, K.-J./Weiß, M. (Hrsg.): PISA 2000 – Die Länder der Bundesrepublik Deutschland im Vergleich. Opladen: Leske & Budrich, S. 159-202.

Birkel, P. (1995): Weingartener Grundwortschatz Rechtschreib-Test für erste und zweite Klassen. Göttingen: Hogrefe.

Bos, W./Pietsch, M. (2004): Erste Ergebnisse aus KESS 4 – Kurzbericht. Hamburg: Behörde für Bildung und Sport. [Online erhältlich am 09.07.2005 unter http://www.erzwiss.uni-hamburg.de/kess/kurzbericht.pdf]

Bourdieu, P. (1982): Die feinen Unterschiede: Kritik der gesellschaftlichen Urteilskraft. Frankfurt: Suhrkamp.

Bourdieu, P. (1983): Ökonomisches Kapital, kulturelles Kapital, soziales Kapital. In: Kreckel, R. (Hrsg.): Soziale Ungleichheiten – Soziale Welt (Sonderband 2). Göttingen: Schwartz, S. 183-198.

Cattell, R. B./Weiß, R. H. & Osterland, J. (1997). Grundintelligenztest Skala 1 (CFT 1) (5. Aufl.). Göttingen: Hogrefe.

Ditton, H. (1992). Ungleichheit und Mobilität durch Bildung – Theorie und empirische Untersuchung über sozial-räumliche Aspekte von Bildungsentscheidungen. Weinheim: Juventa.

Ehmke, T./Hohensee, F./Heidemeier, H./Prenzel, M. (2004). Familiäre Lebensverhältnisse, Bildungsbeteiligung und Kompetenzerwerb. In: Prenzel, M./Baumert, J./Blum, W./Lehmann, R./ Leutner, D./Neubrand, M./Pekrun, R./Rolff, G.-H./Rost, J./Schiefele, U. (Hrsg.): PISA 2003. Der Bildungsstand der Jugendlichen in Deutschland – Ergebnisse des zweiten internationalen Vergleichs. Münster: Waxmann, S. 225-253

Esser, H. (1990): Familienmigration und Schulkarriere ausländischer Kinder und Jugendlicher. In: Esser, H./Friedrichs, J. (Hrsg.): Generation und Identität. Theoretische und empirische Beiträge zur Migrationssoziologie. Opladen: Westdeutscher Verlag, S. 127-146.

Helmke, A./Schrader, F. W. (2001): Determinanten der Schulleistung. In: Rost, H. D. (Hrsg.): Handwörterbuch Pädagogische Psychologie (2. Aufl.). Weinheim: PVU, S. 81-91.

Helmke, A./Weinert, F. E. (1997): Bedingungsfaktoren schulischer Leistungen. In: Weinert, F. E. (Hrsg.): Enzyklopädie der Psychologie: Pädagogische Psychologie, Band 3, Psychologie des Unterrichts und der Schule. Göttingen: Hogrefe, S. 71-176.

Helmke, A./Hosenfeld, I./Schrader, F.-W./Wagner, W. (2002): Sozialer und sprachlicher Hintergrund. In: Helmke, A./Jäger, R. S. (Hrsg.): Das Projekt MARKUS. Mathematik-Gesamterhebung Rheinland-Pfalz: Kompetenzen, Unterrichtsmerkmale, Schulkontext. Landau: Verlag Empirische Pädagogik, S. 71-153.

Küspert, P./Schneider, W. (1998): Würzburger Leise Leseprobe (WLLP). Göttingen: Hogrefe.

Lehmann R./Nikolova, R. (2005): ELEMENT – Erhebung zum Lese- und Mathematikverständnis – Entwicklungen in den Jahrgangsstufen 4 bis 6 in Berlin. http://www.senbjs.berlin.de/bildung/qualitaetssicherung/element_untersuchungsbericht_2003.pf

Lehmann, R./Peek, R./Pieper, I./von Stritzky, R. (1995): Leseverständnis und Lesegewohnheiten deutscher Schüler und Schülerinnen. Weinheim: Beltz.

Marx, H. (1998): Knuspels Leseaufgaben (KNUSPEL-L). Göttingen: Hogrefe.

Meulemann, H. (1979): Soziale Herkunft und Schullaufbahn. Frankfurt: Campus Verlag.

Müller, R. (2004): Diagnostischer Rechtschreibtest für 3. Klassen (DRT-3). Göttingen: Hogrefe.

OECD (2004): Lernen für die Welt von morgen – Erste Ergebnisse von PISA 2003. Paris: OECD.

Prenzel, M./Baumert, J./Blum, W./Lehmann, R./Leutner, D./Neubrand, M./Pekrun, R./Rolff, H.-G./Rost, J./Schiefele, U. (2004): PISA 2003 – Der Bildungsstand der Jugendlichen in Deutschland – Ergebnisse des zweiten internationalen Vergleichs. Münster: Waxmann.

Ramm, G./Prenzel, M./Heidemeier, H./Walter, O. (2004): Soziokulturelle Herkunft: Migration. In: Prenzel, M./Baumert, J./Blum, W./Lehmann, R./Leutner, D./Neubrand, M./Pekrun, R./Rolff, H.-G./Rost, J./Schiefele, U. (Hrsg.): PISA 2003 - Der Bildungsstand der Jugendlichen in Deutschland. Ergebnisse des zweiten internationalen Vergleichs. Münster: Waxmann, S. 254-272.

Ramseier, E./Brühwiler C. (2003): Herkunft, Leistung und Bildungschancen im gegliederten Bildungssystem: Vertiefte PISA-Analyse unter Einbezug der kognitiven Grundfertigkeiten. In: Schweizerische Zeitschrift für Bildungswissenschaften, 25, S. 1-34.

Reich, H., Roth, H.-J. (2002): Spracherwerb zweisprachig aufwachsender Kinder und Jugendlicher. Hamburg: Behörde für Bildung und Sport. [Online erhältlich am 12.08.2005 unter http://fhh.hamburg.de/stadt/Aktuell/behoerden/bildung-sport/service/veroeffent-lichungen/handreichung/gutachten-zur-zweisprachigkeit-pdf,property=source.pdf]

Roos, J./Zöller, I./Fehrenbach, C. (2005): Lese- und Rechtschreibleistungen am Ende der 2. Klasse: Testleistungen, Einflussfaktoren und Urteile der Lehrkräfte ('EVES'-Arbeitsberichte Nr. 3). Heidelberg: Pädagogische Hochschule, Erziehungs- und Sozialwissenschaftliche Fakultät.

Rüsch, P. (1998): Spielt die Schule eine Rolle? Schulische Bedingungen ungleicher Bildungschancen von Immigrantenkindern – eine Mehrebenenanalyse. Bern: Lang.

Scheib, K./Schöler, H./Fehrenbach, C./Roos, J./Zöller, I. (2005): Lese- und Rechtschreibtestleistungen am Ende der 1. und 2. Klasse: Ein Vergleich zweier Jahrgänge sowie eine Prüfung von Einflussfaktoren ('EVES'-Arbeitsberichte Nr. 4). Heidelberg: Pädagogische Hochschule, Erziehungs- und Sozialwissenschaftliche Fakultät.

Schnabel, K. U./Schwippert, K. (2000): Einflüsse sozialer und ethnischer Herkunft beim Übergang in die Sekundarstufe II und den Beruf. In: Baumert, J./Bos, W./Lehmann, R. H. (Hrsg.): TIMSS/III. Dritte Internationale Mathematik- und Naturwissenschaftsstudie – Mathematische und naturwissenschaftliche Bildung am Ende der Schullaufbahn, Bd. 1 Mathematische und naturwissenschaftliche Grundbildung am Ende der Pflichtschulzeit. Opladen: Leske & Budrich, S. 261-300.

Schöler, H./Scheib, K./Roos, J./Link, M. (2003): Lese- und Rechtschreibleistungen am Ende der 1. Klasse: Lehrerurteile, Testleistungen und Einflussfaktoren ('EVES'-Arbeitsberichte Nr. 2). Heidelberg: Pädagogische Hochschule, Erziehungs- und Sozialwissenschaftliche Fakultät.

Schwippert, K./Bos, W./Lankes, E.-M. (2003): Heterogenität und Chancengleichheit am Ende der vierten Jahrgangsstufe im internationalen Vergleich. In: Bos, W./Lankes, E.-M./Prenzel, M./Schwippert, K./Walther, G./Valtin, R. (Hrsg.): Erste Ergebnisse aus IGLU – Schülerleistungen am Ende der vierten Jahrgangsstufe im internationalen Vergleich. Münster: Waxmann, S. 265-302.

Stanat, P. (2003): Schulleistungen von Jugendlichen mit Migrationshintergrund: Differenzierung deskriptiver Befunde aus PISA und PISA-E. In: Baumert, J./Artelt, C./Klieme, E./Neubrand, M./Prenzel, M./Schiefele, U./Schneider, W./Tillmann, K.-J./Weiß, M. (Hrsg.): PISA 2000 – Ein differenzierter Blick auf die Länder der Bundesrepublik Deutschland. Opladen: Leske & Budrich, S. 243-260.

Weißhuhn, G./Rövekamp, J. G. (2004): Bildung und Lebenslagen in Deutschland – Auswertung und Analysen für den zweiten Armuts- und Reichtumsbericht der Bundesregierung. Berlin: Bundesministerium für Bildung und Forschung.

Soziale Kompetenz in multilingualen Grundschulklassen

Carola Lindner-Müller, Karl-Heinz Arnold und Jana Chudaske

Zusammenfassung

Das Konstrukt der sozialen Kompetenz ist durch Vielgestaltigkeit, Altersabhängigkeit der Inhaltsbereiche und Situationsspezifität sozial kompetenter Verhaltensergebnisse gekennzeichnet. Mit der Studie KEIMS wird das Ziel verfolgt, Bildungswirkungen von Schule in Form schulfachlicher und sozialer Kompetenzen von Grundschulkindern unter Berücksichtigung der Multilingualität in den Klassenzimmern zu untersuchen. Damit verbunden ist eine Konstruktentwicklung zu sozialen Kompetenzaspekten. Es werden Ergebnisse des ersten Messzeitpunkts berichtet.

1 Bildungswirkungen der Schule: Förderung fachlicher und sozialer Fähigkeiten

Die Entwicklung sozialer Kompetenz findet in Familie, Schule und anderen öffentlichen sowie privaten Bereichen statt. Die Schule hat hier zwar kein sogenanntes Bildungsmonopol, sie bietet jedoch den gesellschaftlich einzigen Kontext, in dem Interaktion und Lernen in größeren Gruppen mit sehr großem Zeitbudget und für alle Mitglieder der Altersgruppe verbindlich stattfindet. Der Bildungsauftrag des allgemein bildenden Schulwesens in Deutschland umfasst neben dem schulfachbezogenen Lernen auch fachübergreifendes Lernen - die Präambeln der Schulgesetze der Bundesländer enthalten allesamt sozialerzieherische Zielformulierungen. Die Erfassung dieser zentralen Bildungswirkungen von Schule unter Berücksichtigung der Multilingualität der Schülerschaft ist Gegenstand der vorliegenden Studie.

2 Soziale Kompetenz als Konstrukt

Das Konstrukt der sozialen Kompetenz ist vielgestaltig und definitorisch schwer zu fassen (z.B. Kanning 2002, Rose-Krasnor 1997, Rubin/Bukowski/Parker 1998, Waters/Sroufe 1983). Zunächst lassen sich unterschiedliche Konzeptualisierungsgrade der sozialen Kompetenz feststellen. Auflistungen relevanter sozialer Fertigkeiten, die sich z.B. auf den Dimensionen Peerbeziehungen, Selbst-

66

management, schulische Fähigkeiten, Compliance/Kooperation und Durchsetzungsfähigkeit (vgl. Caldarella/Merrell 1997) ansiedeln lassen, bieten günstige diagnostische Zugänge bei jedoch eingeschränktem Konzeptualisierungsgrad. Integrative Definitionen der sozialen Kompetenz z.b. im Sinne des Effektivitätsaspekts in sozialen Situationen (vgl. Rose-Krasnor 1997) weisen hingegen einen höheren Konzeptualisierungsgrad auf bei allerdings größerem Operationalisierungsaufwand (Waters/Sroufe 1983).

Soziale Kompetenz kann aus einer entwicklungspsychologischen und einer klinischen, neuerdings auch einer organisationspsychologischen Perspektive betrachtet werden (vgl. Kanning 2002) und lässt sich aus pädagogischer Sicht insbesondere im Rahmen der Forschungen zum sozialen Lernen ansiedeln (z.b. Petillon 1993). Dabei greifen die Perspektiven auf verschiedene Weise ineinander, so z.b. die klinische und die entwicklungspsychologische Perspektive im Rahmen von Taxonomien sozial kompetenten vs. sozial inkompetenten Verhaltens (Caldarella/Merrell 1997) oder bei der Forderung nach einer „entwicklungsorientierte[n], mehrdimensionale[n] Diagnostik sozialer Kompetenzen" (Petermann 1999, S. 132; s. auch Petermann 2002). Schließlich besteht das Problem, dass das Verhalten im Spektrum der sozialen Kompetenz alters(spannen)abhängig konzeptualisiert werden muss. Gleichwohl wird dem entwicklungspsychologischen Ansatz das Potential zuerkannt, eine Abschätzung der Validität der Messprozeduren und der altersgruppenübergreifenden Konstruktvalidität zu ermöglichen (Waters/Sroufe 1983).

2.1 Forschungsansätze zur sozialen Kompetenz

Die verschiedenen Forschungsperspektiven nähern sich dem Facettenreichtum der sozialen Kompetenz über mehrere Ansätze. Rose-Krasnor (1997) differenziert fertigkeitsbasierte (vgl. z.b. Calderella/Merrell 1997, Gresham 2001), soziometrische (im Überblick z.b. Dollase 2001) und funktionale Untersuchungsansätze wie u.a. Informationsverarbeitungsansätze (Dodge 1986, Crick/ Dodge 1994, Rubin/Krasnor 1986; zit. nach Rose-Krasnor 1997) sowie Ansätze, die den Beziehungsaspekt im Sinne von Freundschaften und Bindungsverhalten fokussieren (Krappmann 1994, im Überblick Oerter 2002, Rubin/Bukowski/Parker 1998, Thompson 1998). Es werden sowohl theoretische als auch methodische Probleme diskutiert.

Im Allgemeinen wird ein „multitrait-multimethod"-Ansatz empfohlen, um die Vielschichtigkeit der sozialen Kompetenz zu berücksichtigen. In dieser Hinsicht werden nachfolgend zwei Untersuchungsbereiche dargestellt, in denen einerseits bereits beachtliche empirische Ergebnisse vorliegen, andererseits jedoch offene Forschungsfragen und Anforderungen an die Konstruktentwicklung auszumachen sind.

2.2 Soziale Informationsverarbeitung als Basisprozess der sozialen Kompetenz

Unter dem Begriff der „sozialen Informationsverarbeitung" (im Überblick Silbereisen/Ahnert 2002) sind Hypothesen und Modelle zu den mentalen Mechanismen subsumiert, die zu sozial kompetentem Verhalten beitragen (Dodge/Price 1994) und aus klinischer Perspektive (Dodge 1993) bzw. für Interventionsansätze (z.B. Lösel/Beelmann/Jaursch/Koglin/Stemmler 2005, Petermann/Jugert/ Rehder/Tänzer/Verbeek 1999) zur Reduzierung sozial auffälligen Verhaltens relevant sind.

In der Ausarbeitung eines älteren Modells von Dodge (1986) zeigen Crick und Dodge (1994) folgende Informationsverarbeitungskomponenten auf, die in einer sozialen Situation unter Rückgriff auf eigene (soziale) Wissensbestände aktiviert werden: Relevante Reize – internaler oder externaler Natur – müssen zunächst enkodiert (1) und interpretiert (2) werden. In Abhängigkeit des ausgewählten Ziels (3) sind sodann eine Reihe von potentiellen Reaktionen in Hinblick auf die Situation und das ausgewählte Ziel zu generieren (4) und aus diesen ist eine angemessene Antwort auszuwählen (5). Schließlich geht es um die Handlungsausführung der gewählten Antwort, die wiederum zu Reaktionen der sozialen Umwelt führen kann (6). Die Grundidee des Modells zur sozialen Informationsverarbeitung fassen Mayeux und Cillessen (2003) zusammen: "Children who perform competently at each of these steps are said to be socially skilled; more generally, it is believed that different biases and characteristics of processing at each step lead to differences in peer behavior and, in turn, varying levels of social acceptance" (S. 154).

Das Modell der sozialen Informationsverarbeitung wird zumeist zur Erklärung von Unterschieden im sozialen Verhalten von altersähnlichen Kindern herangezogen. Dem Entwicklungsaspekt und damit der Frage, welchen altersabhängigen Veränderungen die soziale Informationsverarbeitung unterworfen ist, wurde hingegen weniger Aufmerksamkeit geschenkt (Crick/Dodge 1994, S. 79). Unter einer Entwicklungsperspektive sind insbesondere qualitative und quantitative Veränderungen des Antwortrepertoires auf soziale Situationen hin anzunehmen, aber auch weitere Veränderungen der Wissenskomponente, wie z.B. des Wissens um die Konsequenzen sozialen Verhaltens oder über die Absichten des Gegenübers. Die im Kindes- und Jugendalter zunehmende Aufmerksamkeitsfähigkeit und die zunehmend besser organisierte Wissensbasis sowie prozessuale Veränderungen (Steigerung der Kapazität/Verarbeitungsgeschwindigkeit) unterstützen die soziale Informationsverarbeitung. Gleichwohl könnte die intraindividuelle Variabilität und Beeinflussbarkeit der Verarbeitungsmodi altersbedingt abnehmen (Crick/Dodge 1994).

In Hinblick auf mögliche Veränderungsbereiche finden sich zwar zahlreiche Querschnittsuntersuchungen zu Altersdifferenzen verschiedener Aspekte der sozialen Informationsverarbeitung (z.b. Crick/Dodge 1996, Dodge/Price 1994), aber nur wenige Längsschnittstudien (vgl. Mayeux/Cillessen 2003). Gerade für den Altersbereich der ersten Grundschuljahre werden Veränderungen hinsichtlich der Strategien, der Wissensbasis und der Verarbeitungsfertigkeiten angenommen (Dodge/Price 1994). Außerdem beziehen sich viele Studien zu Prozessen der sozialen Informationsverarbeitung auf Extremgruppenvergleiche, während Studien an einer Normalstichprobe vergleichsweise selten sind (Dodge/Price 1994).

2.3 Soziale Kompetenz aus Perspektive der Selbstkonzeptforschung

Das Konstrukt Selbstkonzept (bzw. Selbstbild) bezieht sich auf die „interne, kognitive Repräsentation des Wissens über sich selbst und die darin eingeschlossenen Überzeugungen" (Krapp 1997, S. 326). Ein mit hinreichend objektiven Fremdeinschätzungen korrespondierendes bzw. diese moderat überschreitendes Selbstkonzept gilt als pädagogisch wünschenswert, nicht zuletzt wegen der potentiellen Einflüsse auf weitere Entwicklungsergebnisse wie z.B. die schulische Leistung (Helmke 1992, van Aken/Helmke/Schneider 1997; vgl. auch Krapp 1997) oder soziale Kompetenz sowie „psychologische Anpassung" (vgl. Measelle/Ablow/Cowan/Cowan 1998).

Das vielfach zitierte Modell von Shavelson, Hubner und Stanton (1976, vgl. auch Byrne/Shavelson 1996) konzeptualisiert das Selbstkonzept als multidimensionales und hierarchisch geordnetes System. Das allgemeine Selbstkonzept auf der obersten Ebene gliedert sich in ein „akademisches Selbstkonzept" mit den fächerspezifischen Subbereichen Mathematik, Sprache usw. und ein „nichtakademisches Selbstkonzept", dem ein physisches, ein soziales und ein emotionales Selbstkonzept zugeordnet sind. Das hier interessierende soziale Selbstkonzept differenziert sich in die Subbereiche „Peers" und „Signifikante Andere". Bewertungen des Verhaltens in spezifischen Situationen bilden die Basis des hierarchisch gegliederten Modells.

Für den Bereich des *akademischen Selbstkonzepts* (Fähigkeitsselbstbild) finden sich im deutschsprachigen Raum einschlägige Studien – auch für den Altersbereich der Grundschulzeit (z.B. Helmke 1998, Kammermeyer/Martschinke 2003, Valtin 2002, van Aken et al. 1997).

Für das hier interessierende *soziale Selbstkonzept* im Altersbereich der frühen Grundschuljahre stellt sich insbesondere die Frage nach dessen inhaltlicher Differenzierung (Konstrukt des sozialen Selbst) und geeigneter Erfassung. In Bezug auf diese Altersgruppe resümieren einige Autoren, dass für Kinder unter acht Jahren vergleichsweise wenige Ergebnisse zu Selbstwahrnehmungen vorliegen (Asendorpf/van Aken 1993, Marsh/Craven/Debus 1991, Measelle et al. 1998) und führen dies sowohl auf einen Bedarf an geeigneten Erfassungsinstrumenten als auch auf z. T. unzutreffende Annahmen zum kindlichen Selbstkonzept i. A. zurück. Während Harter und Pike (1984) annehmen, dass ein globales Selbstwertgefühl für Kinder unter 8 Jahren noch nicht auszumachen ist und sie deutliche Differenzierungen der Selbstkonzeptfacetten für diese Altersgruppe noch nicht aufzeigen können (vgl. Harter 1998), argumentieren einige Autoren durchaus gegenteilig (z.B. Marsh et al. 1991, Verschueren/Buyck/Marcoen 2001).

Zur Struktur bzw. Konstruktvalidierung des sozialen Selbstkonzepts liegen nur wenige Untersuchungen vor. Byrne und Shavelson (1996) untersuchten aus einer entwicklungspsychologischen Perspektive (3., 7. und 11. Klassenstufe) die konzeptuell erweiterte soziale Selbstkonzeptfacette des ursprünglichen Shavelson et al.-Modells. „Prior to the present study, formal testing of social selfconcept structure in general and of the Shavelson model in particular has been virtually nonexistent (but see Hattie, 1992)" (Byrne/Shavelson 1996, S. 611). Das Teilergebnis dieser Untersuchung, wonach ein facettiertes soziales Selbstkonzept für Kinder der dritten Klassenstufe (8 Jahre) nur mit Einschränkungen nachweisbar ist, wird als Hinweis auf den Entwicklungsaspekt einer zunehmenden Differenzierung der sozialen Selbstkonzeptfacetten gesehen. Allerdings könnte aus diesem Ergebnis jedoch auch gefolgert werden, statt der gewählten Bereiche (Schule vs. Familie mit der Weiterdifferenzierung in Klassenkameraden und Lehrer sowie Eltern und Geschwister) alternative inhaltsspezifische soziale Selbstkonzeptaspekte zu untersuchen.

Im Hinblick auf die Erfassungsinstrumente zum Selbstkonzept von jungen Kindern sind verschiedene Faktoren – insbesondere Einschränkungen hinsichtlich einer verbalen Befragung, Altersangemessenheit der Inhalte, der Dauer und der Interviewform der Befragung – zu berücksichtigen (Asendorpf/van Aken 1993). Im englischsprachigen Raum hat die für vier- bis siebenjährige Kinder geeignete Pictorial Scale of Perceived Competence and Social Acceptance for Young Children (Harter/Pike 1984) besondere Aufmerksamkeit erfahren (vgl. Asendorpf/van Aken 1993, Measelle et al. 1998). In der Faktorenanalyse konnten für die Subskalen der kognitiven Kompetenz, der sportlichen Kompetenz, der Peerakzeptanz und der mütterlichen Akzeptanz jedoch nur ein Kompetenz-Faktor und ein Faktor der sozialen Akzeptanz nachgewiesen werden. Fantuzzo, McDermott, Holliday Manz, Hampton und Alvarez Burrdick (1996) zeigen Anwendungsprobleme bezüglich des spezifischen Frageformats für Vorschulkinder auf und fanden für zwei Kohorten von Vorschulkindern (Head Start Children) keine Replikation der beiden Faktoren bzw. keine anderweitig bedeutungshaltige Faktorstruktur. Mit dem Berkeley Puppet Interview stellen Measelle et al. (1998) eine – allerdings methodisch recht aufwändige – Alternative vor.

In der aktuellen deutschsprachigen Übersicht von Lukesch (1998) zur pädagogisch-psychologischen Diagnostik des Selbstkonzepts wird deutlich, dass die Altersstufe der frühen Grundschuljahre fast nicht vertreten ist. Prücher (2002) und Pior (1998) bilanzieren an deutschsprachigen Verfahren für den Bereich der Selbstkonzeptmessung im Grundschulalter lediglich die deutsche Übersetzung der Harter-Skalen durch Asendorpf und van Aken (1993). Spezifischer für den Aspekt der sozialen Integration liegt seit 2004 für Erst- und Zweitklässler der Bildertest zum sozialen Selbstkonzept (BSSK) von Langfeldt und Prücher vor (siehe auch Pior (1998) zum Vorschulalter), dessen Items vornehmlich die Präferenz für gemeinsames vs. alleiniges Spielen thematisieren.

Zusammenfassend legt diese Übersicht durchaus eine alternative Konstrukt- und Instrumentenentwicklung nahe, die sich stärker an inhaltsspezifischen und damit verhaltensnäheren Aspekten der sozialen Kompetenz wie z.B. Kontaktverhalten, Empathie u. ä. orientiert.

2.4 Multilingualität und Kulturalität als Kontextfaktoren für soziale Kompetenzentwicklung

Sprache nimmt in den Theorieansätzen zur sozialen Kompetenz einen besonderen Stellenwert ein: Sprachfähigkeit wird als Voraussetzung für die Entwicklung sozialer Kompetenzen angesehen (Wittmann 1991). In seiner Explorationsstudie zur sozialen Kompetenz bei türkischen und deutschen Kindern wies Wittmann nach, dass Kinder, die im sprachlichen Verhalten geringe Werte erzielten, auch in denjenigen sozialen Kompetenzdimensionen vergleichsweise schlecht abschnitten, die eng mit den sprachlichen Fähigkeiten verbunden sind wie z.B. Selbstbehauptung und kooperatives Verhalten.

Auch Jerusalem und Klein-Heßling (2002) betonen die Bedeutsamkeit hinreichender sprachlicher Fähigkeiten für die Entwicklung sozialer Kompetenzen und die Aufrechterhaltung sozialer Kontakte. In einer Studie zur Akkulturation ausländischer Jugendlicher konnte Jerusalem (1992; zit. nach Jerusalem/Klein-Heßling 2002) aufzeigen, dass die Sprachbeherrschung bei den untersuchten

Jugendlichen eine aktive soziale Teilhabe begünstigt, mangelnde sprachliche Fähigkeiten dagegen die soziale Integration erschweren.

Mit dem Faktor Multilingualität ist zugleich der Aspekt der Kulturalität verbunden. Die Erforschung kultureller und ethnischer Ähnlichkeiten bzw. Differenzen in den sozialen Beziehungen unter gleichaltrigen Kindern stellt sich nach Ladd (1999) als neuer Untersuchungsbereich der 1990er Jahre dar. Dabei können empirische Arbeiten unterschieden werden, die entweder kulturelle Mehrheiten und Minderheiten innerhalb eines Landes betrachten oder verschiedene Nationen vergleichen. Eine Untersuchung im Primarbereich zur Einschätzung sozialkompetenten bzw. inkompetenten Verhaltens in Abhängigkeit der sprachlichen Kompetenz *und* des Migrationsstatus haben Vedder und O'Dowd (1999) in Schweden durchgeführt. Kinder mit Migrationshintergrund und zusätzlichem Unterricht in „Schwedisch als Zweitsprache" erhalten von ihren Peers weniger positive Einschätzungen ihres sozial kompetenten Verhaltens im Vergleich zu Kindern mit schwedischer Herkunftssprache und von den Lehrkräften weniger positive Einschätzungen im Vergleich zu Kindern mit Migrationshintergrund, die aber keinen Zweitsprachenunterricht benötigen. Als mögliche Ursachen werden eine geringere Sprachbeherrschung, unterrichtsbedingte Separationsaspekte und Konfundierungen von Sprachbeherrschung und akademischer Leistungsfähigkeit diskutiert.

Dollase (2004) beschreibt Kultur als etwas Veränderbares und folgert, dass Schülerinnen und Schüler mit Migrationshintergrund in ihrem Immigrationsland keineswegs dauerhaft fremd bleiben, sondern bezogen auf ihre Altersgenossen Angleichungsprozesse stattfinden. Hinsichtlich der sozialen Prozesse in Schulklassen verweisen Dollase, Ridder, Bieler, Woitowitz und Köhnemann (2002) auf bestehende Forschungsdefizite, die Effekte eines unterschiedlich hohen Anteils an Schülern mit Migrationshintergrund in den Klassenzusammensetzungen in den Blick nehmen. In ihrer Untersuchung zeigen sie förderliche Effekte bei Klassen mit einem hohen Migrationshintergrund-Anteil auf.

3 Design der Studie KEIMS: Kompetenzentwicklung in multilingualen Grundschulklassen

Unter dem Namen KEIMS Kompetenzentwicklung in multilingualen Schulklassen wurde eine Erhebung in 12 Grundschulklassen zu bisher zwei Messzeitpunkten mit dem Ziel durchgeführt, die schulfachlichen und sozialen Kompetenzen von Schülerinnen und Schülern in der Grundschule unter Berücksichtigung der neu eingeführten vorschulischen Sprachförderung und des unterschiedlichen Ausmaßes an Multilingualität in den Schulklassen zu untersuchen.

3.1 Fragestellung

In dem Forschungsprojekt wird der Frage nachgegangen, wie sich die schulfachliche und soziale Kompetenzentwicklung in Klassen mit jeweils unterschiedlichem Ausmaß an Multilingualität bzw. Schülern mit Migrationshintergrund vollzieht. Diese Fragestellung nimmt Bezug auf die vielfältigen Hinweise einer Bildungsbenachteiligung für Kinder und Jugendliche mit Migrationshintergrund im deutschen Schulwesen.

Als eine zentrale Ursache der Bildungsunterschiede zwischen Schülerinnen und Schülern mit und ohne Migrationshintergrund kann die sprachliche Kompetenz angenommen werden. So zeigt sich, dass bei Kontrolle der Sozialschicht das Bildungsungleichgewicht bereits etwas reduziert wird und dass bei Berücksichtigung der Leseleistung keine Bildungsbenachteiligung für Schüler mit Migrationshintergrund zu beobachten ist (Baumert/Schümer 2001).

In der Studie KEIMS soll aus dieser Perspektive der Frage nachgegangen werden, ob sich auch soziale Kompetenzen und deren Entwicklung als sprachmoderiert darstellen oder ob z.B. Faktoren, wie das hohe soziale Anforderungspotential in Klassen mit einem hohen Ausmaß an Multilingualität bzw. einem hohen Anteil an Migrationshintergrund unter der Schülerschaft, auch besondere sozialkompetenzförderliche Lernanreize darstellen können. Mit dieser Frage verbindet sich eine Konstruktentwicklung zur sozialen Kompetenz.

3.2 Untersuchungsinstrumente

Aus dem Facettenreichtum des Konstrukts der sozialen Kompetenz konzentriert sich die Studie KEIMS auf einige begründet ausgewählte Bereiche: Vorliegend berichten wir vom ersten Messzeitpunkt Ergebnisse zum Selbstkonzept sozialer Kompetenz und zur sozialen Informationsverarbeitung – ergänzt um Ergebnisse zu schulfachlichen Leistungen.

3.2.1 Fragebogen zum Selbstkonzept sozialer Kompetenz (SKSK)

Mit dem Fragebogen zur Erfassung des Selbstkonzepts sozialer Kompetenz wird das Schulkind um eine situationsübergreifende Selbsteinschätzung zu eigenen sozialen Fähigkeiten und Fertigkeiten gebeten. Der Fragebogen wurde zunächst von Arnold und Levin (2001) in Anlehnung an Konzepte von Petermann, Jugert, Tänzer und Verbeek (1997) entwickelt. Beliebtheit, Kontaktverhalten und Empathie als drei zentrale Bereiche der sozialen Kompetenz werden über jeweils 5 Fragen (Items) repräsentiert. Das Itemformat orientiert sich an dem von Harter

(1982) entwickelten Frageformat, mit dem der Tendenz zu sozial erwünschten Antworten entgegengewirkt werden soll. Die zweifach gestuften Fragen werden als vierfachgestufte Antworten verrechnet (1-4 Punkte; vgl. Arnold/Levin/Richert 2005).

Für die Studie KEIMS wurde der Fragebogen inhaltlich überarbeitet und in eine für die ersten Klassenstufen altersgemäße, illustrierte Interviewform übertragen (SKSK; Arnold/Lindner-Müller 2004). Auf der ersten Fragestufe wird das Kind gebeten, sich einer der nachfolgend beschriebenen Gruppen zuzuordnen: z.B. den Kindern mit vielen Freunden oder den Kindern mit wenigen Freunden in der Klasse. Dazu werden den Kindern zwei zufällig aus einem Pool von 6 Vorlagen ausgewählte, kaum unterscheidbare Illustrationen von Kindergruppen vorgelegt. Sie sollen die Fragesituation altergemäß gestalten und gleichzeitig den Faktor der sozialen Erwünschtheit der jeweils einen Antwortalternative reduzieren. Auf der zweiten Fragestufe wird in Abhängigkeit von der Erstantwort differenzierend weiter gefragt.

3.2.2 Soziale Informationsverarbeitung und sozial-kognitive Interviews (SKI)

Ausgehend von einer Entwicklungsperspektive und anzunehmenden Veränderungen der Wissenskomponente (Crick/Dodge 1994) stützt sich die Studie auf den Aspekt des sozialen Wissens. Die Kinder sind aufgefordert, zu hypothetischen sozialen Situationen mögliche Lösungen zu generieren. Auswertungsrelevant sind u.a. die Anzahl der genannten Verhaltensmöglichkeiten (Antwortrepertoire) und der Inhaltsaspekt der Antworten (Crick/Dodge 1994). In der Studie KEIMS wurden die sozialen Dilemmata in Anlehnung an Mayeux und Cillessen (2003) entwickelt, da deren Studie eine verbale Herangehensweise und einen für uns adäquaten Altersbereich aufwies. Zu Situationen wie z.B. „Konkurrenz um ein Spielgerät" wird dem Kind im Einzelinterview jeweils eine kurze Beschreibung gegeben und eine passende Illustration gezeigt. Anschließend wird das Kind gefragt, was das Zielkind in dieser Situation zur Konfliktlösung tun kann. Die Antworten des Kindes wurden möglichst wortgetreu protokolliert; bei unklaren Antworten wurde zur Erläuterung nachgefragt.

3.2.3 Schulleistungstests

Schulische Lernstände wurden lehrerunabhängig über die folgenden Schulleistungstests erhoben: Würzburger Leiseleseprobe (WLLP) zur Bestimmung der Lesegeschwindigkeit, Hamburger Schreibprobe (HSP 1+) zur Erfassung der Rechtschreibleistung und Deutscher Mathematiktest für erste Klassen (DEMAT 1+) zur Erhebung des Leistungsstands im Rechnen.

3.3   Untersuchungsdesign: Schul- und Schülerstichprobe

Die seitens des Kultusministeriums Hannover zusammengestellte Schulstichprobe umfasst jeweils eine Pilotschule *mit* und eine passende Vergleichsschule *ohne* vorschulische Sprachförderung unter drei Stufen des prozentualen Anteils an Kindern mit Migrationshintergrund (50, 30 und 10%). Die vorliegende Darstellung konzentriert sich auf den Kontextfaktor „Anteil an Migrationshintergrund in den Schulen", der Aspekt der Sprachförderung bleibt nachfolgend unberücksichtigt.

Insgesamt nahmen 203 Schülerinnen und Schüler aus sechs Schulen (= 12 erste Klassen) an der Studie teil, 4 weitere Kinder schieden im Laufe der Erhebung aus. 21 Schulkinder erhielten kein elterliches Einverständnis, mögliche Effekte aufgrund dieser Teilnehmerausfälle sind nicht auszuschließen. Durchschnittlich lag das Alter der Kinder in den Schulen zwischen 7;1 und 7;7 in Jahren und Monaten.

In Anlehnung an das Vorgehen der Landesauswertung von PISA-Daten für Bremen (Husfeldt/Arnold/Möser/Brümmer 2004) wird die folgende Definition des Migrationshintergrunds zugrunde gelegt:

Familiensprache: Es wird zu Hause kein Deutsch gesprochen oder es wird sowohl Deutsch als auch Nicht-Deutsch zu Hause gesprochen.

Geburtsland der Mutter: Das Geburtsland der Mutter ist nicht Deutschland. (Eine zusätzliche Berechnung ergibt für die vorliegende Stichprobe, dass in 95,9 % der Fälle auch das Geburtsland des Vaters nicht Deutschland ist).

Mit einer empirischen Stufung von 67,3 %, 47 % und 31,3 % liegen die Anteile an Kindern mit Migrationshintergrund im Vergleich zu den erwarteten prozentualen Werten höher, jedoch lässt sich weiterhin eine für die vorliegenden Fragestellungen ausreichende Stufung des Anteils an Migrationshintergrund in den Schulen feststellen.

4   Ergebnisse der Studie

Ausgehend von der Frage, ob ein hoher Anteil an Kindern mit Multilingualität bzw. Migrationshintergrund in den Klassen mit einer Bildungsbenachteiligung für schulfachliche und soziale Kompetenzen einhergeht oder ob gerade diese Situation auch eine besondere sozial-kompetenzförderliche Lernherausforderung darstellt, wird eine zweistufige Auswertung vorgenommen: Die schulfachlichen Testleistungen und die sozialen Kompetenzaspekte werden zum einen unter dem Kriterium des Anteils an Kindern mit Migrationshintergrund in den Schulklassen betrachtet. Damit werden schulische Kompositionseffekte in den

Blick genommen, die sich z.B. als unterschiedliche sprachliche Ausgangsbedingungen oder als unterschiedliche soziale Lernherausforderungen interpretieren ließen. Andererseits werden die Daten unter dem Kriterium „Kinder mit und ohne Migrationshintergrund" analysiert. Diese Perspektive rückt mögliche Effekte der Klassenkomposition in den Hintergrund, während der Sprachaspekt (Deutsch als Herkunftssprache versus Deutsch als Zweitsprache) stärker betont wird. Den Analysen ist eine Darstellung zu einigen Lern- und Leistungsvoraussetzungen vorangestellt.

4.1 Lern- und Leistungsvoraussetzungen

Zur Prüfung einer relativen Vergleichbarkeit der Schulen wurden einige Lern- und Leistungsvoraussetzungen erhoben. Für die 6 beteiligten Schulen ergeben sich Durchschnittswerte in der kognitiven Grundfähigkeit (CFT 1) zwischen 98 und 116 IQ-Punkten. Damit zeigen sich gewisse Unterschiede zwischen den einzelnen Schulen, jedoch liegt kein Ergebnis weit unterhalb des Skalenmittelwerts von 100 IQ-Punkten. Für die bei den Erstklässlern erfragte Lernfreude zeigen sich hohe Werte, die sich für die Schulen unter den drei Stufen des Anteils an Kindern mit Migrationshintergrund in den Schulen nicht bedeutsam unterscheiden. Bezogen auf die einzelnen Schulen wird das sprachliche Vermögen der Schülerinnen und Schüler in der Unterrichtssprache Deutsch von den Lehrkräften im Bereich zwischen „eher ausreichend" und „völlig ausreichend" beschrieben; lediglich für die Schule ohne vorschulische Sprachförderung mit Migrationshintergrund-Anteil von 50% liegt die Einschätzung leicht unterhalb von „eher ausreichend".

4.2 Zum Selbstkonzept sozialer Kompetenzen (SKSK)

Mit dem Fragebogen SKSK kam eine Eigenentwicklung zur Anwendung, für die zunächst eine Abschätzung der Reliabilität vorgenommen wird. Die interne Konsistenz des SKSK liegt auf der Gesamtebene bei Cronbachs α von .74, für die Subskalen fielen die Werte niedriger aus (vgl. Tab. 1).

Das Verfahren wurde auf der Klassenstufe 2 (MZP II) einer weiterführenden Prüfung unterzogen, wobei die Skala Beliebtheit durch eine neu entwickelte Skala zur Assertivität ersetzt wurde.

Tab. 1: Kennwerte zur internen Konsistenz (Cronbachs Alpha) des SKSK; getrennt für die drei Subskalen und den Gesamttest im Interviewverfahren auf Klassenstufe 1

Skala	Beliebtheit	Kontakt	Empathie	Gesamttest
Cronbachs α.	.43	.53	.52	.74

Wie die nachfolgende Tabelle 2 zeigt, ist die interne Konsistenz der relativ kurzen Subskalen (5 Items) zwar moderat, eine gewisse klassenstufenbezogene Steigerung der instrumentellen Güte zeichnet sich jedoch ab. Die Reliabilität des Gesamttests ist mindestens zufrieden stellend.

Tab. 2: Kennwerte zur internen Konsistenz (Cronbachs Alpha) des SKSK; getrennt für die drei Subskalen und den Gesamttest für die Gruppentestversion auf Klassenstufe 2

Skala	Assertivität	Kontakt	Empathie	Gesamttest
Cronbachs α.	.55	.65	.59	.80

Bei der Auswertung der Daten nach dem Kriterium „Anteil an Kindern mit Migrationshintergrund in den Schulen" ließen sich keine statistisch abgesicherten Effekte finden (vgl. Tab. 3). Es zeigen sich durchschnittlich recht hohe Werte der Selbsteinschätzung für die Bereiche Empathie und Kontakt, etwas geringer fallen die Werte unter der Skala Beliebtheit aus. Die relative Konsistenz unter den drei Stufen des Anteils an Migrationshintergrund ist auffällig und lässt zumindest die vorsichtige Feststellung zu, dass das Verfahren in den drei Teilgruppen ähnlich funktioniert.

Tab.3: Ergebnisse im SKSK (Mittelwerte M, Standardabweichung SD, Stichprobenumfänge n und Effektstärken η2) für die Skalen Beliebtheit, Empathie und Kontaktverhalten sowie den Gesamttest, getrennt nach prozentualem Anteil an Kindern mit Migrationshintergrund (MH) in den Schulen

MH-Anteil in Schulen	n	Beliebtheit M (SD)	Empathie M (SD)	Kontakt M (SD)	Gesamttest M (SD)
50 %	54	2.91 (.5)	3.30 (.58)	3.42 (.48)	3.21 (.42)
30 %	64	2.98 (.54)	3.18 (.62)	3.3 (.55)	3.15 (.49)
10 %	83	2.95 (.44)	3.26 (.48)	3.25 (.48)	3.16 (.37)
Effektstärke η^2		.003	.007	.019	.004

Auch unter der Gruppierungsvariablen „Migrationsstatus", bei der Kinder mit und ohne Migrationshintergrund verglichen werden, zeigen sich weder auf der Ebene des Gesamttests noch auf Ebene der Subskalen substantielle Effekte auf die Selbsteinschätzungen im SKSK (vgl. Tab. 4).

Tab. 4: Ergebnisse im SKSK (Mittelwerte M, Standardabweichungen SD, Stichprobenumfänge n und Effektstärken η2) für die Skalen Beliebtheit, Empathie und Kontakt sowie den Gesamttest, getrennt nach Kindern mit und ohne Migrationshintergrund (MH)

MH	n	Beliebtheit		Empathie		Kontakt		Gesamttest	
		M	(SD)	M	(SD)	M	(SD)	M	(SD)
ohne MH	104	2.93	(.49)	3.21	(.55)	3.26	(.51)	3.14	(.43)
mit MH	89	2.96	(.49)	3.27	(.57)	3.36	(.49)	3.2	(.41)
Effektstärke η^2		.001		.003		.008		.006	

Schülerinnen und Schüler mit und ohne Migrationshintergrund liegen in ihren Selbsteinschätzungen recht hoch; für die Subskala Beliebtheit zeigen sich etwas geringere mittlere Einschätzungen. Auch unter dieser Auswertungsperspektive, die stärker auf mögliche Unterschiede in den sprachlichen Ausgangsbedingungen fokussiert, zeigt sich für die zwei Teilgruppen eine bemerkenswerte Ähnlichkeit in den Ergebnissen.

4.3 Zum sozial-kognitiven Interview (SKI)

Bei diesem Verfahren wurde eine Auswertung der Quantität unterschiedlicher Problemlösekategorien und der Qualität der Problemlösungen vorgenommen. Die Urteilerübereinstimmung wurde für 25 % der Daten beruhend auf der Ebene der 20 Unterkategorien berechnet und kann mit Cohen's Kappa κ = .79 (vgl. Diehl/Staufenbiehl 2002) als zufrieden stellend ausgewiesen werden.

Tab. 5: Ergebnisse im sozial-kognitiven Interview als Nutzung unterschiedlicher Problemlösekategorien (Mittelwert M, Standardabweichung SD, Stichprobenumfang n), getrennt nach prozentualem Anteil an Kindern mit Migrationshintergrund (MH) in den Schulen

Anteil MH in Schulen	n	M	(SD)
50 %	54	7.52	(2.05)
30 %	65	7.20	(1.97)
10 %	83	7.53	(1.81)

Unter der Analyseperspektive „Anteil an Kindern mit Migrationshintergrund in den Schulen" ergibt sich für die quantitative Nutzung unterschiedlicher Problemlösekategorien (berechnet auf der Grundlage von 20 Auswertungskategorien) kein substantieller Effekt.

Zur Analyse des Qualitätsaspekts der Strategienennung wurden die 20 Subkategorien zu 8 Hauptkategorien aggregiert; die individuelle Anzahl der Nennungen unter jeder Kategorie wurde an der individuellen Gesamtzahl an Antworten (einschließlich irrelevanter/nicht kodierbarer Antworten) relativiert, um interindividuell vergleichbare Kennwerte zu erhalten (vgl. Mayeux/Cillessen 2003). Die Ergebnisse - differenziert nach dem Anteil an Kindern mit Migrationshintergrund in den Schulen - zeigt Tabelle 6.

Tab. 6: Mittlere relative Antworthäufigkeiten (Stichprobenumfang n und Standardabweichung SD in Klammern) über die 8 Hauptkategorien im sozial-kognitiven Interview, getrennt nach Anteil an Kindern mit Migrationshintergrund (MH) in den Schulen

8 Hauptkategorien	50% MH (n = 54)		30% MH (n = 65)		10% MM (n = 83)	
	M	(SD)	M	(SD)	M	(SD)
1: um Lösung anfragen	.395	(.11)	.394	(.13)	.452	(.13)
2: antisozial	.049	(.09)	.035	(.07)	.019	(.04)
3: durchsetzungsfähig	.076	(.09)	.08	(.11)	.079	(.08)
4: Konflikt vermeiden	.025	(.05)	.025	(.04)	.020	(.04)
5: Lösung vermeiden	.097	(.09)	.105	(.10)	.083	(.09)
6: um Hilfe bitten	.056	(.06)	.077	(.08)	.068	(.07)
7: prosozial	.225	(.09)	.225	(.1)	.241	(.1)
8: manipulativ	.035	(.06)	.016	(.04)	.018	(.04)
Irrelevante Antworten	.043	(.076)	.044	(.069)	.021	(.046)

Für die Kategorie 1 „um eine Lösung anfragen" ergibt sich mit $\eta^2 = .047$ ein kleiner Effekt (Bortz/Döring 2003, S.604 ff.), in Schulen mit einem Anteil von 10 % Migrationshintergrund gaben die Erstklässler in stärkerem Ausmaß lösungsorientierte Strategien an. Für die Kategorie 2 „antisoziale Konfliktlösung" verweist ein η^2 von .035 ebenfalls auf einen kleinen Effekt und damit auf Unterschiede in der Nennungshäufigkeit unter dieser Kategorie in Abhängigkeit vom Anteil an Kindern mit Migrationshintergrund in den Schulen. Zu beachten ist allerdings, dass für die Kinder in den Schulen mit einem Migrationshintergrund-Anteil von 50 und 30% ein höherer Anteil irrelevanter, d.h. nicht klassifizierbarer Antworten zu verzeichnen ist als für die Kinder in Schulen mit 10 % Migrationshintergrund-Anteil ($\eta^2 = .031$).

Wird die quantitative Kategoriennutzung bei Schülerinnen und Schülern mit und ohne Migrationshintergrund verglichen, so zeigt sich mit $\eta^2 = .033$ ein kleiner Effekt; Schulkinder mit Migrationshintergrund weisen im Mittel eine etwas höhere Anzahl genutzter Problemlösekategorien im Sozial-kognitiven Interview auf als Schulkinder ohne Migrationshintergrund (s. Tab. 7).

Tab. 7: Ergebnisse im sozial-kognitiven Interview als Nutzung unterschiedlicher Problemlösekategorien (Mittelwert M, Standardabweichung SD, Stichprobenumfang n), getrennt nach Kindern mit und ohne Migrationshintergrund (MH)

MH	n	M	(SD)
mit MH	89	7.85	(1.86)
ohne MH	105	7.15	(1.92)

Trotz der Problematik eines höheren Anteils irrelevanter Antworten, wie sie unter dem Auswertungskriterium „Anteil an Kindern mit Migrationshintergrund" ersichtlich wird, zeigt sich unter der vorliegenden Auswertungsperspektive die gute Verfügbarkeit unterschiedlicher Problemlösekategorien für Kinder mit Migrationshintergrund und bestätigt somit die Anwendbarkeit des Verfahrens auch für Kinder mit Migrationshintergrund.

Bei Betrachtung qualitativer Aspekte der genannten Problemlösungen unter dem Gruppierungskriterium „Kinder mit und ohne Migrationshintergrund" findet sich zwar auch ein höherer Anteil an als irrelevant klassifizierten Antworten bei den Kindern mit Migrationshintergrund (.037) im Vergleich zu den Kindern ohne Migrationshintergrund (.027); der Effekt ist aber statistisch nicht bedeutsam. Darüber hinaus zeigt sich ein Unterschied in der mittleren relativen Antworthäufigkeit unter der Kategorie 1 „um eine Lösung anfragen/bitten" von .436 für die Gruppe der Kinder ohne Migrationshintergrund gegenüber .394 für die Gruppe der Kinder mit Migrationshintergrund und somit ein kleiner Effekt des Migrationsstatus ($\eta^2 = .027$) auf die relativen Antworthäufigkeiten in der Kategorie 1. Für die anderen Kategorien finden sich keine Effekte. Unter einer Auswertungsperspektive, die stärker mögliche Unterschiede in den sprachlichen Ausgangsbedingungen in den Blick nimmt und mögliche Einflüsse schulischer Komposition in den Hintergrund rückt, scheint das – auch sprachlich anforderungsstarke – sozial-kognitive Interview für die beiden Teilgruppen ähnlich zu funktionieren.

4.4 Schulische Lernstände

Die im Rahmen der Studie erhobenen schulischen Lernstände bilden eine Vergleichsstruktur zu den sozialen Kompetenzaspekten und stellen damit eine Informationsquelle zu den Fragen der Sprachmoderiertheit und Bildungsbezogenheit sozialer Kompetenzaspekte dar. Für die schulischen Lernstände auf der Klassenstufe 1 kann auf der Grundlage der Würzburger Leiseleseprobe (WLLP), der Hamburger Schreibprobe (HSP) und des Deutschen Mathematiktests für erste Klassen (DEMAT 1+) folgendes Befundmuster unter dem Auswertungskriterium „Anteil an Kindern mit Migrationshintergrund in den Schulen" beschrieben werden (vgl. Tab. 8).

Tab. 8: Ergebnisse in der WLLP (Rohwerte), in der HSP (T-Werte) und im DEMAT 1+ (T-Werte), getrennt nach dem Anteil an Kindern mit Migrationshintergrund (MH) in den Schulen (n = Stichprobenumfang, M = Mittelwert, SD = Standardabweichung)

Anteil MH in Schulen	n	WLLP		HSP		DEMAT 1+	
		M	(SD)	M	(SD)	M	(SD)
50 %	54	32.85	(13.47)	46.83	(6.89)	44.46	(8.83)
30 %	66	30.32	(17.95)	44.83	(7.46)	44.14	(11.36)
10 %	83	40.70	(15.29)	51.4	(6.83)	49.02	(11.02)

Für die WLLP zeigt sich mit $\eta^2 = .081$ ein mittlerer Effekt des Anteils an Kindern mit Migrationshintergrund in den Schulen auf die Lesegeschwindigkeit. Für die HSP verweist das η^2 von .145 in Richtung auf einen großen Effekt des Migrationshintergrund -Anteils auf den orthografischen Leistungsstand. Und für den DEMAT 1+ kann schließlich mit einem η^2 von .047 ein kleiner Effekt des Migrationshintergrund-Anteils in den Schulen auf die mathematischen Leistungen angenommen werden.

Die Schulleistungstestergebnisse beim Vergleich von Kindern mit und ohne Migrationshintergrund zeigt die Tabelle 9.

Für die WLLP-Leistung kann ein kleiner Effekt von $\eta^2 = .052$ festgestellt werden. Für die HSP-Leistungen ergibt sich ein η^2 von .016, welches allerdings lediglich auf einem Niveau von $\alpha = 10\%$ abgesichert werden kann und sich somit nur in der Tendenz als ein kleiner Effekt des Migrationshintergrundes auf den orthografischen Leistungsstand darstellt. Für die Leistungen im DEMAT 1+ liegt mit $\eta^2 = .008$ kein substantieller Effekt des Migrationshintergrundes auf den mathematischen Leistungsstand vor.

Tab. 9: Ergebnisse in der WLLP (Rohwerte), in der HSP (T-Werte) und im DEMAT 1+ (T-Werte), getrennt nach Kindern mit und ohne Migrationshintergrund (n = Stichprobenumfang, M = Mittelwert, SD = Standardabweichung)

MH	n	WLLP		HSP		DEMAT 1+	
		M	(SD)	M	(SD)	M	(SD)
mit MH	89	30.9	(16.23)	46.74	(7.38)	45.07	(9.55)
ohne MH	106	38.42	(16.07)	48.66	(7.56)	47.05	(11.84)

5 Diskussion der Ergebnisse und Perspektiven für die weitere Forschung

In der Studie KEIMS werden schulfachliche und soziale Kompetenzen von Grundschulkindern unter Berücksichtigung der Multilingualität in den Klassenzimmern untersucht. Damit verbunden ist eine Konstruktentwicklung zu sozialen Kompetenzaspekten.

Der Fragebogen zum Selbstkonzept sozialer Kompetenz (SKSK) und das sozial-kognitive Interview (SKI) sind Verfahren mit sprachlichen Anforderungen. Die aufgefundene Ähnlichkeit der Ergebnisse sowohl unter der Auswertungsperspektive „Anteil an Kindern mit Migrationshintergrund in den Schulen" als auch unter dem Kriterium „Kinder mit und ohne Migrationshintergrund" ist in den Ergebnissen der Schulleistungstests nicht anzutreffen. Hier zeigen sich zum einen in allen drei Leistungsbereichen, insbesondere jedoch bei der Lesegeschwindigkeit und beim orthografischen Leistungsstand, ungünstigere Ergebnisse unter höheren Migrationshintergrund-Anteilen in den Schulen. Für die schulischen Leistungen sind demnach Klassenkompositionseffekte zu verzeichnen, die sich jedoch für die betrachteten Aspekte der sozialen Kompetenz nicht abzeichnen. Unter der Auswertungsperspektive „Migrationsstatus", die eher sprachliche Aspekte betonen dürfte, finden sich kaum Unterschiede hinsichtlich der sozialen Kompetenzvariablen und auch nur wenige Leistungsdifferenzen. Somit sind bereits auf der Klassenstufe 1 gewisse schulfachliche Bildungsunterschiede erkennbar; für die gemessenen Sozialkompetenzaspekte lassen sich kaum Unterschiede feststellen.

Mit Blick auf die intendierte Konstruktentwicklung zur sozialen Kompetenz stellt sich die Frage nach den Gründen für die relative Ähnlichkeit der Ergebnisse. Für das Selbstkonzept sozialer Kompetenz könnte die Hypothese aufgeworfen werden, dass die untersuchten Kinder im SKSK vorrangig zwischen der eher positiv und der eher negativ konnotierten Antwortalternative differenziert und ihre Antworten sozial erwünscht ausgerichtet haben könnten. Gleichwohl haben die Untersuchungspersonen eine große Ernsthaftigkeit der Kinder bei der Befragung wahrgenommen. Und auch die Durchführung des Selbstkonzeptfragebogens im Gruppentest auf der Klassenstufe 2 zeigte sich als recht gut machbar. Für das sozial-kognitive Interview (SKI), in dem die Kinder eigenständige Antworten generieren mussten, lassen sich die Ergebnisähnlichkeiten kaum über mögliche verfahrensinduzierte Einflüsse zur sozialen Erwünschtheit erklären. Jedoch kann argumentiert werden, dass die Kinder überwiegend auf eine gewisse Spanne sozial akzeptierter Lösungsmöglichkeiten zurückgreifen, so dass sich wenig Varianz ergibt. Darüber hinaus könnten die sozialen Erfahrungsspielräume dieser Altersstufe doch recht ähnlich sein, so dass auch weniger Differenzen sowohl im Selbstkonzept sozialer Kompetenz als auch zum sozialen Wissen erwartbar sind.

Schließlich stellt sich die Frage nach dem Ausmaß der Sprachmoderiertheit sozialer Kompetenzaspekte. Mit der Auswertungsperspektive „Kinder mit und ohne Migrationshintergrund" sollten eher sprachbezogene Aspekte berührt werden, hier zeigen sich allerdings auch auf der Ebene der Schulleistungstests weniger Unterschiede. Damit könnte einerseits argumentiert werden, dass trotz der Multilingualität der Kinder mit Migrationshintergrund keine ausreichende Differenz in der Unterrichtssprache zwischen den beiden Gruppen besteht oder andererseits das Kriterium „Migrationshintergrund" unzureichend konzeptualisiert sein könnte. Zu bedenken ist jedoch, dass mit der WLLP lediglich der Aspekt der Lesegeschwindigkeit erfasst wurde – wobei sich hier auch entsprechende Unterschiede zeigten – und die HSP schriftsprachliche Fähigkeiten erfasst, für die tendenziell etwas geringere Leistungen für die Kinder mit Migrationshintergrund zu verzeichnen sind. Eine zum Messzeitpunkt III durchzuführende Erfassung des Sprachstands wird zu dieser Frage genauer Aufschluss geben können. Zum momentanen Auswertungszeitpunkt ergeben sich trotz der oben diskutierten möglichen Einschränkungen der verwendeten Instrumente zur sozialen Kompetenz erste Hinweise für die Nutzbarkeit der Verfahren auch bei Kindern mit multilingualem Hintergrund, für die reduzierte Kompetenzen in der „Testsprache" nicht auszuschließen sind.

Bei Betrachtung der relativ egalitären Ergebnisse zu sozialen Kompetenzaspekten wird sichtbar, dass in dem breiten Spektrum der von der Grundschule intendierten Lern- und Sozialisationserfahrungen die Sozialerziehung keine ungünstige, sondern eine eher günstige Bilanz aufweist.

Die Weiterführung der Studie KEIMS im Längsschnitt eröffnet Perspektiven in zweierlei Hinsicht: Neben dem Potential eines entwicklungspsychologischen Ansatzes zur Abschätzung der Validität der Messverfahren und der Konstruktvalidität (Waters/Sroufe 1983) können mögliche Einflüsse der Erweiterung sozialer Kontexte auf die Entwicklung sozialer Kompetenzaspekte untersucht werden.

Literatur

Arnold, K.-H./Levin, A. (2001): Skala zur Erfassung des Selbstkonzepts der sozialen Kompetenz. Berlin: Technische Universität, Institut für Erziehungswissenschaft.

Arnold, K.-H./Lindner-Müller, C. (2004): Fragebogen zur Erfassung des Selbstkonzepts Sozialer Kompetenz (SKSK). Illustrierte Form. Hildesheim: Universität Hildesheim, Institut für Angewandte Erziehungswissenschaft und Allgemeine Didaktik.

Arnold, K.-H./Levin, A./Richert, P. (2005): Die Sicht der verhaltensauffälligen Kinder. In: Preuss-Lausitz, U. (Hrsg.): Integrative Förderung verhaltensauffälliger Kinder in der Grundschule. Weinheim: Beltz, S. 123-133.

Asendorpf, J.B./van Aken, M.A.G. (1993): Deutsche Version der Selbstkonzeptskalen von Harter. In: Zeitschrift f. Entwicklungspsychologie u. Pädagogische Psychologie 15 (1), S. 64-86.

Baumert, J./Schümer, G. (2001): Familiäre Lebensverhältnisse, Bildungsbeteiligung und Kompetenzerwerb. In: Deutsches PISA-Konsortium (Hrsg.): PISA 2000. Opladen: Leske und Budrich, S. 323-407.

Bortz, J./Döring, N. (2003). Forschungsmethoden und Evaluation. 3., überarb. Aufl. Berlin: Springer.

Byrne, B. M./Shavelson, R. J. (1996): On the structure of social self-concept for pre-, early, and late adolescents: A test of the Shavelson, Hubner, and Stanton (1979) model. In: Journal of Personality and Social Psychology 70 (3), S. 599-613.

Calderella, P./Merrell, K.W. (1997): Common dimensions of social skills of children and adolescents. A taxonomy of positive behaviors. In: School Psychology Review 26 (2), S. 264-278.

Crick, N.R./Dodge, K.A. (1994): A review and reformulation of social information-processing mechanisms in children's social adjustment. In: Psychological Bulletin 115 (1), S. 74-101.

Diehl, J.M./Staufenbiel, T. (2002): Statistik mit SPSS. Version 10+11. Frankfurt a. M.: Klotz.

Dodge, K.A. (1986): A social information processing model of social competence in children. In: Perlmutter, M. (Hrsg.): Minnesota Symposium on Child Psychology 18: Cognitive perspectives on children's social and behavioral development. Hillsdale, N.J.: Erlbaum, S. 77-125.

Dodge, K.A. (1993): Social-cognitive mechanisms in the development of conduct disorder and depression. In: Annual Review of Psychology 44, S. 559-584.

Dodge, K.A./Price, J.M. (1994): On the relation between social information processing and socially competent behaviour in early school-aged children. In: Child Development 65, S. 1385-1397.

Dollase, R. (2001): Soziometrie. In: Rost, D.H. (Hrsg.): Handwörterbuch Pädagogische Psychologie. 2., überarb. und erw. Aufl. Weinheim: PVU, S. 679-685.

Dollase, R. (2004): Umgang mit interethnischen Konflikten in Bildungsinstitutionen. In: Sommer, G./Fuchs, A. (Hrsg.): Krieg und Frieden. Weinheim: PVU, S. 608-619.

Dollase, R./Ridder, A./Bieler, A./Woitowitz, K./Köhnemann, I. (2002): Soziometrische Beziehungen und Fremdenfeindlichkeit in Schulklassen mit unterschiedlichem Ausländeranteil. In: Boehnke, K./Fuß, D./Hagan, J. (Hrsg.): Jugendgewalt und Rechtsextremismus. Weinheim: Juventa, S. 183-194.

Fantuzzo, J.W./McDermott, P.A./Holliday Manz, P./Hampton, V.R./Alvarez Burrdick, N. (1996). The pictorial scale of perceived competence and social acceptance: Does it work with low-income urban children? In: Child Development 67, S. 1071-1084.

Gresham, F.M. (2001): Assessment of social skills in children and adolescents. In: Andrews, J.J.W./ Saklofske, D.H./Janzen, H.L. (Hrsg.): Handbook of psychoeducational assessment. Ability, achievement and behavior in children. San Diego: Academic Press, S. 325-355.

Harter, S. (1982): The perceived competence scale for children. In: Child Development 53, S. 87-97.

Harter, S. (1998): The development of self-representations. In: Damon, W./Eisenberg, N. (Hrsg.): Handbook of Child Psychology. Vol. 3: Social, Emotional, and Personality Development. 5. Aufl. New York: Wiley, S. 553-617.

Harter, S./Pike, R. (1984): The pictorial scale of perceived competence and social acceptance for young children. In: Child Development 55, S. 1969-1982.

Helmke, A. (1992): Selbstvertrauen und schulische Leistungen. Göttingen: Hogrefe.

Helmke, A. (1998): Vom Optimisten zum Realisten? Zur Entwicklung des Fähigkeitsselbstkonzeptes vom Kindergarten bis zur 6. Klassenstufe. In: Weinert, F.E. (Hrsg.), Entwicklung im Kindesalter. Weinheim: PVU, S. 115-132.

Husfeldt, V./Arnold, K.-H./Möser, G./Brümmer, F. (2004): PISA 2000: Ergänzende Analysen für das Land Bremen. Göttingen: Universität Göttingen, Pädagogisches Seminar.

Jerusalem, M./Klein-Heßling, J. (2002): Soziale Kompetenz. Entwicklungstrends und Förderung in der Schule. In: Zeitschrift für Psychologie 210 (4), S. 164-174.

Kammermeyer, G./Martschinke, S. (2003): Schulleistung und Fähigkeitsselbstbild im Anfangsunterricht – Ergebnisse aus dem KILIA-Projekt. In: Empirische Pädagogik 17 (4), S. 486-503

Kanning, U.P. (2002): Soziale Kompetenz – Definition, Strukturen und Prozesse. In: Zeitschrift für Psychologie 210 (4), S. 154 -163.

Krapp, A. (1997): Selbstkonzept und Leistung: Literaturüberblick. In: Weinert, F. E./Helmke, A. (Hrsg.): Entwicklung im Grundschulalter. Weinheim: PVU, S. 325-339.

Krappmann, L. (1994): Sozialisation und Entwicklung in der Sozialwelt gleichaltriger Kinder. In: Schneewind, K. (Hrsg.): Psychologie der Erziehung und Sozialisation. Enzyklopädie der Psychologie, Themenbereich D: Praxisgebiete, Serie 1: Pädagogische Psychologie, Bd. 1. Göttingen: Hogrefe, S. 495-524.

Ladd, G.W. (1999): Peer relationships and social competence during early and middle childhood. In: Annual Review of Psychology 50, S. 333-359.

Langfeldt, H./Prücher, F. (2004): Bildertest zum sozialen Selbstkonzept. Ein Verfahren für Kinder der Klassenstufen 1 und 2. Göttingen: Hogrefe.

Lösel, F./Beelmann, A./Jaursch, S./Koglin, U./Stemmler, M. (2005): Entwicklung und Prävention früher Probleme des Sozialverhaltens: Konzept und ausgewählte Ergebnisse der Erlangen-Nürnberger Studie. In: Cierpka, M. (Hrsg.): Möglichkeiten der Gewaltprävention. Göttingen: Vandenhoeck & Ruprecht, S. 201-229.

Lukesch, H. (1998): Einführung in die pädagogisch-psychologische Diagnostik. 2., vollst. neu bearb. Aufl. Regensburg: Roderer.

Marsh, H.W./Craven, R.G./Debus, R. (1991): Self-concepts of young children 5 to 8 years of age: Measurement and multidimensional structure. In: Journal of Educational Psychology 83 (3), S. 377-392.

Mayeux, L./Cillessen, A.H.N. (2003): Development of social problem solving in early childhood: Stability, change, and associations with social competence. In: Journal of Genetic Psychology 164 (2), S.153-173.

Measelle, J.R./Ablow, J.C./Cowan, P.A./Cowan, C.P. (1998): Assessing young children's views of their academic, social and emotional lives: An evaluation of the self-perception scales of the Berkeley Puppet Interview. In: Child Development 69 (6), S. 1556-1576.

Oerter, R. (2002): Kindheit. In: Oerter, R./Montada, L. (Hrsg.): Entwicklungspsychologie. 5., vollst. überarb. Aufl. Weinheim: PVU, S. 209-258.

Petermann, F. (1999): Training sozialer Kompetenzen bei Kindern und Jugendlichen. In: Margraf, J./Rudolf, K. (Hrsg.): Soziale Kompetenz – Soziale Phobie. Baltmannsweiler: Schneider Hohengehren, S. 129-144.

Petermann, F. (2002): Klinische Kinderpsychologie: Das Konzept der sozialen Kompetenz. In: Zeitschrift für Psychologie 210 (4), S. 175 -185.

Petermann, F./Jugert, G./Tänzer, U./Verbeek, D. (1997): Sozialtraining in der Schule. Weinheim: PVU.

Petermann, F./Jugert, G./Rehder, A./Tänzer, U./Verbeek, D. (1999): Sozialtraining in der Schule. 2., überarb. Aufl. Weinheim: PVU.

Petillon, H. (1993): Das Sozialleben des Schulanfängers. Die Schule aus der Sicht des Kindes. Weinheim: PVU.

Pior, R. (1998): Selbstkonzepte von Vorschulkindern: Empirische Untersuchungen zum Selbstkonzept sozialer Integration. Münster: Waxmann.

Prücher, F. (2002): Selbstkonzepte von Grundschulkindern. Eine empirische Untersuchung über das Selbstkonzept sozialer Integration und das Selbstkonzept allgemeiner Fähigkeiten von Kindern der ersten Grundschulklasse. Osnabrück: Der Andere Verlag.

Rose-Krasnor, L. (1997): The nature of social competence: A theoretical review. In: Social Development 6 (1), S. 111-135.

Rubin, K.H./Bukowski, W./Parker, J.G. (1998): Peer interactions, relationships, and groups. In: Damon, W./Eisenberg, N. (Hrsg.): Handbook of Child Psychology. Vol. 3: Social, Emotional, and Personality Development. 5. Aufl. New York: Wiley, S. 619-700.

Shavelson, R.J./Hubner, J.J./Stanton, G.C. (1976): Self concept: Validation of construct interpretations. In: Review of Educational Research 46, S. 407-441.

Silbereisen, R.K./Ahnert, L. (2002): Soziale Kognition. Entwicklung von Sozialem Wissen und Verstehen. In: Oerter, R./Montada, L. (Hrsg.): Entwicklungspsychologie. 5., vollst. überarb. Aufl. Weinheim: PVU, S. 590-618.

Thompson, R.A. (1998): Early sociopersonality development. In: Damon, W./Eisenberg, N. (Hrsg.): Handbook of Child Psychology. Vol. 3: Social, Emotional, and Personality Development. 5. Aufl. New York: John Wiley & Sons, S. 25-104.

Valtin, R. (2002): Was ist ein gutes Zeugnis? Noten und verbale Beurteilungen auf dem Prüfstand. Weinheim: Juventa.

Van Aken, M.A.G./Helmke, A./Schneider, W. (1997): Selbstkonzept und Leistung – Dynamik ihres Zusammenspiels: Ergebnisse aus dem SCHOLASTIK-Projekt. In: Weinert, F. E./Helmke, A. (Hrsg.): Entwicklung im Grundschulalter. Weinheim: PVU, S. 341-371.

Vedder, P./O'Dowd, M. (1999): Swedish primary school pupils' inter-ethnic relationships. In: Scandinavian Journal of Psychology 40, S. 221-228.

Verschueren, K./Buyck, P./Marcoen, A. (2001): Self-representations and socioemotional competence in young children: A 3-year longitudinal study. In: Developmental Psychology 37 (1), S. 126-134.

Waters, E./Sroufe, L.A. (1983): Social competence as a developmental construct. In: Developmental Review 3, S. 79-97.

Wittmann, G. (1991): Soziale Kompetenz im Kindergarten. Eine Explorationsstudie mit türkischen und deutschen Kindern. München: Profil.

Vorhersagestabilität von Kontextbedingungen auf die basalen Leseleistungen von Schülern in der Grundschule

Stephan Mücke

Zusammenfassung

Der Beitrag basiert auf Daten der Berliner Längsschnittstudie zur Lesekompetenzentwicklung von Grundschulkindern (*BeLesen*) und untersucht den Einfluss und die Vorhersagestabilität von Kontextbedingungen auf die basalen Leseleistungen von Schülern in der Grundschule. Die Ergebnisse der HLM-Analysen zeigen, dass Differenzen in der Lernumwelt der Schulklasse eine relevante Erklärungsgröße für Unterschiede in den basalen Leseleistungen zwischen Klassen sind. Die kognitive Leistungsfähigkeit und die Herkunftssprache (Deutsch versus andere Herkunftssprachen) der Schüler beeinflussen einerseits direkt die individuellen basalen Leseleistungen, andererseits wirken sie auch zusätzlich indirekt als aggregierte Kontextmerkmale auf der Klassenebene. Schüler- und Klassenmerkmale bilden auf diese Weise einen kombinierten Effekt und haben eine substantielle und stabile Bedeutung für die Vorhersage der basalen Leseleistungen über einen Untersuchungszeitraum von 1,5 Schuljahren.

1 Problemkontext und Fragestellung

In der PISA-Studie 2000 wurde die große Bedeutung einer differenzierten sprachlichen Kompetenz für den Lernerfolg von Schülern in allen schulischen Leistungsbereichen herausgestellt. Vor allem für Schüler aus Familien mit Migrationshintergrund sind sprachliche Defizite in der deutschen Sprache eine zusätzliche Hürde im Schulalltag (vgl. z. B. Baumert/Schümer 2002).

Die *Be*rliner Längsschnittuntersuchung zur *Lese*kompetenz*en*twicklung von Grundschulkindern (*BeLesen*) untersucht deshalb im Auftrag der Berliner Senatsverwaltung für Bildung, Jugend und Sport, welche Methoden des Schriftsprach- und Leseerwerbs für Schüler mit und ohne Migrationshintergrund den größten Lernerfolg versprechen (vgl. Schründer-Lenzen/Merkens in diesem Band). Gleichzeitig beachtet die Studie inner- und außerschulische Rahmenbedingungen, die unterschiedliche Lernstände der Schüler erklären könnten.

Erhoben wurden u. a. die Unterschiede in der Lernausgangslage der Schüler, die durch familiale Herkunft und Lebenssituation und den Sprachstand in Deutsch bei Schuleintritt beeinflusst sein könnten. Gleichzeitig wurden die

87

Strukturen der Lerngruppe z. B. Anteil der Schüler mit Migrationshintergrund in einer Klasse, Regel- bzw. Förderklassen, Klassen mit Ganztagsunterricht, Klassen mit zweisprachiger Alphabetisierung kontrolliert.

Zu jedem Untersuchungszeitpunkt nahmen etwa 1.250 Grundschulkinder ($\approx$ 850 Grundschulkinder im Längsschnitt) aus zunächst 59 Klassen von 26 Berliner Grundschulen teil. Die Schulen befinden sich vor allem in sozialen Brennpunkten der Stadt (hohe Arbeitslosenquote, viele Sozialhilfeempfänger). Die im Folgenden durchgeführten Analysen und präsentierten Ergebnisse beziehen sich auf eine Längsschnittstichprobe von 740 Schülern. Diese haben an allen fünf untersuchten Messzeitpunkten von Mitte Klasse 1 bis Mitte Klasse 3 teilgenommen.

Der Beitrag untersucht, inwieweit individuelle Schüler- und Klassenmerkmale auf die basalen Leseleistungen der Schüler über einen Zeitraum von 1,5 Schuljahren wirken. Im Wesentlichen konzentriert sich die Analyse dabei auf folgende zentrale Fragestellungen:

➤ Inwieweit sind Differenzen in der Lernumwelt der Schulklasse eine Erklärung für Unterschiede in den basalen Leseleistungen der Schüler zwischen den Klassen?
➤ Welche Kontextbedingungen korrespondieren substantiell mit den basalen Leseleistungen der Schüler?
➤ Wie viel Varianz wird zwischen den Klassen aufgeklärt?

2 Design und Instrumente

Das Forschungsdesign von *BeLesen* basiert auf einem kombinierten Querschnitt-Längsschnitt-Konzept mit acht Messzeitpunkten (MZP). Auf dieser Datengrundlage ist es möglich, Fragestellungen zu untersuchen, die querschnittliche und längsschnittliche Aspekte kombinieren. Im Mittelpunkt der Untersuchung steht die Erfassung der Leseleistungen in den ersten vier Jahren der Grundschule. Ab dem zweiten Messzeitpunkt am Ende der ersten Klasse wurden halbjährlich mit der „Würzburger Leise Leseprobe" (WLLP; vgl. Küspert/Schneider 1998) die Dekodierfähigkeit und die Lesegeschwindigkeit als Indikatoren basaler Lesefähigkeit erhoben.

2.1 Individual- und Kontextvariablen

In der Schul- und Unterrichtsforschung werden individuelle und Kontextvariablen bzw. -effekte unterschieden. Diese sind in der Regel aggregierte Individualdaten auf der Klassen-, Schul- oder Regionalebene (z. B. der Mädchenanteil pro Klasse). Sie haben einen Einfluss bzw. einen Effekt auf eine individuelle abhängige Variable (z. B. auf die Leseleistungen), der über den Effekt der entsprechenden Individualvariablen (hier Geschlecht) hinausgeht (vgl. Ditton 1998). In einschlägigen Untersuchungen werden Kontexteffekte auch als Kompositionseffekte bezeichnet (vgl. Rüesch 1998).

In der Analyse der *BeLesen*-Daten werden daher jene individuellen Schülermerkmale (Geschlecht, Herkunftssprache und kognitive Leistungsfähigkeit) ausgesucht und auf Klassenebene aggregiert, die erfahrungsgemäß als individuelle Merkmale praktisch bedeutsame Leistungsunterschiede zwischen Schülern erklären. Aus Schulleistungsstudien ist weiterhin bekannt, dass individuelle Leistungsunterschiede nicht ausschließlich auf personale Merkmale zurückzuführen sind. Sie sind auch abhängig von der Klassen- und Schulzugehörigkeit (vgl. Helmke et al. 2005). In diesem Zusammenhang ist davon auszugehen, dass die in dieser Studie untersuchten individuellen Merkmale auch als aggregierte Merkmale auf der Klassenebene Leistungsunterschiede zwischen Schülern und Klassen erklären. Folgende individuellen Merkmale wurden in die Analysen einbezogen und auf der Klassenebene aggregiert (vgl. Tab. 1):

Tab. 1: Unabhängige Variablen der Untersuchung – Individual- und Kontextvariablen

Individuelle Variablen des Schülers	Kontextvariablen der Klasse
a) Geschlecht	Mädchenanteil in %
b) Herkunftssprache	Schüleranteil nichtdeutscher Herkunftssprache in %
c1) Kognitive Leistungsfähigkeit	Kognitive Leistungsfähigkeit – Durchschnitt
c2) Kognitive Leistungsfähigkeit	Kognitive Leistungsfähigkeit – Streuung

Leistungsunterschiede bzgl. des Geschlechts: Empirische Befunde aus nationalen und internationalen Studien zum Lesen und Schreiben zeigen, dass Unterschiede in den Lese- und Schreibleistungen von Mädchen und Jungen bestehen. Die meisten Ergebnisse lassen eine Überlegenheit zugunsten der Mädchen erkennen (vgl. z. B. Lehmann/Nikolova 2005; Bos et al. 2004; Brügelmann 2003; Lehmann/Peek 1997; Richter 1996; Richter/Brügelmann 1994; May 1994). Das Geschlecht als Kontextvariable bzw. -effekt – so z. B. der Mädchenanteil pro Klasse – wurde in der Grundschulforschung kaum thematisiert. Für den vorliegenden Beitrag wurde keine einzige Studie recherchiert, die einen signifikanten Effekt des Geschlechts (Mädchenanteil oder Jungenanteil pro Klasse) auf der Klassenebene beschreibt.[1]

Leistungsunterschiede bzgl. des Migrationshintergrundes (Herkunftssprache): In den meisten Studien hat sich der Begriff „Migrationshintergrund" durchgesetzt. Dennoch wird dieser Begriff unterschiedlich definiert. Entweder wird die Staatsangehörigkeit[2] des Kindes (z. B. LAU[3]; ELEMENT[4]), das Geburtsland des Kindes (z. B. KESS[5]), die Herkunftssprache des Kindes (Muttersprache der Eltern) oder die „Verkehrssprache" in der Familie verwendet (z. B. *BeLesen*; vgl. Schründer-Lenzen/Merkens in diesem Band). In diesem Zusammenhang wird in der einschlägigen Forschung immer wieder die kulturelle Herkunft oder die ethnische Zugehörigkeit eines Schülers als erklärende Einflussvariable für den Schulerfolg kritisch in Frage gestellt und vielmehr der Erfolg oder Misserfolg eines Schülers auf seinen sozioökonomischen Status zurückgeführt. Rüeschs (1998, S. 298) Untersuchungsergebnisse bestätigen demgegenüber aber die von De Lange/Rupp (1992) vertretene These, dass der sozioökonomische Status und die kulturelle Herkunft einer Person auch unabhängig voneinander Bedeutung haben.

Bekannt ist, dass Schüler mit Migrationshintergrund deutlich geringere Leistungen erreichen als ihre Mitschüler ohne Migrationsgeschichte. Mehrebenenanalysen der PISA-Daten haben gezeigt, dass ein signifikanter Zusammenhang zwischen dem prozentualen Anteil von Schülern mit Migrationshintergrund in Schulen und den Testleistungen der Schüler besteht (Baumert et al. 2003).

Leistungsunterschiede bzgl. der kognitiven Leistungsfähigkeit: Die Bedeutung der kognitiven Leistungsfähigkeit für die Schulleistungen wurde in zahlenreichen Untersuchungen immer wieder herausgestellt (vgl. z. B. Wild et al. 2001; Übersicht bei Einsiedler 1991). In der Hannoverschen Grundschulstudie (vgl. Tiedemann/Billmann-Mahecha 2004, S. 119) konnte darüber hinaus ein kombinierter Effekt der kognitiven Leistungsfähigkeit für die Fachleistungen der Schüler in Mathematik festgestellt werden, indem die individuellen Mathematikleistungen sowohl durch die individuellen kognitiven Fähigkeiten als auch durch die auf Klassenebene aggregierten kognitiven Fähigkeiten beeinflusst wurden.

Um die kognitive Leistungsfähigkeit der Schüler als unabhängige Variable in der vorliegenden Untersuchung mit berücksichtigen zu können, wurden in der Mitte der ersten Klasse drei Subtests (Labyrinthe, Klassifikationen und Ähnlichkeiten) des Grundintelligenztests Skala 1 (CFT 1; vgl. Weiß/Osterland 1997) durchgeführt.

3   Methode

Für die Erklärung von Leistungsunterschieden zwischen Schülern bzw. zur Vorhersage ihres Schulerfolges wird am häufigsten das statistische Verfahren der linearen (multiplen) Regressionsanalyse genutzt (vgl. Sauer 2001). Dieses Verfahren geht davon aus, dass sowohl zwischen den untersuchten Variablen lineare Beziehungen bestehen als auch dass die Einflüsse der unabhängigen Variablen (sog. Prädiktoren) auf die abhängige Variable (sog. Kriterium) für alle Personen dieselbe Bedeutung haben. Dass dies im Kontext der *BeLesen*-Stichprobe nicht durchgängig zutrifft, zeigt die Tabelle 2. Eindrucksvoll verdeutlicht sie die unterschiedlichen Zusammenhänge für fünf Klassen zwischen der kognitiven Leistungsfähigkeit und den basalen Leseleistungen der Schüler für vier Messzeitpunkte im Vergleich zur Gesamtstichprobe (N = 740).

Tab. 2: Beispiel für Clustereffekte – Korrelation zwischen kognitiver Leistungsfähigkeit und basalen Leseleistungen nach Klassen und Schulhalbjahren

Korrelation zwischen ...		Würzburger Leise Leseprobe (WLLP)			
Kognitive Leistung	N_{Klas}	Ende Kl. 1	Mitte Kl. 2	Ende Kl. 2	Mitte Kl. 3
Klasse 1	12	,79 **	,75 **	,64 *	,58 *
Klasse 2	14	,66 **	,74 **	,72 **	,60 *
Klasse 3	18	,30	,20	,08	,09
Klasse 4	19	,26	,39	,47 *	,50 *
Klasse 5	13	,51 *	,70 **	,60 *	,82 **
55 Klasse (insgesamt)	740	,42 **	,41 **	,39 **	,38 **

* = signifikant und ** = sehr signifikant

In der einschlägigen Literatur werden diese unterschiedlichen Zusammenhänge als Clustereffekte bezeichnet. So zeigen die Ergebnisse in den Beispielklassen, dass jede Klasse für sich ein spezifisches Lehr-Lern-Setting im Sinne Bronfenbrenners (1981) darstellt. Um das Einzigartige jedes Settings zu berücksichtigen, werden deshalb in komplexen Designs die Ebenen Schüler, Klasse und Schule unterschieden. So können die Leistungen von Schülern in und zwischen Klassen sowie die Leistungen von Klassen in und zwischen Schulen unterschieden und berücksichtigt werden. Der linearen (multiplen) Regressionsanalyse ist es rechnerisch aber nicht möglich, diese Struktur der unterschiedlichen Ebenen oder Analyseeinheiten angemessen zu berücksichtigten. Sie ist ein Verfahren für „globale" Vorhersagen (vgl. Sauer 2001) bzw. für „explorative" Zwecke – was in diesem Beitrag noch ausgeführt wird – für die Planung und Anwendung komplexerer statistischer Verfahren (vgl. Langer 2004).

Ein Ausweg aus diesem „Dilemma" bietet die so genannte Mehrebenenanalyse (vgl. Langer 2004; Ditton 1998; Engel 1998). Sie verrechnet gleichzeitig unterschiedliche Analyseeinheiten (z. B. Schüler- und Klassenmerkmale) in einem Vorhersagemodell. Auf diese Weise können zwei häufig angewandte und fehlerbehaftete Strategien vermieden werden: Erstens müssen Aggregatmerkmale nicht den Individuen zugeordnet werden, und zweitens müssen aggregierte Individualmerkmale nicht auf der Klassenebene untersucht werden (vgl. z. B. Rüesch 1998). Mit der Aggregation ist auch ein Informationsverlust verbunden, der oftmals zu einer Veränderung der Bedeutung einer Variablen (*aggregation bias*) führen kann (vgl. Satow 1999). Weiterhin ist bekannt, dass Aggregatmerkmale nicht auf alle Schüler gleich wirken und dass in Abhängigkeit von Individualmerkmalen verschiedenartige Wirkungen zu konstatieren sind (vgl. Ditton 1998). Die mit der Aggregierung verbundenen Probleme werden von der Mehrebenenanalyse gelöst. In der Schulforschung hat sich vor allem das *Hierarchical Linear Modeling* (HLM) von Bryk/Raudenbush (1992) etabliert. Es ermöglicht, die Effekte der individuumbezogenen und der gruppenbezogenen x Variablen abzuschätzen sowie Effekte, die sich als Wechselwirkung von gruppenbezogenen und individuellen Effekten ausprägen („cross-level" –Wechselwirkungen; vgl. Engel 1998, S. 27 f).

3.1 Ablauf der Mehrebenenanalyse mit HLM for Windows

Im ersten Arbeitsschritt wird das so genannte Nullmodell berechnet, um festzustellen, ob „überhaupt" Varianz (Leistungsunterschiede) in den basalen Leseleistungen (WLLP) der Schüler zwischen den Klassen besteht. Im zweiten Arbeitsschritt wird das so genannte Individualmodell (*Level 1*) spezifiziert, um die Varianz in den basalen Leseleistungen der Schüler auf der Schülerebene zu erklären. Hierbei erfolgt für jede Klasse die Berechnung einer eigenen Regressionsgleichung. Im letzten Arbeitsschritt wird das so genannte Aggregatmodell (*Level 2*) spezifiziert. Bei der Berechnung des Aggregatmodells werden die Achsenabschnitte und die Steigungen der im zweiten Arbeitsschritt gewonnenen Regressionsgleichungen zu den basalen Leseleistungen auf der Klassenebene vorhergesagt.

Um die Individual- und Aggregateffekte gemeinsam, aber unabhängig voneinander schätzen zu können, sollten die Schülerwerte um die Gruppenmittelwerte (Klassen-) zentriert werden (vgl. Ditton (1998, S. 79). Weitere mathematische und statistische Details des Hierarchisch Linearen Modells (HLM) können bei Bryk/Raudenbush (1992) nachgelesen werden.

4   Befunde

4.1   Ergebnisse im basalen Lesen auf der Schüler- und Klassenebene

Die basalen Leseleistungen der Schüler wurden jeweils zur Mitte und zum Ende eines Schuljahres mit der Würzburger Leise Leseprobe erhoben. In Abbildung 2 sind beispielhaft die erreichten basalen Leseleistungen zum Ende der ersten Klasse und zur Mitte der dritten Klasse der teilnehmenden Klassen nach der erreichten Durchschnittsleistung für die 140 Testwörter aufsteigend geordnet dargestellt (vgl. Abb. 2).

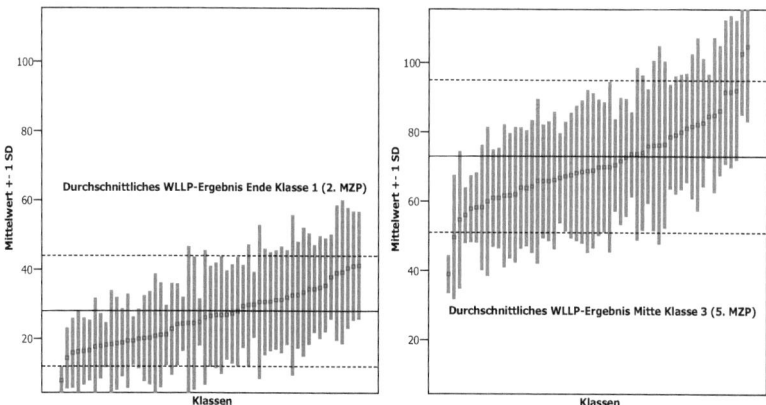

Abb. 2: Verteilung der basalen Leseleistungen der Schüler in der Würzburger Leise Leseprobe nach Klassen (Mittelwerte plus/minus eine Standardabweichung) und Messzeitpunkten

Die Balken kennzeichnen für jede einzelne Klasse die Streuung um den Klassendurchschnitt plus/minus eine Standardabweichung. In diesem Streuungsbereich befinden sich in jeder Klasse etwa zwei Drittel der getesteten Schüler. Die Länge der Balken spiegelt die Leistungsdifferenz der einzelnen Klassen wider. Auf diese Weise werden in der Abbildung 2 vergleichsweise leistungshomogene und leistungsheterogene Klassen sichtbar. Klassen mit kürzeren Balken haben demnach ein vergleichsweise leistungshomogenes Ergebnis und Klassen mit längeren Balken entsprechend ein leistungsheterogenes Ergebnis erzielt. Die Leistungsstreuung einer Klasse sagt aber nichts über die durchschnittliche Klassenleistung aus. So gibt es z. B. gleichermaßen leistungshomogene Klassen mit einem hohen Klassendurchschnitt und einem niedrigen Klassendurchschnitt.

Dennoch fallen die erheblichen Leistungsunterschiede zwischen den Schulklassen zu beiden dargestellten Messzeitpunkten auf. In diesem Zusammenhang ist auch festzustellen, dass die Unterschiede zwischen den Klassen von Ende Klasse 1 bis Mitte Klasse 3 deutlich zunehmen. Das Eta-Quadrat steigt in diesen Zeitraum von 0,22 auf 0,30 an. Das bedeutet im Extremfall, dass bereits zur Mitte der dritten Klasse auf der Klassenebene Differenzen von bis zu drei Schuljahren im basalen Lesen zwischen Klassen bestehen.

In Tabelle 3 sind die statistischen Kennwerte (Mittelwert, Standardabweichung und Test-Retest-Korrelation) für die basalen Leseleistungen der Schüler für die vier untersuchten Messzeitpunkte von Ende Klasse 1 bis Mitte Klasse 3 im Längsschnitt aufgeführt.

Tab. 3: Statistische Kennwerte der basalen Leseleistungen der Schüler in der Würzburger Leise Leseprobe nach Messzeitpunkten

Basale Leseleistungen (n = 740)	MZP	MW	(SD)	3. MZP	4. MZP	5. MZP
Würzburger Leise Leseprobe Ende Klasse 1	2.	28	(16)	,74**	,68**	,65**
Würzburger Leise Leseprobe Mitte Klasse 2	3.	45	(18)	--	,77**	,76**
Würzburger Leise Leseprobe Ende Klasse 2	4.	61	(21)	--	--	,80**
Würzburger Leise Leseprobe Mitte Klasse 3	5.	74	(22)	--	--	--

* = signifikant und ** = sehr signifikant

Der Zuwachs im basalen Lesen vollzieht sich mehr oder weniger linear. Der halbjährliche Zuwachs liegt bei durchschnittlich 15 Wörtern. Das interessantere Ergebnis ist jedoch die hohe zeitliche Stabilität der basalen Leseleistungen der Schüler über den Untersuchungszeitraum von 1,5 Schuljahren (vgl. Tab. 4).

Tab. 4: Stabilität und Veränderung der basalen Leseleistungen der Schüler in der Würzburger Leise Leseprobe im Verlauf von 1,5 Schuljahren nach Quartilen

Ende Klasse 1	Wechsel des Quartils zur Mitte Klasse 3 in das ...						
n – 740	1. Quartil 25		... 2. Quartil		... 3. Quartil		... 4. Quartil 75
1. Quartil 25	59 %	111	26 %	49	11 %	21	4 %	0
2. Quartil	31 %	57	35 %	65	24 %	44	10 %	19
3. Quartil	11 %	21	28 %	53	36 %	68	25 %	48
4. Quartil 75	3 %	5	8 %	15	31 %	54	58 %	102

Angesichts des langen Zeitintervalls fällt die Test-Retest-Korrelation mit r_{25} = 0,65 recht hoch aus. Exemplarisch bedeutet das, dass sich beim Vergleich der Quartile zum Ende Klasse 1 und zur Mitte Klasse 3 der Leistungsstand bei der

94

Mehrzahl der Schüler im Vergleich zu ihren Mitschülern nach 1,5 Schuljahren kaum verändert hat.

Um die zeitliche Stabilität der basalen Leseleistungen der Schüler über diesen Zeitraum genauer zu prüfen, ist es sinnvoll, die Korrelationen für die basalen Leseleistungen der Schüler innerhalb der Klassen zu berechnen.

Tab. 5: Korrelationen zwischen der Würzburger Leise Leseprobe Ende Klasse 1 (2. MZP) und Mitte Klasse 3 (5. MZP) innerhalb der Klassen (N = 55)

Korrelation r_{WLLP25}	Häufigkeit	Prozent*	Kumulierte Prozente*
0,90 bis 0,99	2	3,6	3,6
0,80 bis 0,89	6	10,9	14,5
0,70 bis 0,79	12	21,8	36,3
0,60 bis 0,69	16	29,1	65,4
0,50 bis 0,59	2	3,6	69,0
0,40 bis 0,49	8	14,5	83,5
0,30 bis 0,39	4	7,3	90,8
0,20 bis 0,29	0	0,0	90,8
0,10 bis 0,19	3	5,5	96,3
0,00 bis 0,09	2	2,6	100,0

* Angaben sind gerundet.

Die Tabelle 5 zeigt, dass in fast zwei Dritteln (65,4 Prozent) der teilnehmenden Klassen nach einem Zeitraum von 1,5 Schuljahren die Test-Retest-Korrelation bei über 0,60 liegt. Innerhalb dieser Klassen verändern die wenigsten Schüler gravierend ihren Leistungsstand im Vergleich zu ihren Mitschülern. Allerdings gibt es auch in einem Fünftel der Klassen enorme Veränderungen.

Ein weiterer Beleg für die hohe Stabilität der basalen Leseleistungen ist aus den Test-Retest-Korrelationen zwischen den einzelnen Messzeitpunkten bzw. Schulhalbjahren abzulesen. Sie liegen noch deutlich höher und nehmen im Verlauf der untersuchten Schulhalbjahre außerdem von r_{WLLP23} = 0,74 über r_{WLLP34} = 0,77 bis r_{WLLP45} = 0,80 zu (vgl. Tab. 3).

4.2 Schülerleistungen im basalen Lesen nach Kontextmerkmalen

Es wird zunächst überprüft, ob überhaupt Differenzen in den *aggregierten* Schülermerkmalen[6] (Kontextmerkmale) zwischen den Klassen bestehen. Das Ergebnis der deskriptiven Analysen ist in der folgenden Tabelle 6 dargestellt.

Tab. 6: Statistische Kennwerte der Kontextmerkmale nach Schulhalbjahren

Kontextmerkmale (n = 55)	Ende Kl. 1		Mitte Kl. 2		Ende Kl. 2		Mitte Kl. 3	
Mädchenanteil in %	50	(7)	50	(8)	50	(8)	50	(9)
Schüleranteil ndH in %	72	(21)	74	(21)	73	(21)	74	(21)
Kognitive Leistungsfähigkeit – KMW	24	(3)	24	(3)	24	(3)	25	(3)
Kognitive Leistungsfähigkeit – KSD	5,2	(1,3)	5,2	(1,3)	5,1	(1,3)	5,0	(1,4)

KMW = Klassenmittelwert (-Durchschnitt), KSD = Klassenstreuung (-Standardabweichung)
Statistische Kennwerte in der Tabelle sind gerundet: Mittelwert (Standardabweichung)

Wie die statistischen Kennwerte der Verteilungen zeigen, gibt es ausreichend Varianz bei den untersuchten Kontextmerkmalen zwischen den Klassen. Zum Beispiel liegt der Mädchenanteil pro Klasse im ersten Schuljahr bei etwa zwei Drittel der Klassen zwischen 43 und 57 Prozent oder beim Schüleranteil nichtdeutscher Herkunftssprache in der Klasse zwischen 51 und 93 Prozent (ohne Tabelle). Gleichzeitig zeigen die deskriptiven Analysen, dass sich die Verteilungen der Kontextmerkmale trotz Schülerab- und -zugängen über die Schulhalbjahre bzw. Messzeitpunkte kaum verändern (vgl. Tab. 6).

Um die Kontextmerkmale der 55 Klassen im Zusammenhang mit den basalen Leseleistungen der Schüler genauer betrachten zu können, wurden jeweils vier Gruppen für die Kontextmerkmale gebildet. So wurden z. B. folgende vier Gruppen für die durchschnittliche kognitive Leistungsfähigkeit der Klasse gebildet: *weit unter* Durchschnitt (z-Werte unter - 1), *unter* Durchschnitt (z-Werte zwischen - 1 und 0), *über* Durchschnitt (z-Werte zwischen 0 und 1) und *weit über* Durchschnitt (z-Werte über 1). Die einzelnen Kategorien der Gruppenbildung sind in der folgenden Tabelle 7 dargestellt.[7]

Tab. 7: Ausprägungen der Kontextmerkmale in vier Gruppen auf Klassenebene

Kontextmerkmale (n = 55)	Eins	Zwei	Drei	Vier
Mädchenanteil in %	≤ 40 %	41-50 %	51-60 %	>60 %
Schüleranteil ndH in %	≤ 50 %	51-70 %	71-90 %	>90 %
Kognitive Leistungsfähigkeit – KMW	weit unter	unter	über	weit über
Kognitive Leistungsfähigkeit – KSD	sehr homo-gen	homogen	heterogen	sehr hetero-gen

KMW = Klassenmittelwert (-Durchschnitt), KSD = Klassenstreuung (-Standardabweichung)

Im Folgenden werden die mittleren basalen Leseleistungen der Schüler in Abhängigkeit von den vier Gruppenkategorien des jeweiligen Kontextmerkmales für die vier untersuchten Messzeitpunkte von Ende Klasse 1 bis Mitte Klasse 3 grafisch dargestellt. Ziel der grafischen Darstellungen ist es zu untersuchen, ob lineare oder nicht-lineare Zusammenhänge zwischen den basalen Leseleistungen und den vier untersuchten Kontextmerkmalen bzw. Kontextbedingungen bestehen. Die Abbildung 3 veranschaulicht die Zusammenhänge zwischen den mittleren basalen Leseleistungen der Schüler und dem prozentualen Mädchenanteil pro Klasse.

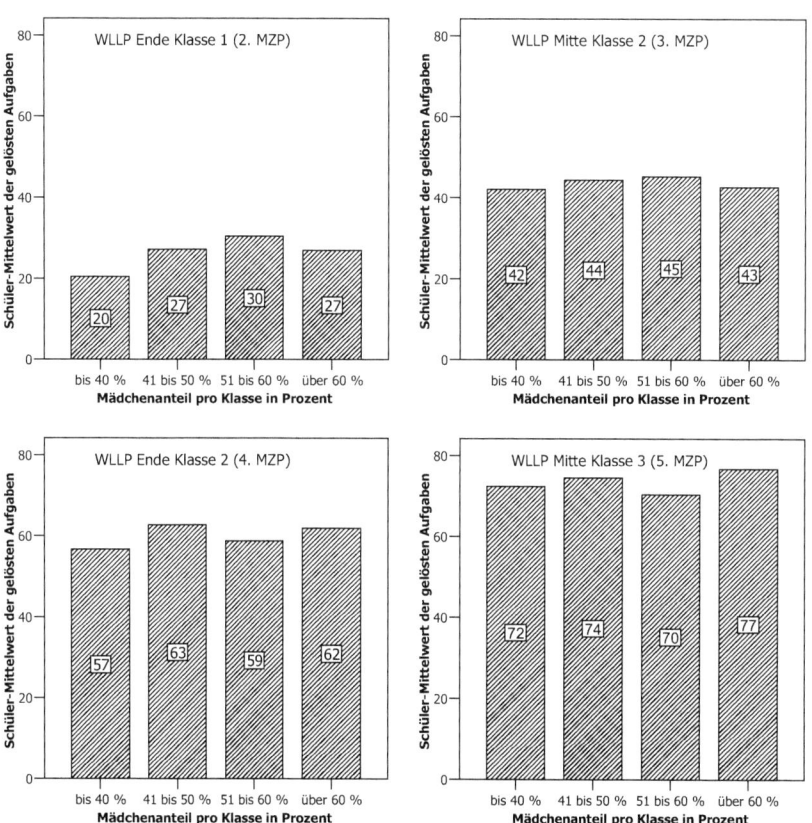

Abb. 3: Mittelwert der Schülerleistungen in der Würzburger Leise Leseprobe nach gruppiertem Mädchenanteil pro Klasse in Prozent zu unterschiedlichen Messzeitpunkten

Die Balkendiagramme für die einzelnen Messzeitpunkte lassen keine (signifikanten) Unterschiede zwischen den vier Gruppen mit unterschiedlichem prozentualen Mädchenanteil pro Klasse erkennen. Allenfalls gibt es für den zweiten

97

Messzeitpunkt zum Ende Klasse 1 einen geringfügigen Leistungsvorteil für Klassen mit höherem Mädchenanteil pro Klasse (Eta-Quadrat = 0,03).[8]

Für den prozentualen Anteil von Schülern nichtdeutscher Herkunftssprache in einer Klasse zeigt sich ein ganz anderes Bild (vgl. Abb. 4).

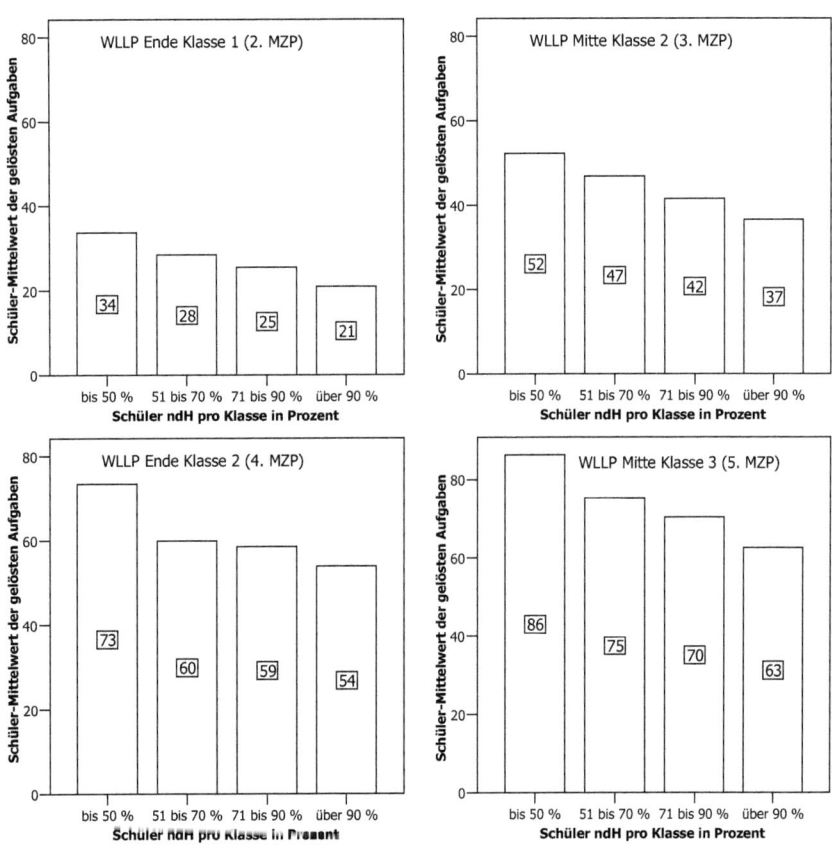

Abb. 4: Mittelwert der Schülerleistungen in der Würzburger Leise Leseprobe nach gruppiertem Schüleranteil nichtdeutscher Herkunftssprache pro Klasse in Prozent zu unterschiedlichen Messzeitpunkten

In Klassen mit einem hohen Schüleranteil nichtdeutscher Herkunftssprache erreichen die Schüler über alle Messzeitpunkte hinweg im Durchschnitt deutlich geringere basale Leseleistungen. Weiterhin ist auffällig, dass die stufenförmigen

Unterschiede zwischen den vier Gruppen mit unterschiedlichem Schüleranteil nichtdeutscher Herkunftssprache im Untersuchungszeitraum zunehmen. Das Eta-Quadrat steigt kontinuierlich von Ende Klasse 1 (0,07) bis Mitte Klasse 3 (0,12) an.[9]

Für die vier Gruppen der mittleren kognitiven Leistungsfähigkeit ergibt sich eine ähnliche stufenförmige Verteilung. In Klassen mit einer höheren durchschnittlichen kognitiven Leistungsfähigkeit (Balken) erreichen die Schüler im Durchschnitt höhere basale Leseleistungen (vgl. Abb. 5).[10]

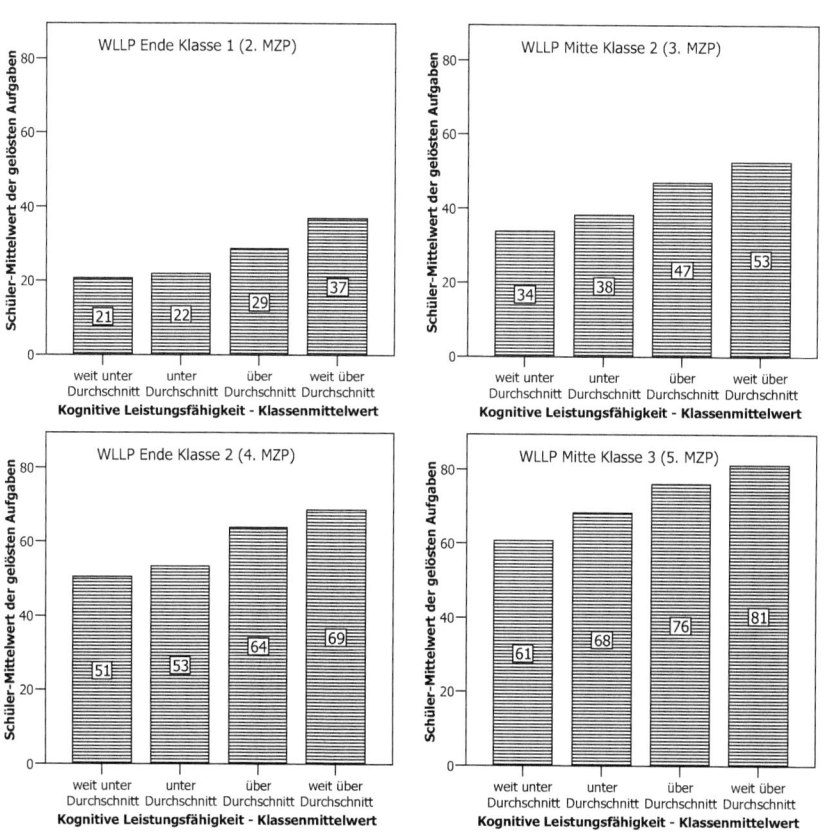

Abb. 5: Mittelwert der Schülerleistungen in der Würzburger Leise Leseprobe nach gruppiertem Klassenmittelwert der kognitiven Leistungsfähigkeit zu unterschiedlichen Messzeitpunkten

99

In diesem Zusammenhang ist bemerkenswert, dass sich der starke Effekt der kognitiven Klassenzusammensetzung auf die basalen Leseleistungen der Schüler im Verlauf der Schulhalbjahre nur geringfügig reduziert: (Eta-Quadrat$_{MZP02}$ = 0,11; $_{MZP03}$ = 0,12; $_{MZP04}$ = 0,10 und $_{MZP05}$ = 0,08). Dieser Befund überrascht, wenn man berücksichtigt, dass die kognitive Leistungsfähigkeit der Schüler zur Mitte der ersten Klasse erfasst worden ist.

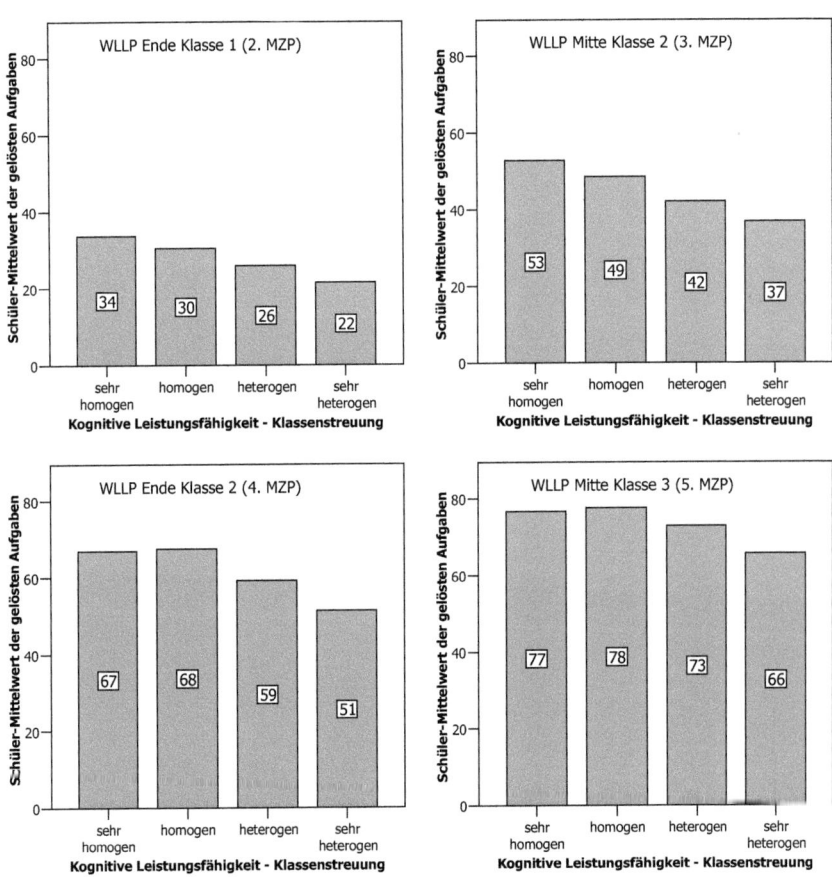

Abb.6: Mittelwert der Schülerleistungen in der Würzburger Leise Leseprobe nach gruppierter Klassenstreuung der kognitiven Leistungsfähigkeit zu unterschiedlichen Messzeitpunkten

Für die Klassenstreuung der kognitiven Leistungsfähigkeit zeigt sich wie oben eine ähnliche stufenförmige Verteilung, aber in umgekehrter Richtung (vgl. Abb. 6)

In Klassen mit einer sehr homogenen kognitiven Leistungsfähigkeit erreichen die Schüler im Durchschnitt höhere basale Leseleistungen. Dennoch ist der Effekt der kognitiven Klassenstreuung etwas schwächer ausgeprägt als der Effekt des kognitiven Klassendurchschnittes (Eta-Quadrat$_{MZP02}$ = 0,06; $_{MZP03}$ = 0,09; $_{MZP04}$ = 0,09 und $_{MZP05}$ = 0,04).

Zusammenfassend lässt sich bilanzieren, dass drei der vier untersuchten Kontextmerkmale einen signifikanten Einfluss auf die basalen Leseleistungen der Schüler haben. Einen starken leistungsrelevanten Effekt haben vor allem die Kontextmerkmale prozentualer Schüleranteil nichtdeutscher Herkunftssprache pro Klasse und durchschnittliche kognitive Leistungsfähigkeit in der Klasse. Sie können insbesondere für Klassen mit hohem prozentualen Schüleranteil nichtdeutscher Herkunftssprache und niedriger durchschnittlicher kognitiver Leistungsfähigkeit als potenzielle Belastungs- oder Risikofaktoren angesehen werden. Allein das Kontextmerkmal prozentualer Mädchenanteil in der Klasse bleibt ohne Einfluss auf die Entwicklung basaler Leseleistungen der Schüler.

4.3   Explorative Analysen auf der Schüler- und Klassenebene

In Anlehnung an Kreft/De Leeuw (1998) werden im Folgenden explorative Regressionsanalysen auf der Schüler- und Klassenebene durchgeführt (vgl. auch Langer 2004). Sie haben das Ziel, substantielle Prädiktoren im Längsschnitt über vier Messzeitpunkte zu identifizieren, die kontinuierlich sowohl auf der Schüler- als auch auf der Klassenebene zur Vorhersage der Schüler- bzw. Klassenleistungen in der Würzburger Leise Leseprobe beitragen. Der Erklärungsbeitrag oder Einfluss der individuellen und Klassenprädiktoren (Kontextmerkmale) wird in zwei Arbeitsschritten mit der multiplen Regression untersucht. Wie bereits unter Pkt. 3 erwähnt wurde, dienen die Analysen zu rein explorativen Zwecken. Der Vorteil dieses statistischen Verfahrens ist es, dass bei der Berechnung der Regressionsgleichung die Korrelationen zwischen den individuellen und Klassenprädiktoren berücksichtigt werden. Mit dem Ergebnis kann die Vorhersagekraft der individuellen und Klassenprädiktoren – also ihr anteiliger Beitrag bzw. Einfluss hinsichtlich der basalen Leseleistungen der Schüler in der Würzburger Leise Leseprobe – abgeschätzt werden.

Im ersten Arbeitsschritt werden die Regressionsmodelle zur Vorhersage der Schülerleistungen in der Würzburger Leise Leseprobe auf der Schülerebene geschätzt. Die Regressionsmodelle beinhalten sowohl die individuellen Schülervariablen Geschlecht, Herkunftssprache und die kognitive Leistungsfähigkeit als auch die Klassenvariablen prozentualer Mädchenanteil, prozentualer Schüleranteil nichtdeutscher Herkunftssprachen sowie Klassenmittelwert und Klassenstreuung der kognitiven Leistungsfähigkeit. Darüber hinaus wird der Einfluss der Organisationsform der Klasse (Förder- oder Regelklasse) kontrolliert. Im zweiten Arbeitschritt werden die Regressionsmodelle zur Vorhersage der Klassenleistungen in der Würzburger Leise Leseprobe auf der Klassenebene geschätzt.

In der Tabelle 8 sind die Ergebnisse der Regressionsmodelle auf der Schülerebene für die vier untersuchten Messzeitpunkte aufgeführt.

Tab. 8: Vorhersage der basalen Leseleistungen der Schüler in der Würzburger Leise Leseprobe durch individuelle und Klassenprädiktoren auf Schülerebene nach Messzeitpunkten

Regressionsmodelle auf Schülerebene	Kriterium: WLLP Schülerleistungen			
Längsschnitt n = 740	2. MZP	3. MZP	4. MZP	5. MZP
Schülerprädiktoren	*Beta*	*Beta*	*Beta*	*Beta*
Geschlecht des Schülers[1]	--	--	--	--
Herkunftssprache des Schülers[2]	-,13 ***	-,08 *	-,09 *	-,10 ***
Kognitive Leistungsfähigkeit des Schülers	,32 ***	,30 ***	,28 ***	,31 ***
Klassenprädiktoren	*Beta*	*Beta*	*Beta*	*Beta*
Klassenorganisationsform[3]	--	--	--	--
Mädchenanteil in %	,09 ***	,09 ***	--	--
Schüleranteil nichtdeutscher Herkunftssprache in %	--	-,14 ***	-,14 ***	-,21 ***
Kognitive Leistungsfähigkeit – Klassenmittelwert	,13 ***	--	--	--
Kognitive Leistungsfähigkeit – Klassenstreuung	--	-,15 ***	-,13 ***	--
Korr. R-Quadrat in Prozent *Schülerprädiktoren*	20	19	17	19
Korr. R-Quadrat in Prozent *Klassenprädiktoren*	2	4	3	4
Korr. R-Quadrat in Prozent *insgesamt*	22	23	20	22

[1] 0 = männlich, 1 = weiblich; [2] 0 = Deutsch, 1 = Nichtdeutsch; [3] 1 = Förder-, 2 = Regelklasse
* = signifikant, ** = sehr signifikant und *** = hoch signifikant

Von den untersuchten Schülerprädiktoren haben durchgängig die Variablen Herkunftssprache des Schülers und kognitive Leistungsfähigkeit des Schülers einen (substantiellen) Einfluss auf die basalen Leseleistungen der Schüler in der Würzburger Leise Leseprobe. Beide Variablen klären je nach Messzeitpunkt zwischen 17 und 20 Prozent der Varianz der basalen Leseleistungen auf. Bemerkenswert ist vor allem der über die vier Messzeitpunkte stabile Erklärungsbeitrag der in Mitte Klasse 1 gemessenen kognitiven Leistungsfähigkeit der

Schüler. Die zusätzliche Berücksichtigung der Klassenprädiktoren bzw. der Kontextmerkmale führt zu einer Erhöhung der erklärten Varianz je nach Messzeitpunkt um 2 bis 4 Prozent. Im Gegensatz zu den kontinuierlich aufgenommenen Schülerprädiktoren leisten - abgesehen vom prozentualen Schüleranteil nichtdeutscher Herkunftssprache - unterschiedliche Klassenprädiktoren einen Erklärungsbeitrag zur Vorhersage der basalen Leseleistungen der Schüler.

Die explorativen Analysen auf der Klassenebene untersuchen, welche Klassenprädiktoren einen kontinuierlichen Einfluss auf die durchschnittlichen Klassenleistungen in der Würzburger Leise Leseprobe im Untersuchungszeitraum haben.

Tab. 9: Vorhersage der basalen Leseleistungen der Klassen in der Würzburger Leise Leseprobe durch Klassenprädiktoren auf Klassenebene nach Messzeitpunkten

Regressionsmodelle auf Klassenebene	Kriterium: WLLP Klassenleistungen			
Längsschnitt N = 55	2. MZP	3. MZP	4. MZP	5. MZP
Klassenprädiktoren	*Beta*	*Beta*	*Beta*	*Beta*
Klassenorganisationsform[1]	--	--	--	--
Mädchenanteil in %	,26 ***	,23 ***	--	--
Schüleranteil nichtdeutscher Herkunftssprache %	-,25 *	-,49 ***	-,31 ***	-,47 ***
Kognitive Leistungsfähigkeit – Klassenmittelwert	,54 ***	--	,45 ***	,32 ***
Kognitive Leistungsfähigkeit – Klassenstreuung	--	-,44 ***	--	--
Korr. R-Quadrat in Prozent *insgesamt*	**55**	**57**	**43**	**46**

[1] 1 = Förder-, 2 = Regelklasse
* = signifikant, ** = sehr signifikant und *** = hoch signifikant

Die einbezogenen Kontextmerkmale erklären je nach Messzeitpunkt zwischen 43 und 57 Prozent Varianz der Klassenleistungen in der Würzburger Leise Leseprobe. Der Tabelle 9 ist zu entnehmen, dass in der Regel über alle Messzeitpunkte erwartungsgemäß die Kontextmerkmale durchschnittliche kognitive Leistungsfähigkeit der Klasse und prozentualer Schüleranteil nichtdeutscher Herkunftssprache pro Klasse die wichtigsten Prädiktoren für das Ergebnis der basalen Leseleistungen (WLLP) auf der Klassenebene darstellen. Die anderen Kontextmerkmale haben keine oder eine eher „zufällige" Bedeutung für die Vorhersage der Klassenleistungen.

Aus den Ergebnissen der Regressionsanalysen lässt sich ableiten, dass ein Mehrebenenmodell die individuellen Schülermerkmale Herkunftssprache des Schülers und kognitive Leistungsfähigkeit des Schülers sowie die Klassen- bzw. Kontextmerkmale durchschnittliche kognitive Leistungsfähigkeit der Klasse und prozentualer Schüleranteil nichtdeutscher Herkunftssprache pro Klasse enthalten sollte, um Leistungsunterschiede zwischen den Klassen erklären zu können.

4.4 Ergebnisse der Mehrebenenanalysen

Die *explorativen* Analysen mit der linearen (multiplen) Regressionsanalyse empfehlen in der Regel die Spezifizierung der Mehrebenenmodelle mit den individuellen Schülerprädiktoren Herkunftssprache (SHS) und kognitive Leistungsfähigkeit (SKL) und den Klassenprädiktoren prozentualer Schüleranteil nichtdeutscher Herkunftssprache pro Klasse (KNDH) und durchschnittliche kognitive Leistungsfähigkeit der Klasse (KMKL). Für die bessere Interpretation des Einflusses der Prädiktoren wurden alle Variablen z-standardisiert. Somit können die Koeffizienten wie Regressionskoeffizienten gelesen werden.

Das Individualmodell für den Schüler i in der Klasse j mit den um den Gruppenmittelwert zentrierten Schülerprädiktoren lautet folgendermaßen (WLLP gleich basale Leseleistungen ist die zu erklärende Kriteriumsvariable): $WLLP_{ij} = \beta_{0j} + \beta_{1j}SHS_{ij} + \beta_{2j}SKL_{ij} + r_{ij}$

Die Gleichung des Aggregatmodells mit den um den Gesamtmittelwert zentrierten Klassenprädiktoren, mit der Klassenmittelwertunterschiede erklärt werden sollen, lautet: $\beta_{0j} = \gamma00 + \gamma_{01}KNDH + \gamma_{02}KMKL + u_{0j}$

Tab. 10: Ergebnisse der Mehrebenenanalysen – Zwei-Ebenen-Modelle zur Vorhersage der basalen Leseleistungen (WLLP) von Schülern durch individuelle und Klassenmerkmale nach Messzeitpunkten

HLM-Vorhersage der basalen Leseleistungen	Kriterium: WLLP Schülerleistungen			
Längsschnitt n = 740	2. MZP	3. MZP	4. MZP	5. MZP
Schülerprädiktoren (innerhalb der Klasse)	*Beta*	*Beta*	*Beta*	*Beta*
Herkunftssprache des Schülers	-,09	-,09 *	-,08 *	-,10 **
Kognitive Leistungsfähigkeit des Schülers	,28 ***	,30 ***	,28 ***	,31 ***
Klassenprädiktoren (zwischen den Klassen)				
Schüleranteil nichtdeutscher Herkunftssprache %	,11 **	,18 **	-,14 *	-,23 **
Kognitive Leistungsfähigkeit – Klassenmittelwert	,33 ***	,26 ***	,26 **	,19 **
Erklärte Varianz zwischen Klassen in %				
0) Nullmodell (Differenzen zwischen KMW)	**16**	**23**	**25**	**25**
1) Zweiebenenmodell (Level 1 + Level 2)	**7**	**11**	**16**	**15**

* = signifikant, ** = sehr signifikant und *** = hoch signifikant; KMW = Klassenmittelwerte WLLP

In der Tabelle 10 sind die Ergebnisse der schrittweise durchgeführten Mehrebenenanalysen für die basalen Leseleistungen (WLLP) der Schüler für die vier untersuchten Messzeitpunkte dargestellt. Im unteren Bereich der Tabelle 10 werden die so genannten Intraklassen-Korrelationen (ICC) für die Nullmodelle (Zeile 0) und die Zweiebenenmodelle (Zeile 1) berichtet. Diese Werte geben an, wie viel Varianz zwischen den Klassen aufgeklärt wird. Die aufgeführten Betakoeffizienten berichten den Einfluss der Prädiktoren auf Level 1 (innerhalb der Klassen) und Level 2 (zwischen den Klassen). Sie sind Schätzungen auf der Grundlage der spezifizierten Zweiebenenmodelle (Individual- plus Aggregatebene).

Die für jeden Messzeitpunkt berechneten Nullmodelle (siehe Zeile 0) bestätigen die bereits berichteten Ergebnisse der univariaten Varianzanalysen (siehe Pkt. 4.1). Sie zeigen, dass je nach Messzeitpunkt zwischen 16 und 25 Prozent der Gesamtvarianz der basalen Leseleistungen der Schüler *bereits* mit der Klassenzugehörigkeit erklärt werden. Diese bedeutsamen Leistungsunterschiede berichten auch andere Grundschulstudien (vgl. z. B. Lehmann /Nikolova 2005; Tiedemann/Billmann-Mahecha 2004). Bedeutsamer ist jedoch, dass die Leistungsunterschiede zwischen den Klassen im Erhebungszeitraum kontinuierlich zunehmen. Es treten so genannte Schereneffekte nicht nur zwischen leistungsschwachen und -starken Schüler auf, sondern verstärkt zwischen leistungsschwachen und -starken Klassen.

Die Zweiebenenmodelle für die vier untersuchten Messzeitpunkte wurden zur Überprüfung der zentralen Fragestellungen durchgeführt. Die Ergebnisse belegen eindrucksvoll den substantiellen und stabilen Einfluss von Kontexteffekten auf die basalen Leseleistungen der Schüler in der Würzburger Leise Leseprobe. Unabhängig vom signifikanten Einfluss der individuellen Schülerprädiktoren Herkunftssprache des Schülers (bis $\beta_1 = -0,10$) und kognitive Leistungsfähigkeit des Schülers (bis $\beta_2 = 0,31$) erweisen sich die Klassenprädiktoren prozentualer Schüleranteil nichtdeutscher Herkunftssprache pro Klasse (bis $\gamma_{01} = -0,23$) und durchschnittliche kognitive Leistungsfähigkeit der Klasse (bis $\gamma_{02} = 0,33$) als statistisch und praktisch bedeutsame Effekte. Mit anderen Worten: Einerseits profitieren Schüler, wenn sie in Klassen mit hoher durchschnittlicher kognitiver Leistungsfähigkeit lernen. Andererseits sind Schüler benachteiligt, wenn sie in Klassen mit hohem prozentualen Schüleranteil nichtdeutscher Herkunftssprache lernen. Bemerkenswert ist, dass die Effekte sowohl auf der Schülerebene als auch auf der Klassenebene unverändert stabil bleiben. Auch die Intraklassen-Korrelationen (siehe Zeile 1) belegen den Einfluss der Prädiktoren für die Erklärung von Leistungsunterschieden im basalen Lesen zwischen den untersuchten Klassen.

5   Fazit

Die schulorganisatorischen Verhältnisse, unter denen Schüler in Klassen lernen, haben Einfluss auf ihre Lernentwicklung und damit auch auf ihren Schulerfolg und ihre Schullaufbahn. Das verdeutlichen die Befunde der Mehrebenenanalysen, die für die vier untersuchten Messzeitpunkte sehr konsistent ausfallen. Sie lassen sich folgendermaßen zusammenfassen: Die basalen Leseleistungen der Schüler werden unabhängig von ihren individuellen Lernvoraussetzungen von Kontexteffekten mitbestimmt. So haben Differenzen in der Lernumwelt der Schulklasse eine relevante Erklärungsgröße für Unterschiede in den basalen Leseleistungen der Schüler zwischen den Klassen. Die Kontextmerkmale bzw. -bedingungen prozentualer Schüleranteil nichtdeutscher Herkunftssprache in der Klasse und durchschnittliche kognitive Leistungsfähigkeit der Klasse korrespondieren praktisch bedeutsam mit den basalen Leseleistungen der Schüler. Die Mehrebenenmodelle zeigen, dass die Effekte sowohl auf der Schüler- als auch auf der Klassenebene die basalen Leseleistungen der Schüler erklären. Sie belegen darüber hinaus, dass die Schüler- und Klassenprädiktoren – vor allem die Herkunftssprache der Schüler auf Schüler- und Klassenebene – im Verlauf der Studie tendenziell an Bedeutung gewinnen. Schulorganisatorisch bzw. -politisch problematisch für Berliner Grundschulen sind vor allem die zunehmenden Leistungsdifferenzen zwischen Klassen mit niedrigem und hohem prozentualen Schüleranteil nichtdeutscher Herkunftssprache.

Anmerkungen

[1]   „Auf alle Fälle kann aber festgehalten werden, dass der (soziale) Faktor ‚Muttersprache' wesentlich größere Unterschiede zur Folge hat, als der biologische Faktor ‚Geschlecht'" (Brügelmann 2003, S. 26).

[2]   Brügelmann sieht in der Muttersprache der Eltern bzw. (Herkunftssprache des Kindes) einen besseren Indikator für abweichende Sprachvoraussetzungen als in der früher erhobenen Staatsangehörigkeit (vgl. Brügelmann 2003, S. 17).

[3]   LAU: Aspekte der Lernausgangslage und der Lernentwicklung, Hamburg

[4]   ELEMENT: Erhebungen zum Lese- und Mathematikverständnis – Entwicklungen in den Jahrgangsstufen 4 bis 6 in Berlin

[5]   KESS: Kompetenzen und Einstellungen von Schülerinnen und Schülern, Hamburg

[6]   Das Aggregieren der Schülermerkmale auf Klassenebene wurde auf Grundlage der jeweiligen Querschnittsdaten durchgeführt, weil somit die Kontexteffekte auf die untersuchten basalen Leseleistungen der Schüler im Längsschnitt genauer abgebildet werden können.

[7]   Die Bildung der Gruppen hat vor allem gegenüber der Bevorzugung kontinuierlicher Dimensionen den Vorteil, dass genaue Gruppenkategorien gelegentlich zu einem genaueren Verständnis führen können und die Möglichkeit bieten, neue Entdeckungen entsprechend einordnen zu können (vgl. Kagan 2001).

[8] Dieses Ergebnis ist auch auf der Schülerebene festzustellen: Zwischen Mädchen und Jungen gibt es bis dato zu keinem Messzeitpunkt signifikante Unterschiede in den basalen Leseleistungen (WLLP).

[9] Entsprechend sind die Leistungsunterschiede auf der Schülerebene: Sie unterscheiden sich praktisch bedeutsam und nehmen im berichteten Untersuchungszeitraum zugunsten der Schüler deutscher Herkunftssprache zu (Effektstärke d_{MZP05} = 0,62).

[10] Auf der Schülerebene korreliert die kognitive Leistungsfähigkeit mit den basalen Leseleistungen (Mitte Klasse 1) im berichteten Untersuchungszeitraum zwischen r_{MZP02} = 0,40 und r_{MZP05} = 0,37.

Literatur

Baumert, J./Artelt, C./Klieme, E./Neubrand, M./Prenzel, M./Schiefele, U./Schneider, W./Schümer, G.l/Stanat, P./Tillmann, K.-J./Weiß, M.(2003): PISA 2000. Ein differenzierter Blick auf die Länder der Bundesrepublik Deutschland. Zusammenfassung zentraler Befunde. Berlin: Max-Planck-Institut für Bildungsforschung.

Baumert, J./Schümer, G. (2002): Familiäre Lebensverhältnisse, Bildungsbeteiligung und Kompetenzerwerb im internationalen Vergleich. In: Baumert, J./Artelt, C./Klieme, E./Neubrand, M./Prenzel, M./Schiefele, U./Schneider, W./Tillmann, K.-J./Weiß, M. (Hrsg.): PISA 2000 – Die Länder der Bundesrepublik Deutschland im Vergleich. Opladen: Leske + Budrich: 159-202.

Bos, W./Lankes, E.-M./Prenzel, M./Schwippert, K./Valtin, R./Walther, G. (2004): IGLU. Einige Länder der Bundesrepublik Deutschland im nationalen und internationalen Vergleich. Münster: Waxmann.

Bronfenbrenner, U. (1981): Die Entwicklung der menschlichen Entwicklung. Stuttgart: Klett-Cotta.

Brügelmann, H. (2003): Projekt LUST. Zwischenbericht (3.4.2003). Universität Siegen.

Bryk, A./Raudenbush, St. W. (1992). Hierarchical Linear Models for Social and Behavioral Research: Applications and Data Analysis Methods. Newbury Park, CA: Sage.

De Lange, R./Rupp, J. C. C. (1992): Ethnic background, social class or status? Developments in schools attainment of the children immigrants in the Netherlands. Ethnic and racial studies, 15 (2), 284-300.

Ditton, H. (1998): Mehrebenenanalyse. Grundlagen und Anwendungen des Hierarchisch Linearen Modells. Weinheim und München: Juventa Verlag.

Einsiedler, W. (1991): Ergebnisse und Probleme der Forschung zur Schulleistung in der Grundschule. In: Berichte und Arbeiten aus dem Institut für Grundschulforschung. Nr. 69. IfG – Institut für Grundschulforschung der Universität Erlangen-Nürnberg.

Engel, U. (1998): Einführung in die Mehrebenenanalyse. Grundlagen, Auswertungsverfahren und praktische Beispiele. Opladen und Wiesbaden: Westdeutscher Verlag.

Helmke, A./Hosenfeld, I./Groß Ophoff, J./Hochweber, J./Isaac, K./Koch, U./Scherthan, F./Wagner, S. (2005): VERA – Vergleichsarbeiten in 4. Grundschulklassen. Ergebnisbericht VERA 2004: Bremen (Stand 03.05.06). Universität Koblenz Landau, Campus Landau.

Kagan, J. (2001): Die Natur des Kindes. Weinheim und Basel: Beltz Verlag.

Kreft, I./De Leeuw, J. (1998): Introducing multilevel modeling. Newbury Park, CA: Sage.

Küspert, P./Schneider, W. (1998): Würzburger Leise Leseprobe (WLLP) – Ein Gruppenlesetest für die Grundschule. Göttingen u. a.: Hogrefe-Verlag

Langer, W. (2004): Mehrebenenanalyse. Eine Einführung für Forschung und Praxis. Wiesbaden: VS Verlag für Sozialwissenschaften.

Lehmann, R. H./Nikolova, R. (2005): ELEMENT – „Erhebung zum Lese- und Mathematikverständnis in den Jahrgangsstufen 4 bis 6 in Berlin". Bericht über die Untersuchung 2003 an Berliner Grundschulen und grundständigen Gymnasien. Berlin: Senatsverwaltung für Bildung, Jugend und Sport.

Lehmann, R. H./Peek, R. (1997): Aspekte der Lernausgangslage von Schülerinnen und Schülern der fünften Klassen an Hamburger Schulen. Bericht über die Untersuchung im September 1996 (unveröffentlichter Forschungsbericht). Hamburg.

May, P. (1994): Rechtschreibregeln für Mädchen – besondere Wörter für Jungen? I. Herausbildung orthographischer Fähigkeiten im Geschlechtervergleich. II. Jungen und Mädchen schreiben „ihre" Wörter. Zur Rolle der persönlichen Bedeutung beim Lernen. In: Richter, S./Brügelmann, H. (Hrsg.): Mädchen lernen *anders* lernen Jungen. Geschlechtsspezifische Unterschiede beim Schriftspracherwerb. Bottighofen am Bodensee: Libelle Verlag: S. 83-98 u. S. 110-120.

Richter, S./Brügelmann, H. (1994): Mädchen lernen *anders* lernen Jungen. Geschlechtsspezifische Unterschiede beim Schriftspracherwerb. Bottighofen am Bodensee: Libelle Verlag.

Richter, S. (1996): Unterschiede in den Schulleistungen von Mädchen und Jungen. Geschlechtsspezifische Aspekte des Schriftspracherwerbs und ihre Berücksichtigung im Unterricht. Regensburg: Roderer.

Rüesch, P. (1998): Spielt die Schule eine Rolle? Schulische Bedingungen ungleicher Bildungschancen von Immigrantenkindern – eine Mehrebenenanalyse. Bern u. a.: Peter Lang AG.

Satow, L. (1999): Klassenklima und Selbstwirksamkeitsentwicklung. Eine Längsschnittstudie in der Sekundarstufe I. Dissertation am Fachbereich Erziehungswissenschaft und Psychologie der Freien Universität Berlin. Darwin. Digitale Dissertationen.

Sauer, J. (2001): Prognose von Schulerfolg. In: Rost, D. H. (Hrsg.): Handwörterbuch Pädagogische Psychologie, 2., überarbeitete und erweiterte Auflage. Weinheim: Psychologie Verlags Union, S. 544-555.

Tiedemann, J./Billmann-Mahecha, E. (2004): Kontextfaktoren der Schulleistung im Grundschulalter. Ergebnisse aus der Hannoverschen Grundschulstudie. In: Zeitschrift für Pädagogische Psychologie, 18, 2, S. 113-124.

Weiß, R./Osterland, J. (1997): Grundintelligenztest Skala 1, 5., revidierte Auflage. Göttingen: Hogrefe-Verlag .

Wild, E./Hofer, M./Pekrun, R. (2001): Psychologie des Lerners. In: Krapp, A./Weidenmann, B. (Hrsg.): Pädagogische Psychologie. Ein Lehrbuch, 4., vollständig überarbeitete Auflage. Weinheim: Beltz PVU: S. 207-270.

Zur Bedeutung der kognitiven Heterogenität von Schulklassen für den Lernstand am Ende der Klassenstufe 4

Rainer H. Lehmann

Zusammenfassung

Die Daten, die 2003 im Rahmen der Untersuchung „Erhebung zum Lese- und Mathematikverständnis – Entwicklungen in den Jahrgangsstufen 4 bis 6 in Berlin" (ELEMENT) am Ende der Klassenstufe 4 in 135 Schulklassen (n = 3.254) erhoben worden sind, erlauben Analysen zu der Frage, in welchem Maße die Zusammensetzung einer Schulklasse die beobachteten individuellen Lernstände bestimmt. Die Ergebnisse bestätigen Befunde anderer Forschungsgruppen, nach denen ein hoher *Durchschnitts*wert für die kognitiven Lernvoraussetzungen mit Leistungen in Leseverständnis und in der Mathematik einhergeht, die über Erwarten günstig ausgeprägt sind. Weiterhin konnte für das Leseverständnis gezeigt werden, dass unabhängig hiervon in Schulklassen mit einer größeren *Streuung* der kognitiven Lernvoraussetzungen durchschnittlich höhere Lernstände erzielt wurden.

1   Einleitung und leitende Fragestellung

Bei der Suche nach den Hintergründen der in vieler Hinsicht unbefriedigenden Lernstände in Deutschland sind in letzter Zeit häufiger die Einflüsse so genannter *„Kompositionsmerkmale"* untersucht worden. Gemeint waren damit zumeist die Klassenmittelwerte der Fachleistung selbst oder auch bestimmter Kontextfaktoren. Zu den schon bisher verhältnismäßig intensiv untersuchten Faktoren gehören vor allem die kognitiven Lernvoraussetzungen und soziokulturelle Herkunftsmerkmale, jeweils unterscheidend zwischen individuellen Zusammenhängen und solchen auf aggregierter Ebene.

Hinsichtlich der Lernvoraussetzungen darf ein eigenständiger Beitrag des durchschnittlichen Lernpotenzials auf Klassenebene als gesichert gelten. Als vermittelnder Mechanismus kann vor allem ein diesem Potenzial entsprechendes kognitives Anforderungsniveau des Unterrichts gelten (Treinies/Einsiedler 1996; Renkl/Stern 1994; vgl. auch Lehmann/Neumann 2002). Diese Beobachtungen berühren sich eng mit dem Nachweis differenzieller Entwicklungsmilieus auf Schulformebene (Baumert et al. 2000, S. 59). Es liegt eigentlich nahe, die Frage nach differenziellen Entwicklungsmilieus auch auf der Ebene der einzelnen Schulklasse zu stellen (so z. B. Tiedemann/Billmann-Mahecha 2004).

109

Strukturell ähnlich – und nicht selten gleichzeitig mit diesen untersucht – stellt sich das Problem des Einflusses der sozialen Herkunft auf die Lernerfolge von Kindern und Jugendlichen dar. Auch hier sind entsprechende Effekte nicht nur auf individueller Ebene immer wieder nachgewiesen worden (vgl. z. B. Baumert et al. 2003), sondern auch – unabhängig davon – auf der aggregierten Ebene der Einzelschule oder der Schulklasse (vgl. z. B. Schwippert 2001). Nach den vorliegenden Befunden, insbesondere aus Untersuchungen zur Sekundarstufe I, ist damit zu rechnen, dass besonders hohe Lernstände in Klassen auftreten, deren Schülerinnen und Schüler typischerweise aus Familien mit bildungsaffinen Wertorientierungen, Einstellungen und Haltungen stammen und so über wichtige Vorformen des „bürgerlichen Habitus" *sensu* Bourdieu (1983) verfügen. Alles spricht dafür, dass bereits in den Grundschulen derartige Zusammenhänge gegeben sind (vgl. Schwippert et al. 2003).

In gewisser Weise ein Spezialfall der Frage nach dem Einfluss kulturellen Kapitals ist mit der Untersuchung der besonderen Situation von Kindern aus Migrantenfamilien gegeben. Hier ist in manchen Familien nicht nur mit Unkenntnis, in gewissen Fragen auch mit Distanz, gegenüber den Erwartungen deutscher Lehrkräfte zu rechnen. Vielmehr liegt vielfach eine kumulative Belastung durch soziale Hintergrundfaktoren vor, die sich vor allem aus der Überrepräsentanz von Migranten in den bildungsfernen Sozialschichten ergibt. Die einschlägigen Untersuchungen haben in der Tat belastenden Einflüsse nachweisen können, bei denen individuelle Effekte auf aggregierter Ebene - also in Klassen mit hohem Migrantenanteil – noch verstärkt sein können (Lehmann/Peek 1997). Dies gilt offenbar, obwohl in eher psychologisch akzentuierten Analysen (vgl. z. B. Stanat/Schneider 2004) dieser Aspekt nicht immer in Betracht gezogen worden ist. Interessanterweise schlagen sich aber diese Prozesse nicht notwendig in einer institutionellen Benachteiligung nieder. Alles spricht vielmehr dafür, dass die Lehrkräfte in den entsprechenden Schulklassen in ihrer Zensurengebung und in ihren Übergangsempfehlungen am Ende der Grundschulzeit untypisch niedrige – eben maßgeblich durch den Kontext beeinflusste – Standards anlegen, von denen die Kinder in den sozialen Brennpunktgebieten implizit profitieren (Lehmann/Peek 1997, S. 89 ff). Freilich ist dieser Tendenz zur Milde nicht stark genug, um die oft beschriebene unterdurchschnittliche Bildungsbeteiligung von Migrantenkindern zu verhindern.

In der Regel wurde allerdings, wie bereits angedeutet, bei der Untersuchung solcher Kompositionseffekte vorausgesetzt, dass es um die *mittlere* Ausprägung der in Frage stehenden Merkmale auf Klassenebene geht. Obwohl in der Auseinandersetzung mit den PISA-Resultaten die der Struktur des deutschen Schulsystems innewohnende Tendenz zur Bildung vergleichsweise homogener Lerngruppen häufig als mit verantwortlich für eher bescheidene Lernerfolge kritisiert worden ist, wurde die *Streuung* kognitiver Charakteristika bisher eher unter dem Aspekt eines Erfolgskriteriums diskutiert; als Voraussetzung für die erzielten Lernergebnisse ist sie bisher kaum thematisiert worden. So liegen zwar mehrere Studien zur Erreichbarkeit des Ziels von „Optimalklassen" vor, die durch hohe Durchschnittsleistungen bei geringer Streuung gekennzeichnet sind (vgl. zuletzt Schwippert 2001). Selten ist jedoch danach gefragt worden, welche Bedeutung ein heterogenes Lernpotenzial für die Lernzielerreichung in konkreten Schulklassen tatsächlich besitzt.

Auf Systemebene ist seit langem vom so genannten „*creaming effect*" die Rede, der mit der Schulformzuordnung am Ende der Grundschulzeit zumal in den Hauptschulen, aber auch in manchen Gesamtschulen, für ein niedriges durchschnittliches Leistungsniveau sorgt (vgl. Tillmann 1983). Dabei blieb aber lange Zeit offen, ob es sich bei diesen unbefriedigenden Ergebnissen um ein reines Auslesephänomen, ein Problem der Partitionierung einer Merkmalsverteilung im statistischen Sinne, handelt oder eben um die Begleiterscheinung, gar die Folge, differenter Entwicklungsmilieus, wie Baumert et al. (2000) argumentiert haben. In ähnliche Richtung wiesen schon Befunde aus der Hamburger Längsschnittstudie LAU („*Lern*Ausgangslagen*U*ntersuchung": Lehmann et al. 1999). Zum Beleg für diese Interpretation wäre es insbesondere erforderlich, die Streuung der kognitiven Eingangsvoraussetzungen als unabhängige Variable auf Klassenebene zu thematisieren. Hierzu jedoch liegen vorläufig kaum Ansätze vor, die auch dem gegenwärtigen methodischen Anforderungsniveau entsprechen könnten. Eine Sekundäranalyse von Daten der IEA-Lesestudie aus den neunziger Jahren mit ähnlicher Fragestellung (Lehmann 1995a) trägt nur wenig zur Klärung bei, weil sie heutigen datenanalytischen Ansprüchen nicht gerecht wird.

Gefragt wird also, ob sich auf der Ebene einzelner Schulklassen ein positiver Zusammenhang zwischen vergleichsweise hoher Heterogenität der Lernvoraussetzungen als Indiz eines insbesondere für die schwächeren Schüler anregungsreichen Lernmilieus einerseits und erreichten Lernständen andererseits finden lässt.

2   Datengrundlage

Die Daten, die im Rahmen der Untersuchung „*E*rhebung zum *Le*se- und *Ma*thematikverständnis – *Ent*wicklungen in den Jahrgangsstufen 4 bis 6 in Berlin" (ELEMENT: Lehmann/Nikolova 2005) am Ende der Klassenstufe 4 in 135 Schulklassen ($n = 3.254$) erhoben worden sind, erlauben solche Analysen. Es handelt sich um eine Wahrscheinlichkeitsstichprobe, bei der Schulen nach Maßgabe ihrer Größe gezogen und später entsprechend gewichtet wurden (*„probability proportional to size"*). Innerhalb jeder Schule wurden nach Möglichkeit zwei Parallelklassen nach dem Zufallsprinzip ausgewählt, doch Effekte, die sich Klassenunterschieden innerhalb einer und derselben Schule zuordnen ließen, bleiben hier unberücksichtigt.

Obwohl zunächst nur die Ergebnisse der Erhebungen zum ersten Messzeitpunkt 2003 vorliegen, können diese Lernstandsdaten und Begleitinformationen doch als summative Befunde zu den Lernentwicklungen interpretiert werden, die sich an den Grundschulen bis zum Ende der Klassenstufe 4 vollzogen haben.

Von besonderem Interesse sind hier die folgenden Variablen, die nach aller Erfahrung die zentralen exogenen Bestimmungsgrößen für unterrichtliche Lernerfolge darstellen:

- (weibliches) Geschlecht (WEIBL),
- ausländische Staatsangehörigkeit (AUSL),
- sozioökonomischer Index (HISEI: OECD 2001),
- nonverbale Intelligenz (KFT: Heller/Perleth 2000).

Als Kriterium dienten nach modernen Standards der probabilistischen Testtheorie entwickelte Skalen zum Leseverständnis und zur mathematischen Kompetenz. Verwendet wurde das Programm *ConQuest* (Wu et al. 1998; zur erzielten Datenqualität vgl. Lehmann/Nikolova 2005).

Auf der „aggregierten" Ebene der Schulklassen konnten in die Analysen einbezogen werden:

- Klassenmittelwerte zum sozioökonomischen Index (MISEI),
- Klassenmittelwerte zum KFT (MKFT),
- Klassenbezogene Standardabweichungen zum KFT (SDKFT).

Fälle mit fehlenden Werten wurden aus den Analysen ausgeschlossen (*„listwise deletion of cases"*), ebenso Klassen mit weniger als 10 Kindern aus dem bereits reduzierten Datensatz. Im Ergebnis standen 126 Klassen mit 2.238 Schülerinnen und Schülern für die Analysen zur Verfügung. Die mit dieser Beschränkung verbundenen positiven Selektionseffekte sind verhältnismäßig gering. Sie überschreiten im Falle des gemessenen Leseverständnisses mit einer Effektstärke von $d = 0,13$ und hinsichtlich der Mathematikleistung mit $d = 0,15$ keine Grenze, jenseits derer mit massiven Verschiebungen der *Zusammenhänge* zu rechnen wäre. Allerdings trifft es zu, dass hier innerhalb des ursprünglichen Datensatzes reduzierte Teilstichproben untersucht werden, in denen die schulischen Leistungen eher überdurchschnittlich sind. Dadurch werden die Mittelwerte der entsprechenden Grundgesamtheiten in gewissem Umfang überschätzt, und zwar insbesondere bei den ausländischen Schülerinnen und Schülern (Leseverständnis $d = 0,19$; Mathematik $d = 0,20$). Insoweit stellen Befunde, die auf der Unterscheidung zwischen deutschen und ausländischen Kindern beruhen, konservativ geschätzte Untergrenzen dar.

Die Einbeziehung der Variable „Geschlecht" war geboten, weil im Bereich des Leseverständnisses Mädchen in aller Regel einen Leistungsvorsprung haben (Bos et al. 2003, S. 115; Lehmann et al. 1995, S. 50 f; Lehmann 1995b), so dass die Geschlechterverteilung den Klassendurchschnitt beeinflusst. Gleiches gilt, wenn auch mit entgegen gesetztem Vorzeichen, für das Fach Mathematik (Bos et al. 2003, S. 218).

Der Migrantenstatus wurde hier über die Variable „deutsche Staatsbürgerschaft" (Code = 1) vs. „ausländische Staatsbürgerschaft" (Code = 2) erfasst. Damit ist der Migrationshintergrund zwar nicht völlig sachgerecht erfasst, weil so die Differenzierung zwischen unterschiedlichen Gründen der Zuwanderung zugunsten eines einfachen Merkmals aufgegeben wird, das überhaupt nur von etwa der Hälfte der Zuwanderer erfüllt wird. Dafür kann aber hier geltend gemacht werden, dass nach den vorliegenden Untersuchungen mit dieser Unterscheidung die deutlichsten Effekte verbunden sind, während Zwischenkategorien, die nach Geburtsort oder Sprachgebrauch gebildet sind, in der Vergangenheit kaum Differenzen gegenüber den autochthonen Schülerinnen und Schülern sichtbar gemacht haben (vgl. Baumert et. al. 2001; Lehmann et. al. 1999). In den ELEMENT-Daten ist hingegen die Ähnlichkeit deutscher Kinder mit Migrationshintergrund (durchschnittliche Lesekompetenz: 94,1 Punkte) gegenüber den ausländischen (im Durchschnitt 91,3 Punkte) größer als die Ähnlichkeit gegenüber den deutschen Kindern ohne Migrationsgeschichte (im Durchschnitt 100,5 Punkte).

Die Variable „HISEI" geht auf den mit der PISA-Studie eingeführten „*International Socio-Economic Index*" ISEI zurück, der seinerseits auf der „*International Standard Classification of Occupations*" (ISCO-88; International Labor Office 1990) beruht. „HISEI" bezeichnet die *höchste* der Zuordnungen für den oder die Erziehungsberechtigte(n).

Der KFT als Maß für die nonverbale Intelligenz wurde eingesetzt, um die entsprechenden Einflüsse auf individueller Ebene ebenso statistisch kontrollieren zu können wie diejenigen der kognitiven Eingangsselektivität von Schulen bzw. Schulklassen. Bedeutsam sind solche Effekte insbesondere auch deshalb, weil das kognitive Lernpotenzial nicht gleichmäßig auf die verschiedenen sozialen Subgruppen verteilt ist.

3   Methode

Die so gewonnenen Daten wurden einer Mehrebenenanalyse nach den Prinzipien unterzogen, wie sie von dem Programm *Hierarchical Linear and Nonlinear Modeling* (*HLM*, Version 5: Raudenbush et al. 2000; vgl. Ditton 1998) ermöglicht werden. Dabei besteht der Grundgedanke darin, die statistischen Zusammenhänge *innerhalb* der aggregierten Einheiten (hier: der Schulklassen) ihrerseits ,vorherzusagen', wobei Merkmale, die *zwischen* diesen Einheiten variieren, als Grundlage der ,Vorhersage', als so genannte „Prädiktoren" fungieren. Die verwendeten Prädiktoren können auch aggregierte Variablen sein, etwa die Mittelwerte oder Streuungskoeffizienten interessierender Merkmale in den untersuchten Schulklassen. Diese Struktur ist auch unter der Bezeichnung „*slopes and intercepts as outcomes*" bekannt.

Ein konstruiertes, lediglich illustrativen Zwecken dienendes Beispiel sei der Zusammenhang zwischen Lebensalter und Lernstand im Fach Mathematik, gemessen in einer einzügigen Hauptschule mit fünf Klassen. Die Korrelation zwischen Lebensalter der Schüler und Lernstand *insgesamt*, klassenstufenübergreifend berechnet, wäre zweifellos positiv: Einzelne Lernstände ließen sich auffassen als Zusammensetzungen aus einem positiven Gesamttrend („Je älter die Testperson, desto höher gewöhnlich der Lernstand") und individuellen Abweichungen davon, den so genannten „Residuen". Der Gesamttrend wird zumeist als ein linearer Zusammenhang modelliert – geometrisch als eine Gerade, deren Steigung den Grad der Kopplung angibt, numerisch als Steigungs- bzw. „Regressionskoeffizient". Auch *zwischen* den Klassenmittelwerten der untersuchten Schule wird es einen sehr deutlichen positiven Zusammenhang geben („Je höher die Klassenstufe, desto höher der Lernstand"). *Innerhalb* der Schulklassen aber wird wegen der Effekte von verspäteter Einschulung, Klassenwiederholung, Rückstufung u.ä. der Trend negativ sein: „Je älter die Testperson, desto niedriger in der Regel der Lernstand. Man kann die Mehrebenenanalyse als einen Weg ansehen, die Gesamtkorrelation in ihre – im vorliegenden Beispiel: gegenläufigen – Komponenten zu zerlegen.

Für die hier vorgestellten Analysen wurde für die Schülerin oder den Schüler i der Klasse j das Modell der ersten Ebene, das der Bestimmung der Zusammenhänge innerhalb der Klassen dient, folgendermaßen spezifiziert (LEIST kennzeichnet die Kriteriumsvariablen LESEN bzw. MATHE):

$$LEIST_{ij} = \beta_{0j} + \beta_{1j}WEIBL_{ij} + \beta_{2j}AUSL_{ij} + \beta_{3j}HISEI_{ij} + \beta_{4j}KFT_{ij} + r_{ij}$$
mit

β_{0j} = additive Konstante, die für die Regressionsgerade der Klasse j charakteristisch ist und eng mit dem Klassenmittelwert zusammenhängt

β_{1j} = Steigungskoeffizient, der für die Variable „Weibliches Geschlecht" in Klasse j gilt

u.s.w.

r_{ij} = Individuelle Abweichung des Schülers i („Residuum") von den Trends in Klasse j.

Im Hinblick auf das Leseverständnis der Viertklässler ließen sich 20 Prozent der Gesamtvarianz mit Differenzen zwischen den klassenspezifischen Mittelwerten verbinden; für die mathematischen Kompetenzen betrug der entsprechende Wert 17 Prozent. In beiden Fällen lohnt es sich also, nach Hintergründen für die Unterschiede zwischen den Klassen hinsichtlich der gemessenen Durchschnittsleistung zu fragen. Dagegen waren die Befunde für die klassenspezifischen Steigungskoeffizienten zwischen den beiden Domänen uneinheitlich: ein klares Muster, dem zufolge die Enge der Zusammenhänge zwischen Leistungs- und Hintergrundvariablen *systematisch* variierte, ließ sich nicht erkennen. Deshalb wird hier darauf verzichtet, entsprechende Modelle mit so genannten *cross-level interactions*, die variierende Steigungskoeffizienten erklären könnten, zu spezifizieren. Es wird also angenommen, dass die Koeffizienten β_{1j} bis β_{4j} in guter Näherung für alle Klassen konstant sind und lediglich zufällig vom jeweiligen Gesamttrend abweichen, weshalb streng genommen der Index j hier entfallen könnte. Dagegen hat die Gleichung, mit der die Klassenmittelwertunterschiede erklärt werden sollen, die folgende Form:

$\beta_{0j} = \gamma_{00} + \gamma_{01} MHISEI_j + \gamma_{02} MKFT_j + \gamma_{03} SDKFTj + u_j$

mit

γ_{00} = additive Konstante, die für die Regressionsgerade charakteristisch ist, welche die Hintergründe differierender Klassenmittelwerte modelliert

γ_{01} = Steigungskoeffizient, der den klassenübergreifenden Zusammenhang zwischen Durchschnittsleistung und mittlerem sozioökonomischem Status beschreibt

γ_{02} = Steigungskoeffizient, der den klassenübergreifenden Zusammenhang zwischen Durchschnittsleistung und durchschnittlicher nonverbaler Intelligenz beschreibt

γ_{03} = Steigungskoeffizient, der den klassenübergreifenden Zusammenhang zwischen Durchschnittsleistung der klassenspezifischen Streuung der nonverbalen Intelligenz beschreibt

u_j = Abweichung des mittleren Lernstands in Klasse j („Residuum auf aggregierter Ebene") von den modellierten aggregiertenTrends

115

Hier wird also davon ausgegangen, dass *über die individuellen Effekte hinaus* Differenzen zwischen den Schulklassen mit dem *durchschnittlichen sozioökonomischen Status der Eltern in einer Klasse* in Zusammenhang stehen, ferner mit dem *durchschnittlichen Lernpotenzial der Schülerinnen und Schüler in einer Klasse* und schließlich mit der *Heterogenität dieses Potenzials in der Klasse*. Damit liegt eine Modellspezifikation vor, die die oben geforderte Prüfung der Rolle der Heterogenität der Lernvoraussetzungen für erfolgreiches Lernen in einer Klasse erlaubt. Alle Variablen wurden z-standardisiert, sodass die Koeffizienten wie standardisierte Regressionskoeffizienten interpretiert werden können. Mit Ausnahme des sozioökonomischen Index fanden keine Zentrierungen auf der Klassenebene statt. Diese Ausnahme ist darin begründet, dass sich die Schulklassen je nach Einzugsgebiet sehr unterschiedlich zusammen setzen und dass hier nicht die Beziehung zwischen sozialer Herkunft und erreichtem Lernstand insgesamt maßgeblich ist, sondern diese Relation im Rahmen des eingeschränkten sozialen Spektrums innerhalb der Klasse.

4 Befunde

In Tabelle 1 sind die Ergebnisse der so spezifizierten Modellschätzungen zusammengefasst. Auf Klassenebene zeigen sich die aus vielen Untersuchungen bekannten Effekte, deren allgemeine Tendenzen als standardisierte Regressionskoeffizienten angegeben sind: β_1 für „weibliches Geschlecht", β_2 für „ausländische Staatsangehörigkeit", β_3 für „sozioökonomischen Status" und β_4 für das mit dem KFT gemessene „Lernpotenzial". Davon abweichende Werte in den einzelnen Schulklassen gelten als zufällig.

Demnach sind die Mädchen am Ende der vierten Klasse im *Leseverständnis* den Jungen etwas überlegen ($\beta_1 = 0,08$), wobei hier die statistische Kontrolle der übrigen Prädiktoren nur eine geringe Rolle spielen dürfte. Anders ist es beim Migrantenstatus. Da dieser mit dem sozioökonomischen Status, aber auch mit dem gemessenen nonverbalen Lernpotenzial korreliert (vgl. hierzu neuerdings Tiedemann/Billmann-Mahecha 2004, S. 119 f.), ist hier die statistische Berücksichtigung der Zusammenhänge zwischen den Prädiktoren wesentlich. Den Ergebnissen zufolge ist die Staatsangehörigkeit als der hier maßgebliche Aspekt des Migrantenstatus *per se* nur in vergleichsweise geringem Maße an den ungünstigeren Ergebnissen der ausländischen Schülerinnen und Schüler im Untertest Leseverständnis beteiligt ($\beta_2 = -0,11$). Dass hier überhaupt ein Effekt nachweisbar ist, dürfte an den damit indirekt angesprochenen Konnotationen liegen. Insbesondere – und fast trivialer Weise – gilt dies von der selbstverständlichen Bedeutung spezifisch deutschsprachiger Kompetenzen, wenn es beim hier untersuchten Leseverständnis um „das Resultat einer aktiven Auseinandersetzung mit (sc. in deutscher Sprache) Geschriebenem" geht (Artelt et al. 2004, S. 57). Ähnlich ist im Hinblick auf den anscheinend relativ niedrigen Einfluss des sozioökonomischen Hintergrundes zu argumentieren. Auch hier ist nur der spezifisch nachgewiesene Einfluss mit $\beta_3 = 0{,}14$) gering; durch die Kombination dieses Merkmals mit den anderen Einflussgrößen kann jedoch der tatsächliche – unbereinigte - Sozialgradient durchaus höher sein. Dass indessen das gemessene Leseverständnis auf Individualebene vergleichsweise deutlich durch Fähigkeiten zum schlussfolgernden Denken (KFT) bedingt ist ($\beta_4 = 0{,}44$), entspricht den theoretischen Annahmen, nicht zuletzt aber auch den praktischen Erwartungen an ein ‚gerechtes' Bildungsangebot.

Tab. 1: Ergebnisse zweier Mehrebenenanalysen zu 2.238 Schülerinnen und Schülern aus 126 vierten Klassen in Berlin; abhängige Variablen sind Leseverständnis und mathematische Kompetenz

Einflussfaktor	Effekt	Leseverständnis		Mathematik	
			$p(\alpha)$		$p(\alpha)$
Innerhalb der Schulklasse					
Weibliches Geschlecht	β_1	0,08	0,000	-0,18	0,000
Ausländische Staatsangehörigkeit	β_2	-0,11	0,000	-0,02	0,229
Sozioökonomischer Status	β_3	0,14	0,000	0,09	0,000
Lernpotenzial (KFT)	β_4	0,44	0,000	0,48	0,000
Zwischen den Schulklassen					
Ordinatenabschnitt*	γ_{00}	-0,43	0,002	-0,01	0,691
Mittlerer sozioökonom. Status	γ_{01}	0,34	0,000	---	---
Mittleres Lernpotenzial KFT	γ_{02}	0,19	0,017	0,38	0,000
Standardabweichung KFT	γ_{03}	0,46	0,000	---	---

* Der „Ordinatenabschnitt" γ_{00} ist die additive Konstante in der Regressionsgleichung der Klassenebene; er besitzt hier keine direkt interpretierbare Bedeutung und wird hier nur der korrekten und vollständigen Angabe der Gleichung halber aufgeführt.

Die für die vorliegenden Fragestellungen wichtigsten Befunde sind indessen mit den Effekten der Ebene der Schulklasse verbunden. Hier zeigt sich, dass sich das Leseverständnis vor allem in solchen Klassen günstig entwickelt hat, in denen der durchschnittliche sozioökonomische Status der Elternschaft hoch ist (γ_{01} = 0,34). Auch ist mit dem mittleren Lernpotenzial ein eigenständiger, über den individuellen Einfluss hinausgehender Effekt verbunden (γ_{02} = 0,19). Besonders bemerkenswert ist jedoch im Hinblick auf die eingangs formulierten Forschungsfragen, dass unter Kontrolle der übrigen Einflüsse das Leseverständnis der Schülerinnen und Schüler insgesamt in Schulklassen mit breiter gestreutem Lernpotenzial (Standardabweichung KFT) günstiger ausgeprägt ist (γ_{03} = 0,46). Damit ist zunächst nur deutlich, dass die durchschnittlich leseschwächeren unter den Berliner Grundschulklassen vergleichsweise homogenere Lernvoraussetzungen aufweisen, und zwar unabhängig auch von sozioökonomischem Kontext und durchschnittlicher Intelligenz. Umgekehrt ist an den Schulklassen mit relativ hohen Klassenmittelwerten im Untertest „Leseverständnis" die relativ große Streuung der mit dem KFT gemessenen Lernvoraussetzungen auffällig. Allerdings erlaubt es der hier untersuchte Querschnitt vor Einbeziehung der 2004 und 2005 erhobenen Längsschnittdaten noch nicht, kausale Interpretationen zu formulieren.

Die Ergebnisse zu den Lernständen im Untertest *Mathematik* bestätigen die Befunde zum Leseverständnis nur teilweise. Auf individueller Ebene, also *innerhalb* der Schulklassen, ändert sich erwartungsgemäß die Polung des Geschlechtereffekts: In Mathematik sind die Jungen den Mädchen stärker überlegen (β_1 = -0,18), als dies umgekehrt im Leseverständnis der Fall war. Der Migrationseffekt sinkt bei Kontrolle der übrigen Prädiktoren unter die Signifikanzgrenze (β_2 = -0,02), und auch der Einfluss der sozialen Herkunft ist für den Erwerb mathematischer Kompetenzen mit β_3 = 0,09 offenbar weniger bedeutsam als für die Entwicklung des Leseverständnisses (β_3 = 0,14). Die kognitiven Lernvoraussetzungen, wie mit dem KFT gemessen, sind hingegen in beiden Domänen auf individueller Ebene etwa gleichermaßen relevant (Mathematik. β_4 = 0,48; Leseverständnis: β_4 = 0,44). Dass Schülerinnen und Schüler mit günstigeren allgemeinen kognitiven Fähigkeiten auch im Untertest Mathematik höhere Leistungen gezeigt haben, kann in der Tat nicht überraschen.

Deutliche Abweichungen von den Befunden zum Leseverständnis ergeben sich aber im Hinblick auf die Zusammenhänge auf Klassenebene bzw. hinsichtlich der Hintergründe der Unterschiede zwischen den Schulklassen. Hier ist in der Berliner Stichprobe vierter Grundschulklassen über den Individualeffekt hinaus kein Einfluss der sozialen Zusammensetzung der Schulklasse mehr zu belegen. Zwar sind Schulklassen, die sich schwerpunktmäßig aus Kindern sozioökonomisch besonders benachteiligter oder auch besonders bevorzugter Familien zusammensetzen, selbstverständlich in ihrem Leistungsspektrum gegenüber dem allgemeinen Durchschnitt negativ oder positiv versetzt. Mit der Summe der Einzeleffekte ist jedoch alles erklärt; es fehlt der Nachweis eines so

118

konstituierten *eigenständig* wirksamen Lernmilieus. Ebenso fehlt für die Mathematik der positive Effekt, der in Schulklassen auftritt, die in ihren kognitiven Lernvoraussetzungen als eher heterogen zusammengesetzt zu bezeichnen sind. Dagegen ist die erwartete Beziehung zwischen durchschnittlichen kognitiven Lernvoraussetzungen und mittlerer Testleistung, die über die Individualeffekte hinausgeht und $\gamma_{02} = 0,38$ erreicht, auch hier zu verzeichnen, und zwar wesentlich deutlicher noch als im Falle des Leseverständnisses ($\gamma_{02} = 0,19$).

5 Diskussion

Die Unterschiede in der Befundlage zwischen den Domänen Leseverständnis und Mathematik sind umso gewichtiger, als sie in ein und derselben Stichprobe zu beobachten waren. Die Lernstände im Leseverständnis legen vor diesem Hintergrund den Schluss nahe, dass eine besonders erfolgreiche Leseerziehung in kognitiv heterogenen Klassen möglich ist, auch wenn sich ein solchermaßen günstiges Ergebnis sicher nicht zwangsläufig einstellt. Mutmaßlich kann in Klassen, in denen sich neben langsamen Lernern relativ viele lernstarke Schülerinnen und Schüler befinden, ein Unterricht realisiert werden, von dessen Anspruchsniveau insbesondere auch jene profitieren, die in einer anderen Lernumgebung weniger rasche Lernfortschritte machen würden. Das Argument, dass im Falle ungünstiger Lernvoraussetzungen die Bildung leistungsmäßig homogener Gruppen einen optimal auf sie abgestimmten Unterricht ermögliche, trifft – ausweislich der hier untersuchten Berliner Stichprobe – jedenfalls unter der Perspektive der erreichten Lernstände nicht uneingeschränkt zu. Das hier am Beispiel des Leseverständnisses erzielte Ergebnis ist hoch kompatibel mit Befunden aus längsschnittlichen Analysen, die auf die besonderen Lerngewinne von Kindern mit eher ungünstigen Lernvoraussetzungen in anregenden und anspruchsvollen Lernmilieus hinweisen (vgl. z. B. Lehmann et al. 1999, S. 87 ff). Demnach hat die Transposition der an Schulformvergleichen entwickelten Theorie differenzieller Lernmilieus auf die Ebene der Einzelklasse einige empirisch begründete Berechtigung.

Weshalb an den Berliner Grundschulen im Mathematikunterricht keine analogen Resultate zu verzeichnen waren, führt demgegenüber auf offene Fragen. Die Dominanz der gemessenen nonverbalen Intelligenz auf individueller und aggregierter Ebene bei eher bescheidenen – wenn auch in ihrer Richtung nicht unerwarteten – Individualeffekten für das Geschlecht und die soziale Herkunft wird nur derjenige als Indiz für eine weitgehend verwirklichte Chancengleichheit interpretieren, der in der mathematischen Kompetenz ohnehin den Inbegriff einer intra-individuell stabilen formalen Rationalität sieht. Andere werden sich

119

zumindest fragen, weshalb es Berliner Grundschullehrern, die ja in der Regel im hier so genannten „Vorfachlichen Unterricht" sowohl Deutsch als auch Mathematik unterrichtet haben, in der mathematischen Domäne nicht gelungen ist, die in der Arbeit mit kognitiv heterogenen Lerngruppen offenbar vorhandenen Entwicklungschancen zu nutzen. Antworten werden schwerlich zu erlangen sein, ohne ein detail- und nuancenreiches qualitatives Bild des Unterrichts selbst zu gewinnen.

Literatur

Artelt, C./Schneider, W./Schiefele, U. (2002): Ländervergleich zur Lesekompetenz. In: Baumert, J./Artelt, C.,/Klieme, E./Neubrand, M./Prenzel, M./Schiefele, U./Schneider, W./Tillmann, K.-J./Weiss, M. (Hrsg.): PISA 2000 - Die Länder der Bundesrepublik Deutschland im Vergleich. Opladen: Leske + Budrich, S.55 – 94..

Baumert, J./Köller, O./Schnabel, K. U. (2000): Schulformen als differentielle Entwicklungsmilieus – Eine ungehörige Fragestellung? Erwiderung auf die Expertise "Zur Messung sozialer Motivation in der BIJU-Studie" von Georg Lind. In: Gewerkschaft Erziehung und Wissenschaft (GEW) (Hrsg.): Messung sozialer Motivation: Eine Kontroverse. Frankfurt a.M.: Schriftenreihe des Bildungs- und Förderungswerks der GEW, Nr. 14, S. 28-69.

Baumert, J./Klieme, E./Neubrand, M./Prenzel, M./Schiefele, U./Schneider, W./Stanat, P./Tillmann, K.-J./Weiss, M. (Hrsg.) (2001): PISA 2000. Basiskompetenzen von Schülerinnen und Schülern im internationalen Vergleich. Opladen: Leske + Budrich Verlag.

Baumert, J./Watermann, R./Schümer, G. (2003): Disparitäten der Bildungsbeteiligung und des Kompetenzerwerbs. Ein institutionelles und individuelles Mediationsmodell. In: Zeitschrift für Erziehungswissenschaft, 1, S. 46-71.

Bos, W./LAnkes, E.-M./Prenzel, M./Schwippert, K./WAlther, G./Valtin, R.(2003): Erste Ergebnisse aus IGLU. Schülerleistungen am Ende der vierten Jahrgangsstufe im internationalen Vergleich. Münster: Waxmann.

Bourdieu, P. (1983): Ökonomisches Kapital, kulturelles Kapital, soziales Kapital. In: Kreckel, R. (Hrsg.): Soziale Ungleichheiten. Soziale Welt. Sonderband 2. Göttingen: Schwartz, S. 183-198.

Ditton, H. (1998): Mehrebenenanalyse. Grundlagen und Anwendungen des Hierarchischen Linearen Modells. Weinheim und München: Juventa.

Heller, K. AQ./Perleth, C. (2000): Kognitiver Fähigkeitstest für 4.-12. Klassen. Revision (KFT 4 + 12 + R). Göttingen: Hogrefe Verlag.

International Labor Office (1990): International Standard Classification of Occupations. ISCO-88. Geneva: ILO.

Lehmann, R. H. (1993a): Take it from the Bright and Give it to the Poor? Some Remarks on Within-Classroom Homogeneity in Reading Achievement. In: Bos, W./Lehmann, R. H. (Eds.): Reflections on Educational Achievement. Münster: Waxmann, pp. 183-195.

Lehmann, R. H. (1995b): Lesen Mädchen wirklich besser? Ergebnisse der IEA-Lesestudie. In: Richter, S./Brügelmann, H. (Hrsg.): Mädchen lernen a n d e r s lernen Jungen. Geschlechtsspezifische Unterschiede bei Schriftspracherwerb. Bottighofen am Bodensee 1994: Libelle, S. 99-109.

Lehmann, R. H./Peek, R./Pieper, I./von Stritzy, R. (1995): Leseverständnis und Lesegewohnheiten deutscher Schüler und Schülerinnen. Weinheim und Basel: Beltz.

Lehmann, R. H./Peek, R. (1997): Aspekte der Lernausgangslage von Schülerinnen und Schülern der fünften Klassen an Hamburger Schulen. Bericht über die Untersuchung im September 1996. Hamburg (Behörde für Schule, Jugend und Berufsausbildung, Amt für Schule).

Lehmann, R. H., Gänsfuss, R. & Peek, R. (1999): Aspekte der Lernausgangslage und der Lernentwicklung von Schülerinnen und Schülern an Hamburger Schulen - Klassenstufe 7. Bericht über die Untersuchung im September 1998. Hamburg (Behörde für Schule, Jugend und Berufsausbildung, Amt für Schule).

Lehmann, R. H. & Neumann, A. (2002): Zum Verhältnis von lerngruppenspezifischen Anforderungen, Schulfreude und mathematischer Fachleistung in der Sekundarstufe I. In: Merkens, H. & Zinnecker, J. (Hrsg.): Jahrbuch Jugendforschung. 2. Ausgabe 2002. Opladen: Vs Verlag, S. 221-240.

Lehmann, R. H. & Nikolova, R. (2005): ELEMENT. Erhebungen zum Lese- und Mathematikverständnis. Entwicklungen in den Klassenstufen 4 bis 6 in Berlin. Bericht über die Untersuchung 2003 an Berliner Grundschulen und grundständigen Gymnasien. Berlin (Senatsverwaltung für Bildung, Jugend und Sport).

OECD – Organisation for Economic Co-operation and Development (2001): Lernen für das Leben: Erste Ergebnisse der internationalen Schulleistungsstudie PISA 2000. Paris: OECD.

Raudenbush S. W., Bryk, A. S. & Congdon, R. T. (2000): HLM 5 Hierarchical Linear and Nonlinear Modeling. Chicago: Scientific Software International.

Renkl, A. & Stern, E. (1994): Die Bedeutung von kognitiven Eingangsvoraussetzungen und schulischen Lerngelegenheiten für das Lösen von einfachen und komplexen Textaufgaben. In: Zeitschrift für Pädagogische Psychologie, 8, S. 27-39.

Schwippert, K. (2001): Optimalklassen: Mehrebenenanalytische Untersuchungen. Münster: Waxmann.

Schwippert, K., Bos, W. & Lankes, E.-M. (2003): Heterogenität und Chancengleichheit am Ende der vierten Jahrgangsstufe im internationalen Vergleich. In: Bos, W., LAnkes, E.-M., Prenzel, M., Schwippert, K., WAlther, G. & Valtin, R.: Erste Ergebnisse aus IGLU. Schülerleistungen am Ende der vierten Jahrgangsstufe im internationalen Vergleich. Münster: Waxmann, S. 265-302.

Stanat, P. & Schneider, W. (2004): Schwache Leser unter 15-jährigen Schülerinnen und Schülern in Deutschland. Beschreibung einer Risikogruppe. In: Schiefele, U., Artelt, C., Schneider, W. & Stanat, P. (Hrsg.): Struktur, Entwicklung und Förderung von Lesekompetenz. Vertiefende Analysen im Rahmen von PISA 2000.Wiesbaden: Vs Verlag, S. 243-273.

Tiedemann, J. & Billmann-Mahecha, E. (2004): Kontextfaktoren der Schulleistung im Grundschulalter. Ergebnisse der Hannoverschen Grundschulstudie. In: Zeitschrift für Pädagogische Psychologie, 18, S. 113-124.

Tillmann, K.-J. (1983): Schülerlaufbahnen, Abschlüsse, Chancengleichheit. Anmerkungen zu einem merkwürdigen „Konsenskapitel" im BLK-Gesamtschulbericht. In: Die Deutsche Schule, 75 (3), S. 199-211.

Treinies, G. & Einsiedler, W. (1996): Zur Vereinbarkeit von Steigerung des Leistungsniveaus und Verringerung von Leistungsunterschieden in Grundschulklassen. Berichte und Arbeiten aus dem Institut für Grundschulforschung der Universität Erlangen-Nürnberg, Nr. 80.

Wu, M. L., Adams, R. J. & Wilson, M. R. (1998): ACER ConQuest. Generalised Item Response Modelling Software. Melbourne: ACER Press (The Australian Council of Educational Research).

II Veränderungen leistungsbezogener Einstellungen im Grundschulalter

Selbstkonzept, Lernfreude und Leistungsangst und ihr Zusammenspiel im Anfangsunterricht

Sabine Martschinke und Gisela Kammermeyer

Zusammenfassung

Ein knapper Überblick über den Forschungsstand zur Entwicklung und zum Zusammenspiel leistungsbezogener Einstellungen (Selbstkonzept, Lernfreude und Leistungsangst) zeigt insbesondere Forschungsdesiderata für den Anfangsunterricht. Folgende Fragen werden mit Ergebnissen aus der KILIA-Studie beantwortet: Wie ist das Ursache-Wirkungs-Verhältnis zwischen Emotionen und dem Selbstkonzept? Welche Rolle spielen Emotionen in Bezug auf die Leistungsentwicklung im Anfangsunterricht? Die Auswertung mit Strukturgleichungsmodellen belegt die Bedeutung solcher leistungsbezogener Einstellungen in der ersten Klasse. Gerade am Schulanfang scheinen motivationale Strukturen noch labil und damit beeinflussbar zu sein. Ohne Frage scheinen im Anfangsunterricht Möglichkeiten vorzuliegen, die Weichen für eine günstige Persönlichkeits- und Leistungsentwicklung indirekt über die Förderung von Lernfreude und Selbstkonzept und über die Reduzierung der Leistungsangst stellen zu können.

1   Problemaufriss

Der Anfangsunterricht hat zu Recht schon immer eine besondere Stellung in der Grundschulpädagogik eingenommen, weil gerade zu Schulbeginn wichtige Weichen für die weitere schulische Entwicklung gestellt werden. Es gibt zum einen Kinder, die an die neuen schulischen Aufgaben mit Zuversicht und Freude herangehen und dabei an Selbstständigkeit und Selbstbewusstsein gewinnen, es gibt zum anderen aber auch Kinder, die bereits mit wenig Vertrauen in ihre eigene Leistungsfähigkeit, mit Angst vor Leistungssituationen und mit geringer Lernfreude in die Schule kommen. Während für die einen der Schulanfang Entwicklungschancen bietet, stellt er für die anderen ein Risiko für die weitere Leistungs- und Persönlichkeitsentwicklung dar. Erste Ergebnisse liegen vor, wie sich leistungsbezogene Einstellungen, insbesondere Selbstkonzept, Lernfreude und Leistungsangst im Laufe der Grundschulzeit entwickeln; ungeklärt ist aber die Frage, wie diese Einstellungen im Anfangsunterricht zusammenwirken und welche Bedeutung sie in dieser kritischen Übergangsphase für die Leistungs- und Persönlichkeitsentwicklung haben.

125

2 Forschungsstand

2.1 Entwicklung von Selbstkonzept, Lernfreude und Leistungsangst in der Grundschule

Die Entwicklung des fachspezifischen Selbstkonzepts und der fachspezifischen Lernfreude zeigt im Laufe der Grundschule einen Abwärtstrend. Dieses bekannte Ergebnis der Längsschnittstudie SCHOLASTIK, die von der zweiten bis zur vierten Klasse führte (vgl. Helmke 1993, 1998), bedeutet, dass die Kinder ihre Fähigkeiten in Mathematik und Deutsch im Laufe dieser drei Jahre im Durchschnitt als immer geringer wahrnehmen, auch wenn Helmke (vgl. 1998) unterschiedliche Entwicklungsprofile bei verschiedenen Schülerclustern auffindet. Auch die durchschnittliche Lernfreude sinkt, sie liegt am Ende der Grundschulzeit jedoch immer noch im positiven Bereich, speziell für den Bereich Mathematik konnte kein signifikanter Abwärtstrend nachgewiesen werden (vgl. Helmke 1993).

In der SCHOLASTIK-Studie wird auch von einer zunehmenden Stabilität von Selbstkonzept und Lernfreude im Laufe der Grundschulzeit berichtet. Mit der Lernfreude bzw. mit dem Selbstkonzept zu Beginn der einen Klasse können also relativ zuverlässig die Lernfreude und das Selbstkonzept der nächsten Klassenstufe vorhergesagt werden.

Für die erste Klasse liegen Daten aus der LOGIK-Studie vor, die besonders auf einen „Knick" während des ersten Schuljahres aufmerksam machen. Anfänglich nehmen Lernfreude (vgl. Helmke 1993) und Selbstkonzept (vgl. Helmke 1998) noch zu, im Laufe der ersten Klasse weichen diese positiven Einstellungen einer kritischeren Einstellung zum Lernen und zu sich selbst. Eine mögliche Erklärung dafür sind die sozialen Vergleiche und die neuen schulischen Leistungsanforderungen, mit denen die Kinder erstmals im Anfangsunterricht konfrontiert werden.

Über die Entwicklung leistungsbezogener Angst weiß man nur wenig. Unter den negativ getönten Emotionen ist die Prüfungsangst die am besten untersuchte Variable, sie nimmt im Laufe der Schulzeit zu (vgl. Hembree 1988 in Pekrun & Hofmann 1996). Für die Grundschulzeit fehlen entsprechende Längsschnittstudien.

Ob allerdings die genannten Entwicklungen als „natürliche" bzw. gar als „unumgängliche" Entwicklungen in der Institution Schule angesehen werden müssen, stellen zumindest Ergebnisse aus der KILIA-Studie in Frage (vgl. Kammermeyer & Martschinke, in Vorb.). Hier findet sich kein Absinken des Selbstkonzepts, ebenso bleibt Lernfreude auf hohem, Leistungsangst auf niedrigem Niveau. Eine Erklärung für diese widersprüchlichen Ergebnisse könnte

126

sein, dass es sich bei den Lehrkräften der KILIA-Studie um besonders fähige Erstklasslehrerinnen handelt, denen es gelungen ist, den Zusammenhang zwischen Selbstkonzept und Leistung zu entkoppeln. Diese Erklärung liegt nahe, da sich die Lehrkräfte freiwillig an dieser Studie beteiligten.

2.2 Zusammenspiel zwischen Selbstkonzept und Leistung

Wie Selbstkonzept und Leistung im Laufe der Grundschulzeit zusammenspielen, ist relativ gut geklärt (vgl. Krapp 1997). In Zusammenführung der Ergebnisse aus der dritten und vierten Jahrgangsstufe aus der SCHOLASTIK-Studie und der Daten aus der ersten und zweiten Jahrgangsstufe der KILIA-Studie ergeben sich zwei in ihrer Wirkrichtung klar zu unterscheidende Phasen (vgl. Kammermeyer & Martschinke, in Vorb.):

In der Übergangsphase der ersten Klasse, wirkt sich das Selbstkonzept auf die Leistung aus. Dies ist eine Bestätigung des sogenannten Self-Enhancement-Ansatzes. In der zweiten Klasse verschwindet der Einfluss von Selbstkonzept auf Leistung. Es deutet sich an, dass die Wirkrichtung kippt. In der Konsolidierungsphase der dritten und vierten Klasse findet sich dann der erwartete Skill-Development-Ansatz, der besagt, dass die Leistung das Selbstkonzept beeinflusst.

Was bedeutet dies für den Anfangsunterricht? Aufgrund der geringeren Stabilität des Selbstkonzepts bestehen im Anfangsunterricht mehr Einflussmöglichkeiten über das Selbstkonzept auf die Leistung als in anderen Klassenstufen. Aus diesem Grund beziehen sich die im Folgenden dargestellten Ergebnisse auch besonders auf diese ersten beiden Schuljahre.

2.3 Zusammenspiel zwischen Lernfreude und Leistung

Zu unterscheiden ist zwischen Prüfungsemotionen, die sich eher auf konkrete Testsituationen beziehen, und weiter greifenden Lernemotionen, die mit der Fülle schulischer Leistungssituationen einhergehen (vgl. Schnabel 1998, Pekrun & Hoffmann 1999). Lernemotionen haben eine größere Wirkung auf Lernen und Leistung generell als Emotionen, die sich nur auf konkrete Prüfungssituationen beziehen (vgl. Pekrun 1998). Dies ist für den Anfangsunterricht bedeutsam, weil es in diesem oft gar keine "Testssituationen" gibt, sondern lediglich Leistungssituationen mit „geringerem Prüfungscharakter".

Ob und wie sich Lernemotionen auf Leistung auswirken, ist zwar insgesamt noch wenig untersucht, aber es gibt zumindest für die Zielgruppe der Studierenden einige bedeutsame empirische Hinweise, dass es diese Effekte gibt. Pekrun und Hofmann (1999) nehmen aber an, dass sich Emotionen über motivationale und kognitive Mechanismen und damit eher indirekt auf die Studienleistung auswirken.

Für die Grundschule und speziell für die Übergangsphase bis zur zweiten Klasse konnte Helmke (1993) in seinem Kausalmodell mit den Variablen Lernfreude und Leistung keine „cross-lagged"-Pfade finden, sondern nur Autokorrelationen, d.h. Leistung und Lernfreude hängen nicht zusammen. In der Konsolidierungsphase der dritten und vierten Klasse lassen sich dagegen solche Pfade in beiden Richtungen finden, allerdings in stärkerem Ausmaß von der Leistung auf die Lernfreude als umgekehrt.

Festzuhalten bleibt, dass sich in der ersten Klasse das Selbstkonzept auf die Leistung auswirkt, jedoch wurden keine Belege gefunden, dass die Lernfreude die Leistung beeinflusst. Offen ist jedoch, ob Lernfreude die Selbstkonzeptentwicklung beeinflusst oder/und umgekehrt und somit, ob es unter Umständen indirekte Auswirkungen von der Lernfreude über das Selbstkonzept oder aber vom Selbstkonzept über die Lernfreude auf die Leistungsentwicklung gibt.

3   Die KILIA-Studie – Design und Erhebungsinstrumente

Die KILIA-Studie (Kooperationsprojekt Identitäts- und Leistungsentwicklung im Anfangsunterricht) war ursprünglich nur als Längsschnitt für die erste und zweite Klasse konzipiert, wurde dann aber als KILIA-G (G für Grundschule) bis Ende der vierten Klasse weitergeführt. In dieser Studie geht es um eine Beschreibung der Leistungs- und Persönlichkeitsentwicklung und da besonders um ihr Zusammenspiel über die gesamte Grundschulzeit hinweg. Die Lehrerstudie (Leitung: Gisela Kammermeyer) startete mit 32 Klassen bzw. Lehrern, die Schülerstudie (Leitung: Sabine Martschinke) mit 409 Schülern, wobei in 10 Klassen alle Kinder beteiligt waren, in 22 Klassen je acht zufällig ausgewählte Kinder. Für ein hochwertiges Verfahren, wie die Auswertung mit Strukturgleichungsmodellen, die keine fehlenden Daten enthalten dürfen, können für die vorliegende Veröffentlichung 204 Kinder in die Auswertung aufgenommen werden. Nur für diese Stichprobe liegen alle Daten bis zur Ende der vierten Jahrgangsstufe vor.

Welche Variablen werden für die Fragestellung herangezogen? Die folgende Darstellung bezieht sich auf den Bereich Mathematik; als Leistungstests wurden der DEMAT 1 und 2 verwendet (vgl. Krajewski et al. 2002, Krajewski et al. 2004). Die mathematischen Lernvoraussetzungen wurden in den ersten Schulwochen mit dem Osnabrücker Test zur Zahlbegriffsentwicklung (vgl. Van Luit et al. 2001) erhoben, so dass bis Ende der zweiten Klasse drei Messzeitpunkte zur Leistungsentwicklung existieren (Anfang und Ende 1. Klasse, Ende 2. Klasse).

Auch die weiteren Variablen (Selbstkonzept, Lernfreude und leistungsbezogene Angst) wurden bereichsspezifisch für Mathematik erfasst, die Bereichsspezifität konnte für alle Variablen schon für die erste Klasse mittels konfirmatorischer Faktorenanalysen bestätigt werden. Alle drei genannten Variablen wurden wegen der niedrigen Klassenstufe in Einzelinterviews mit kindgemäßen Verfahren erhoben und mit einer vierstufigen Ratingskala erfasst.

Das Selbstkonzept - verstanden als kognitiver Aspekt der Identität (vgl. Haußer 1996) - wurde jeweils Anfang und Ende einer Jahrgangsstufe erhoben (weitere Informationen dazu bei Martschinke et al. 2002). Die lernbezogenen Einstellungen, operationalisiert als Lernfreude bzw. in negativer Konnotation als leistungsbezogene Angst (im Folgenden kurz genannt Freude und Angst), wurden nur in der ersten Klasse zweimal erhoben, wobei der erste Messzeitpunkt hier eher in Richtung Mitte der ersten Klasse liegt, ab der zweiten Klasse jeweils nur einmal pro Schuljahr. Unter Leistungsangst oder leistungsbezogener Angst wird eine aufgabenbezogene, prospektive, negative Emotion verstanden, Lernfreude bezeichnet eine aufgabenbezogene, prospektive und positive Emotion (vgl. Pekrun 1998). Die Kinder wurden beispielsweise gefragt, wie viel Angst sie haben, neue Aufgaben in Mathematik zu rechnen. Zur optischen Unterstützung wurde den Kindern eine Leiste mit Gesichtern vorgelegt. An dieser Leiste konnten die Kinder zeigen, wie viel Angst sie vor neuen Aufgaben haben.

Da Selbstkonzept, Lernfreude und Leistungsangst bei Kindern in diesem Alter nicht normalverteilt sind, wurden für die Verwendung der Daten in Strukturgleichungsmodellen die Selbstkonzept- und Emotionsitems immer zu Aggregaten (Parceling) zusammengefasst (vgl. Little et al. 2002, 154). Ein Vorteil dieses Vorgehens ist es, dass das Aggregat günstigere Verteilungskennwerte besitzt, eine wichtige Voraussetzung für die Einbindung der Variablen in Strukturgleichungsmodelle. Trotz dieser „Notlösung" konnten, die Grenzwerte von West et al. (1995) berücksichtigend, keine optimalen Verteilungswerte erreicht werden. Es werden deshalb mehrere Anpassungswerte angegeben (vgl. Hu & Bentler 1998, 1999) und der Empfehlung von Byrne (2001) folgend die Bootstrap-Methode angewendet. Die Grenzwerte für Annahme und Ablehnung eines Modells sind Tabelle 3 zu entnehmen. Insgesamt besteht bei nicht normalverteilten Daten eher die Gefahr, ein Modell zu verwerfen (vgl. Byrne 2001, West et al. 1995), auch wenn die hier verwendete Maximum-Likelihood-Methode (ML) relativ stabil bei solchen Verletzungen der Normalverteilung ist.

4   Reziproke Beziehungen zwischen Selbstkonzept und Emotionen

Welche Ursache-Wirkungs-Beziehungen gibt es zwischen Selbstkonzept und Emotionen? Wirkt sich die Lernfreude auf das Selbstkonzept aus oder umgekehrt? Abbildung 1 veranschaulicht, wie sich das Zusammenspiel zwischen Freude und Selbstkonzept in den ersten beiden Schuljahren entwickelt:

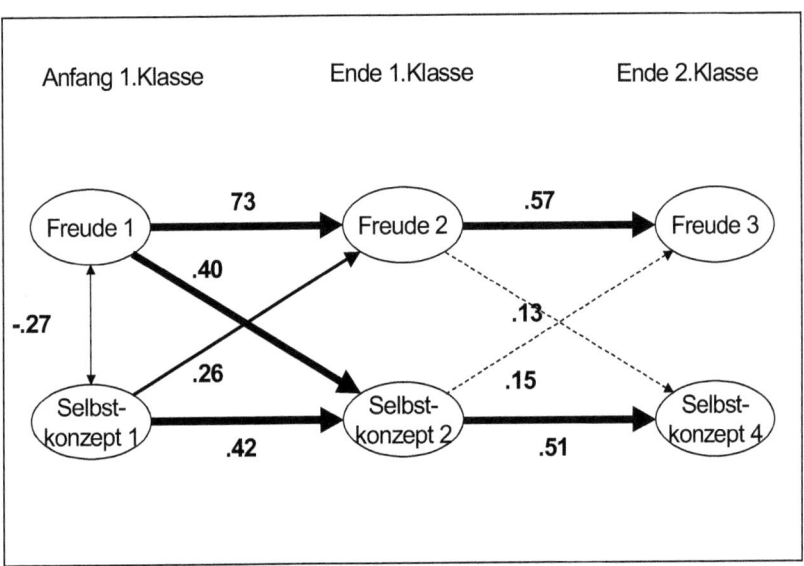

Abb. 1: Ursache-Wirkungszusammenhänge zwischen Freude und Selbstkonzept

Es zeigt sich an der hohen Autokorrelation von .73, dass die Freude über das erste Schuljahr hinweg schon sehr stabil ist, das Selbstkonzept ist mit .42 wesentlich instabiler. Entscheidend ist aber die Frage nach dem Zusammenspiel der beiden Variablen in der ersten Klasse: Es lassen sich für beide Wirkrichtungen bedeutsame Pfade finden, wobei sogar die Wirkrichtung von Freude auf das Selbstkonzept höher ist als umgekehrt. Für die zweite Klasse gibt es keine signifikanten cross-lagged-Pfade mehr.

Die Modellanpassung (mit Fehlerkorrelationen immer zwischen dem zweiten Parcel für Freude) ist gut (RMSEA = 0.057, SRMR = .05, Bollenstine: p=.04, GFI .95, CFI .96, Chi square: 71,3 - p=.004).

Die gleiche Frage stellt sich für die negative Emotion Angst, inwieweit Angst das Selbstkonzept beeinflusst bzw. umgekehrt.

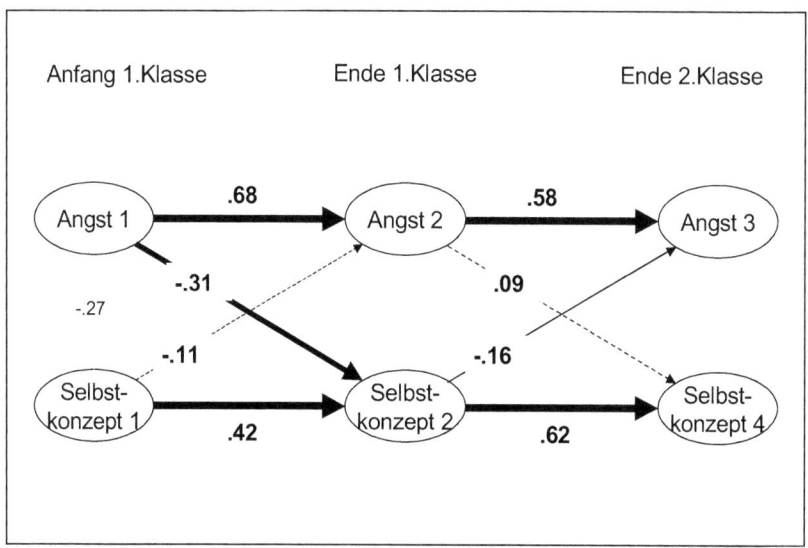

Abb. 2: Ursache-Wirkungszusammenhänge zwischen Angst und Selbstkonzept

Abbildung 2 zeigt für beide Variablen wieder hohe Autokorrelationen, wobei auch hier die Emotion (Leistungsangst) stabiler ist als das Selbstkonzept. Das Ergebnis ähnelt auch in Bezug auf die kausalen Zusammenhänge dem Ergebnis zur Lernfreude: Leistungsangst beeinflusst zum Schulanfang das Selbstkonzept Ende der ersten Klasse, in umgekehrter Wirkrichtung wird hier allerdings der Pfad mit -.11 nicht signifikant. In der zweiten Klasse sind beide Wirkrichtungen verschwunden. Die Güte des Modells ist (Güteindices: RMESA = .03, SRMR = .04, Bollenstine: p=.03, GFI .96, CFI .99, Chi square: 52 - p=.221) positiv zu bewerten.

Bei beiden Emotionen zeigt sich das gleiche Muster. In der ersten Klasse spielen die Emotionen offensichtlich eine wichtigere Rolle, diese stabilere Persönlichkeitsvariable wirkt sich auf das in der Übergangszeit vergleichsweise labile Selbstkonzept aus, in der zweiten Klasse, der sich anschließenden Konsolidierungsphase, verschwindet dieser Einfluss.

5 Emotionen und ihre Rolle bei der Selbstkonzept- und Leistungsentwicklung

Welche Rolle spielen Selbstkonzept und Emotionen im Hinblick auf die Leistung? Hierzu werden im Folgenden die Ergebnisse aus der ersten Klasse zum Zusammenhang jeweils zweier Variablen zusammengeführt:

- Selbstkonzept beeinflusst Leistung, nicht umgekehrt (vgl. Kammermeyer & Martschinke, in Vorb.).
- Emotionen beeinflussen die Leistung nicht (vgl. Helmke 1993).
- Emotionen beeinflussen das Selbstkonzept (s. Kap.4).

Im ersten Schritt wird geklärt, wie stabil die einzelnen Variablen sind:

Tab.1: Stabilität der Variablen im ersten Schuljahr

Variable	Stabilitätskoeffizient
Leistung	.49**
Selbstkonzept	.32**
Lernfreude	.55*
Leistungsbezogene Angst	.50*

Auffällig ist hier die vergleichsweise geringe Stabilität des Selbstkonzepts, der etwas geringere Stabilitätskoeffizient von .32 deutet unter Umständen auf die größten Einflussmöglichkeiten hin.

Im zweiten Schritt werden die Korrelationen aller Variablen von Anfang erster Klasse mit Leistung und Selbstkonzept am Ende der ersten Klasse aufgezeigt.

Tab. 2: Korrelationen zwischen Leistung, Emotionen und Selbstkonzept Anfang und Ende der ersten Klasse

		Ende 1.Klasse	
		Leistung 2	Selbstkonzept 2
Anfang 1.Klasse	Leistung 1 (Lernvoraussetzungen)	.49**	.06
	Selbstkonzept 1	.27**	.32**
	Lernfreude 1	.10	.23**
	Leistungsbezogene Angst 1	-.14*	-.32**

Diese Korrelationskoeffizienten (vgl. Tab. 2) verweisen aber nur auf Zusammenhänge und dürfen noch nicht als Wirkrichtungen interpretiert werden: Wenn

132

man in Tabelle 2 zunächst die Korrelationen zwischen Selbstkonzept und Emotionen mit den Leistungsvariablen Anfang und Ende der ersten Klasse betrachtet (kursiv gedruckt die Autokorrelationen aus Tab.1), sieht man, dass der Zusammenhang zwischen Emotionen am Anfang des Schuljahres mit der Leistung am Ende des Schuljahres recht niedrig ist (.10, -.14*) und erwartungsgemäß der Zusammenhang zwischen Lernfreude und Leistung nicht signifikant (.10) (vgl. Helmke 1993). Das Selbstkonzept zu Schulbeginn hingegen hängt signifikant mit der Leistung am Ende des Schuljahres zusammen (.27**). Keinen Zusammenhang gibt es zwischen den Lernvoraussetzungen und dem Selbstkonzept am Ende der ersten Klasse, die beiden Emotionsvariablen zu Beginn des Schuljahres korrelieren jedoch signifikant und in erwarteter Richtung mit dem Selbstkonzept Ende der ersten Klasse (.23**, -.32**). Dieses Ergebnis führt zur Hypothese, dass sich neben den Lernvoraussetzungen auch die Emotionen über das Selbstkonzept auf die Leistung Ende der ersten Klasse auswirken.

Diese Hypothese wird im dritten und vierten Schritt regressionsanalytisch jeweils separat geprüft. Zunächst zeigt Abbildung 3, welche Faktoren die Leistung am Ende der ersten Klasse erklären:

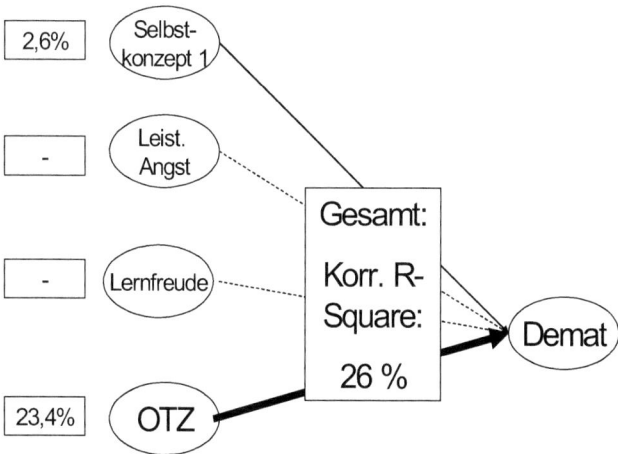

Abb. 3: Varianzaufklärung für Leistung

Wenn alle Variablen gemeinsam in die Regressionsanalyse aufgenommen werden, erreichen die Lernemotionen kein signifikantes Beta und leisten damit keinen eigenständigen Beitrag zur Varianzaufklärung der Leistungsvariablen. Die restlichen beiden Variablen klären insgesamt 26% der Varianz des Leis-

133

tungstests auf, 23,4% werden durch die Lernvoraussetzungen erklärt, wenig aber immerhin knapp drei Prozent durch das Selbstkonzept.

Abbildung 4 zeigt entsprechend, welche Faktoren das Selbstkonzept am Ende der ersten Klasse erklären.

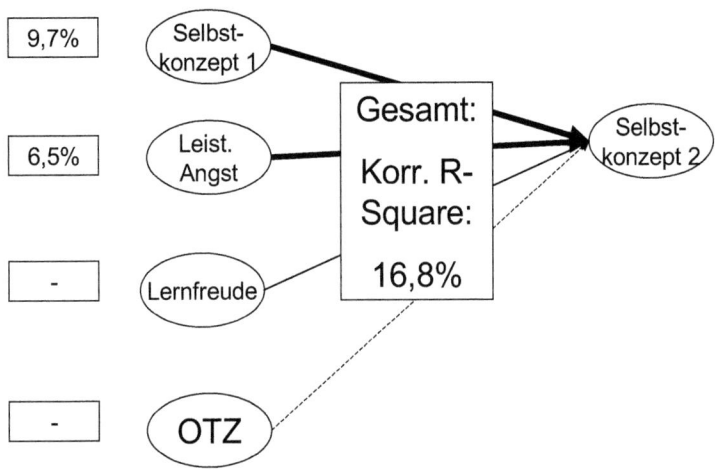

Abb. 4: Varianzaufklärung für Selbstkonzept

Die regressionsanalytische Auswertung ergibt 16,8% Varianzaufklärung insgesamt bei gleichzeitiger Aufnahme aller Variablen. Die Varianzaufklärung verteilt sich auf Selbstkonzept und Leistungsangst (sogar recht erheblicher Anteil), Lernfreude verfehlt knapp die Signifikanz für die Aufnahme ins Modell.

Die Ergebnisse können als weitere Hinweise dafür angesehen werden, dass das Selbstkonzept zusätzlich (über die Autokorrelationen hinaus) durch Emotionen beeinflusst wird. Es gibt aber ebenso Evidenz für die Beeinflussung der Leistung zusätzlich (über die Autokorrelationen hinaus) durch das Selbstkonzept.

Daraus resultieren im fünften und sechsten Schritt zwei Strukturgleichungsmodelle, die diese Befunde zu integrieren versuchen. In das erste Strukturgleichungsmodell (vgl. Abb. 5) gehen Leistung und Selbstkonzept Ende der ersten Klasse als abhängige Variablen gleichzeitig ein, alle Ausgangsvariablen sind korreliert.

Abbildung 5 zeigt, dass die Hauptmodellannahme zutrifft, dass sich die Emotionen über das Selbstkonzept auf die Leistung auswirken:

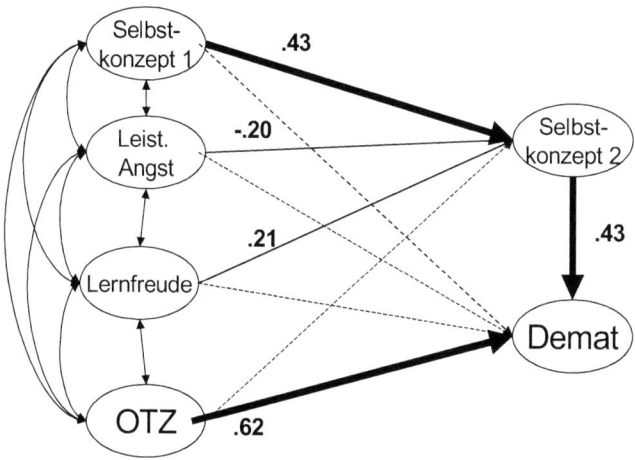

Abb. 5: Strukturgleichungsmodell 1

Wie erwartet gibt es einen starken Pfad (.62) von den Lernvoraussetzungen auf die Leistung. Überraschend findet sich aber in diesem Modell kein signifikanter Pfad von Selbstkonzept auf Leistung. Erwartungsgemäß hingegen ist der hochsignifikante Pfad von Selbstkonzept 1 auf Selbstkonzept 2, auch die Leistungsangst trägt mit Pfaden zur Erklärung des Selbstkonzepts am Ende der ersten Klasse bei. Entscheidendes Ergebnis ist aber, dass das von Emotionen mit beeinflusste Selbstkonzept mit einem indirekten Pfad auf die Leistung wirkt. Damit scheinen Emotionen eine Art Mediator- oder Moderatorrolle einzunehmen; dies wird in einem Alternativmodell nochmals extra geprüft. Abbildung 6 zeigt das Ergebnis.

In diesem Modell wird ein direkter Einfluss der Lernvoraussetzungen auf Leistung angenommen. Es wird auch explizit geprüft, ob die beiden Emotionen Lernfreude und Leistungsangst sich auf die Entwicklung des Selbstkonzeptes auswirken. Ein direkter Einfluss von den Emotionen auf die Leistung ist ebenso im Modell enthalten. Auch hier zeigt sich wieder ein starker Pfad von den Lernvoraussetzungen auf die Leistung (.60), aber es gibt auch einen signifikanten Pfad von Selbstkonzept 2 auf Leistung in ähnlicher Höhe wie in Modell 1 (.41).

Es zeichnen sich keine direkten Einflüsse von den Emotionen auf die Leistung ab, sondern ein deutlicher indirekter Pfad über Leistungsangst (auch bei Lernfreude, aber dort in geringerem Umfang) auf das Selbstkonzept am Ende des ersten Schuljahres:

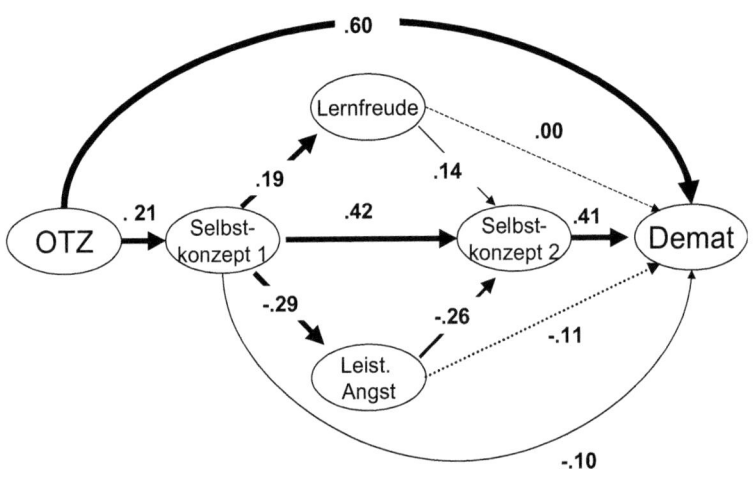

Abb. 6: Strukturgleichungsmodell 2

Tabelle 3 zeigt, dass beide Modelle gute Anpassungswerte haben, das heißt, dass die Daten gut zu den Modellen passen:

Tab. 3: Anpassungswerte für beide Modelle

| | Fit-Indices (Kennwerte bzw. Signifikanz) | |
	Modell 1	*Modell 2*
CMIN (nicht sig.)	45,2, p=,23	62,70, p=.03
SRMR <.11	.04	.06
RMSEA <.06	.03	.05
TLI (>.90)	.99	.96
GFI (>.90)	.97	.95
CFI (>.90)	.99	.97
Bollen-Stine	p = .31	p = .06

Modell 2 zeigt insgesamt etwas schlechtere Kennwerte, aber die wichtigsten Kennwerte bewegen sich immer noch innerhalb der von Hu und Bentler (1998, 1999) vorgeschlagenen Grenzen. Gestützt wird dieses Modell von einem Befund von Helmke (1992) für den Beginn der Sekundarstufe. Auch hier wurde eine Mediatorfunktion von Emotionen, speziell von Leistungsangst, gefunden. Beide Modelle lassen sich auch ineinander überführen und stehen nicht in einem konkurrenten Verhältnis. Sie beantworten die Frage nach der Rolle von Emotionen zwar auf unterschiedlichem Weg, geben aber die gleiche Antwort.

Insgesamt kann also festgehalten werden, dass das Selbstkonzept durch hohe Lernfreude und niedrige Angst gestärkt wird und dass umgekehrt durch niedrige Lernfreude und hohe Angst das Selbstkonzept gesenkt wird. Dies ist deshalb bedeutsam, weil diese beiden Emotionen als Mediator über das Selbstkonzept einen bedeutsamen Einfluss auf die Leistung ausüben.

6   Diskussion der Ergebnisse

Wenn man fragt, wie Kindern die schwierige Übergangsphase vom Kindergarten in die Institution Schule erleichtert werden kann, spricht viel dafür, dass positive Lerneinstellungen als Puffer oder als Schutzfaktor (vgl. Wustmann 2003) dienen können. Auch wenn Hasselhorn (2005) die normalerweise sehr günstigen motivationalen Lernvoraussetzungen für das erfolgreiche Bewältigen von Lernprozessen am Schulanfang herausstellt, scheint es gerade für Risikokinder (vgl. Kammermeyer & Martschinke, in diesem Band) lohnenswert, nach Unterrichtsmaßnahmen zu suchen, die die Chancen für eine positive emotionale Entwicklung erhöhen.

Die Bedeutsamkeit von ausreichend Freiheitsspielräumen und von einer individuellen Bezugsnorm konnte für die Selbstkonzeptförderung in der ersten Klasse belegt werden (vgl. Kammermeyer & Martschinke 2003, 2004). Für den emotionalen Bereich stehen solche Ergebnisse für die erste Klasse noch aus, für die dritte und vierte Klasse liegen sie bereits vor. Zumindest für Klassen mit hoher Unterrichtsqualität, aber auch mit positivem Sozialklima sowie mit einer hohen Anzahl von Freiheitsspielräumen (vgl. Helmke 1997, 75) gibt es analog zum Selbstkonzept einen hohen Zusammenhang mit der Entwicklung der Lernfreude.

Literatur

Arbuckle, J. L. (2003): Amos 5.0 Update to the Amos User's Guide. Chicago: Small Waters Corp.

Byrne, B. M. (2001): Structural equation modeling with AMOS. Basic concepts, applications, and programming. London: Lawrence Erlbaum Associates.

Hasselhorn, M. (2005): Lernen im Altersbereich zwischen 4 und 8 Jahren: Individuelle Voraussetzungen, Entwicklung, Diagnostik und Förderung. In: Guldimann, T./Hauser, B.: Bildung 4- bis 8-jähriger Kinder. Münster: Waxmann, S. 77-88.

Haußer, K. (1995): Identitätspsychologie. Berlin: Springer.

Helmke, A. (1992): Selbstvertrauen und schulische Leistungen. Göttingen: Hogrefe.

Helmke, A. (1993): Die Entwicklung der Lernfreude vom Kindergarten bis zur 5.Klassenstufe. In: Zeitschrift für Pädagogische Psychologie, 7, S. 77-86.

Helmke, A. (1998): Vom Optimisten zum Realisten? Zur Entwicklung des Fähigkeitsselbstkonzeptes vom Kindergarten bis zur 6.Klassenstufe. In: Weinert, F. E. (Hrsg.): Entwicklung im Kindesalter. Weinheim: Psychologie Verlags Union, S. 115-132.

Helmke, A./Weinert, F. E. (1997): Unterrichtsqualität und Leistungsentwicklung: Ergebnisse aus dem SCHOLASTIK-Projekt. In: Weinert, F. E./Helmke, A. (Hrsg.): Entwicklung im Grundschulalter. Weinheim: Psychologie Verlags Union, S. 241-252.

Hu, L./Bentler, P. M. (1998): Fit indices in covariance structure modeling: Sensitivity to underparameterized model misspecification. In: Psychological Methods, 3, S. 424-453.

Hu, L./Bentler, P.M.(1999): Cutoff criteria for fit indices in covarinace structure analysis : Conventional criteria versus new alternatives. In: Structural Equation Modeling: A Multidisciplinary Journal, 1999, S. 1-55.

Jerusalem, M./Pekrun, R. (Hrsg.)(1999): Emotion, Motivation und Leistung. Göttingen: Hogrefe.

Kammermeyer, G./Martschinke, S. (2003): Schulleistung und Fähigkeitsselbstbild im Anfangsunterricht – Universelle Beziehungen oder kontextspezifische Zusammenhänge. Ergebnisse aus dem KILIA-Projekt. In: Empirische Pädagogik, 4, S. 486-503.

Kammermeyer, G./Martschinke, S. (2004): KILIA – Selbstkonzept- und Leistungsentwicklung im Anfangsunterricht. In: Faust, G./Götz, M./Hacker, H./Roßbach, H.-G. (Hrsg.): Anschlussfähige Bildungsprozesse im Elementar- und Primarbereich. Bad Heilbrunn: Klinkhardt, S. 204-217.

Kammermeyer, G./Martschinke, S. (in Vorb.): Selbstkonzept- und Leistungsentwicklung in der Grundschule.

Krajewski, K./Küspert, P./Schneider, W. (2002): Deutscher Mathematiktest für erste Klassen (DE-MAT 1+). Göttingen: Hogrefe.

Krajewski, K./Liehm, S./Schneider, W. (2004). Deutscher Mathematiktest für zweite Klassen (DE-MAT 2+). Göttingen: Hogrefe.

Krapp, A. (1997): Selbstkonzept und Leistung – Dynamik ihres Zusammenspiels: Literaturüberblick. In: Weinert, F. E./Helmke, A. (Hrsg.): Entwicklung im Grundschulalter. Weinheim: Psychologie Verlags Union, S. 325 – 339.

Little, T. D./Cunningham, W. A./Shahar, G./Widaman, K. F. (2002): To parcel or not to parcel: Exploring the question, weighing the merits. In: Structural Equation Modeling, 2002, S. 151-173.

Martschinke, S./Kammermeyer, G. (2003): Jedes Kind ist anders. Jede Klasse ist anders. Ergebnisse aus dem KILIA-Projekt zur Heterogenität im Anfangsunterricht. In: Zeitschrift für Erziehungswissenschaft, 2, S. 257-275.

Pekrun, R. (1998): Schüleremotionen und ihre Förderung: Ein blinder Fleck in der Unterrichtsforschung. In: Psychologie in Erziehung und Unterricht, 3, S. 230 – 248.

Pekrun, R./Hofmann, H. (1999). Lern- und Leistungsemotionen: Erste Befunde eines Forschungsprogramms. In: Jerusalem, M./Pekrun, R (Hrsg.): Motivation, Emotion und Leistung. Göttingen: Hogrefe S. 247-267.

Pektrun, R./Jerusalem, M. (1996): Leistungsbezogenes Denken und Fühlen. Eine Übersicht zur psychologischen Forschung. In: Möller, J./Köller, O. (Hrsg.): Emotionen, Kognitionen und Schulleistung. Weinheim: Beltz, Pschychologie Verlags. Union, S. 3 – 22.

Schnabel, K. (1998): Prüfungsangst und Lernen. Münster: Waxmann.

Schneider, W./Knopf, M. (Hrsg.)(2004): Entwicklung, Lehren und Lernen. Göttingen: Hogrefe.

West, S. G./Finch, J. F./Curran, P. J. (1995): Structural equation models with nonnormal variables: Problems and remedies. In: Hoyle, R. H. (Hrsg.): Structural equation modeling: Concepts, issues, and applications. Thousand Oaks: CA, S. 56-75.

Wustmann, C. (2003): Was Kinder stärkt. Ergebnisse der Resilienzforschung und ihre Bedeutung für die pädagogische Praxis. In: Fthenakis, W. E. (Hrsg.): Elementarpädagogik nach PISA. Freiburg: Herder, S. 106-135.

Van Luit, J. E. H./Van de Rijt, B. A. M./Hasemann, K. (2001): Osnabrücker Test zur Zahlbegriffsentwicklung. Göttingen: Hogrefe.

Zur Entwicklung von Risiko- und Sorgenkindern in der Grundschule

Gisela Kammermeyer, Sabine Martschinke und Kerstin Drechsler

Zusammenfassung

Im Rahmen der KILIA-Studie (Kooperationsprojekt Identitäts- und Leistungsentwicklung im Anfangsunterricht), die als Längsschnittstudie durch die gesamte Grundschulzeit weitergeführt wurde, wird zum Einen der Frage nachgegangen, wie sich 21 „Risikokinder" entwickeln, die am Anfang der Grundschulzeit aufgrund geringer Lernvoraussetzungen in der Ausgangsstichprobe von N= 409 identifiziert wurden, und wie diese Entwicklung erklärt werden kann. Zum anderen wird untersucht, welche Faktoren dazu beigetragen haben, dass am Ende der Grundschulzeit 15 Kinder als Schulversager bezeichnet werden können, diese Kinder werden als „Sorgenkinder" genannt. Für die Analysen wird das aus der klinischen Psychologie stammende Risiko- und Schutzfaktorenkonzept herangezogen. Dieses wird um schulische risikofördernde und risikomildernde Faktoren, auf die pädagogisch Einfluss genommen werden kann, angereichert. Besonderes Augenmerk wird auf die Bedeutung des Migrationsstatus gelegt.

1   Problemkontext und Fragestellung

Die Suche nach Möglichkeiten, Kinder vor Schulversagen zu bewahren, beschäftigt Pädagogen seit langem. Hierzu ist es notwendig, Einflussfaktoren zu identifizieren, die dazu beitragen, dass sich Kinder zu Risiko- oder Sorgenkindern entwickeln. Kinder kommen bereits mit den unterschiedlichsten Voraussetzungen in die Schule (vgl. Martschinke & Kammermeyer 2003) und haben deshalb keine gleichen Startchancen für eine erfolgreiche Schullaufbahn. Aber auch Kinder mit günstigen Startbedingungen können zu Schulversagern werden, weil verschiedene Risikofaktoren die kindliche Entwicklung bedrohen. Dies ist aber nur die eine Seite der Medaille. Es gibt erfreulicherweise auch Kinder, die trotz ungünstiger Ausgangsbedingungen und/oder trotz objektiver Belastungen die Grundschule erfolgreich durchlaufen. Bei der Entwicklung dieser Kinder wirken vermutlich neben risikoerhöhenden auch risikomildernde Faktoren. Je mehr über das komplexe Bündel von Risiko- und Schutzfaktoren für die schulische Entwicklung bekannt ist, desto besser sind die Chancen, geeignete Maßnahmen zur Reduktion von Risiko- und zur Stärkung von Schutzfaktoren einzuleiten.

Im Folgenden wird die Entwicklung von zwei Schülergruppen analysiert, die Entwicklung der „Risikokinder" mit ungünstigen Lernvoraussetzungen am Schulanfang und die Entwicklung der „Sorgenkinder", die am Ende der Grundschulzeit zu den Schulversagern gehören. Ein besonderer Fokus wird jeweils auf die Kinder mit Migrationshintergrund gelegt.

2   Forschungsstand

Zur Erklärung der Entwicklungsverläufe in der Grundschule wird auf das aus der klinischen Psychologie stammende Konzept der Risiko- und Schutzfaktoren sowie auf das darin integrierte Resilienzkonzept zurückgegriffen. Die zentralen risikomildernden und risikofördernden Faktoren werden von Petermann et al. (2004), aufbauend auf Laucht et al. (1997), prägnant zusammengefasst wird. Diese Aufstellung wird für die vorliegende Fragestellung um die schulische Perspektive erweitert.

2.1   Risikoerhöhende Faktoren

Als risikoerhöhende Faktoren bezeichnen Petermann et al. (2004, S. 323) Bedingungen, deren Auftreten die Wahrscheinlichkeit für eine fehlangepasste Entwicklung erhöhen. Sie unterscheiden kindbezogene (z. B. Temperament) und umgebungsbezogene risikoerhöhende Faktoren (z.B. familiäre Belastungen).

Bei den kindbezogenen Faktoren werden von Petermann et al. (2004) u.a. schwieriges Temperament oder niedrige Intelligenz genannt. In Bezug auf die weitere Schullaufbahn sind aus heutiger Perspektive vor allem aber die Lernvoraussetzungen am Schulanfang herauszustellen. Der Schulerfolg im Lesen und im Rechtschreiben hängt in hohem Maße von der phonologischen Bewusstheit (vgl. Schneider & Näslund 1998) ab, der Schulerfolg in Mathematik vom mengen- und zahlenbezogenen Vorwissen (vgl. Krajewski 2003). Kinder, die in diesen Bereichen ungünstige Startbedingungen aufweisen, haben aufgrund der genannten Studien ein erhöhtes Risiko, in der Schule zu versagen.

Übergänge sind besonders vulnerable Phasen. Der Übergang vom Kindergarten in die Grundschule wird in der Grundschulpädagogik als kritisches Lebensereignis bezeichnet (vgl. Einsiedler 1988). Nach einer Untersuchung von Beelmann (2000) kann ein Drittel der Schulanfänger zu den Risikokindern gezählt werden. Die Bewältigung dieses Übergangs hängt u.a. auch von personalen Resilienzfaktoren ab. Obwohl Holtmann und Schmidt (2004) betonen, dass die bloße Abwesenheit eines Schutzfaktors nicht einfach als Risikofaktor zu werten ist, werden ein sehr niedriges Selbstkonzept, sehr geringes Selbstvertrauen und sehr geringe Selbstwirksamkeitserwartungen hier als Risikofaktoren bezeichnet. Dies wird damit begründet, dass bei den meisten Schulanfängern diese Übergangsbewältigungsfähigkeiten sehr hoch ausgeprägt sind (v.a. das Selbstkonzept ist stark überhöht). Gestützt wird diese Argumentation durch das Ergebnis unserer KILIA-Studie, dass in der ersten Klasse das Selbstkonzept kausale Auswirkungen auf die Leistung hat (vgl. Kammermeyer & Martschinke, eingereicht).

Aufgrund der weniger erfolgreichen Schulabschlüsse von Kindern mit Migrationshintergrund kann weiterhin davon ausgegangen werden, dass der Migrationshintergrund in Kombination mit anderen Faktoren, v. a. mit Sprachproblemen, ebenfalls zu problematischen Entwicklungsverläufen führen kann (vgl. Speck-Hamdan 1999).

Bei den umgebungsbezogenen Risikofaktoren sind als erstes familiäre Faktoren zu nennen. Hier sind nach Petermann et al. (2004, S. 333) die Beziehungsqualität und die Interaktion mit den Eltern zentral. In der Mannheimer Längsschnittstudie konnten Laucht et al. (2000) zeigen, dass sich familiäre Belastungen auf die kognitive und sozial-emotionale Entwicklung ungünstig auswirken. Da familiäre risikoerhöhende Faktoren von der Schule kaum beeinflusst werden können, ist es pädagogisch bedeutsam, ob bzw. welche risikomildernden schulischen Faktoren abpuffernd wirken können.

Bei den umgebungsbezogenen risikoerhöhenden Faktoren wird von Petermann et al. (2004) die Schule nicht einbezogen. Keogh (1999) fordert aufgrund der starken Auswirkungen von Schule auf die Entwicklung des Kindes, dass schulische Faktoren in Studien zu Risiko- und Schutzfaktoren stärker berücksichtigt werden sollten. Risikoerhöhend wirkt sich vermutlich der Klassenkontext aus, weil die Zusammensetzung der Schülerschaft das Lehrerverhalten und die Unterrichtsqualität beeinflussen kann (vgl. Helmke & Weinert 1997, S. 96). Hierbei ist es wahrscheinlich nicht ein einzelner Einflussfaktor, der sich ungünstig auswirkt, sondern die Kumulation von ungünstigen Klassenkontextfaktoren (z.B. große Klasse, schwieriges Einzugsgebiet, fehlende Elternunterstützung, viele Kinder mit Sprach, Lern- und Verhaltensschwierigkeiten sowie viele Wiederholer und zurückgestellte Kinder in der Klasse). Die Heterogenität der genannten Klassenkontextfaktoren im Anfangsunterricht wird von Martschinke et al. (2002) beschrieben.

Als risikoerhöhender Faktor für die weitere Persönlichkeitsentwicklung können sich die Ablehnung von Gleichaltrigen bzw. ein problematisches Schüler-Schüler-Klima in der neuen Bezugsgruppe Klasse herausstellen, wie Petillon

(1993) in seiner Studie zum Sozialleben des Schulanfängers zeigen konnte. Auch ein ungünstiges Klassenklima, das neben einem problematischen Schüler-Schüler-Klima durch ein belastetes Lehrer-Schüler-Klima und hohen Leistungsdruck gekennzeichnet ist, kann vermutlich zusätzlich risikoerhöhend wirken.

Tabelle 1 gibt einen Überblick über risikoerhöhende Faktoren, die für die weitere schulische Entwicklung als bedeutsam erachtet werden. Sie knüpft an die Zusammenstellung von Petermann et al. (2004, S. 344) an und erweitert sie durch (kursiv dargestellte) Aspekte, die im Zusammenhang mit Schule bedeutsam sind (z.B. geringe Lernvoraussetzungen). Risikofaktoren, über die von Lehrkräften und Kindern keine direkte Auskunft zu erhalten ist (z.B. Bindungsorganisation), wurden nicht aufgenommen.

Tab. 1: Risikoerhöhende Faktoren

		Risikoerhöhende Faktoren
Personal	allge-mein	*Geringe Lernvoraussetzungen*
		Migrationshintergrund und Sprachprobleme
		schwieriges Temperament
		neuropsychologische Defizite
		chronische Erkrankungen
	Resilienz	*Geringes Selbstkonzept*
		Geringes Selbstwertgefühl
		Geringe Selbstwirksamkeit
		Negatives Sozialverhalten
familiär		Niedriger sozioökonomischer Status
		niedriges Bildungsniveau der Eltern
		chronische familiäre Disharmonie
		Ein-Eltern-Familie
schulisch		Ablehnung durch Gleichaltrige
		Belastungen durch den Klassenkontext (z.B. sehr große Klasse)
		Negatives Klassenklima (z.B. hoher Leistungsdruck, ungünstiges Lehrer-Schüler-Klima)

2.2 Risikomildernde Faktoren

Bedingungen, die der Wirkung risikoerhöhender Bedingungen entgegen wirken, werden als risikomildernde Faktoren oder als Schutzfaktoren bezeichnet. Sie werden von Petermann et al. (2004, S. 344) prägnant zusammengefasst. Der Begriff „Schutzfaktor" ist nur im Zusammenhang mit Risikofaktoren sinnvoll. Hinter diesem Konzept steht die Vorstellung einer Pufferwirkung: Risikoeffekte

143

werden durch protektive Faktoren gemindert, fehlen solche Faktoren, dann kommt der Risikofaktor voll zum Tragen (vgl. Laucht et al. 1997). Geringe Lernvoraussetzungen am Schulanfang könnten beispielsweise durch effektive und sensible Hausaufgabenunterstützung durch die Eltern bzw. durch einen auf die fehlenden Lernvoraussetzungen abgestimmten Förderunterricht aufgefangen werden.

Eine besondere Bedeutung bei den risikomildernden Faktoren haben personale Ressourcen (vgl. Petermann et al. 2004, S. 351) (z.B. Temperament). Die widerstandsfähigen bzw. resilienten Kinder haben Temperamentseigenschaften, die bei anderen Personen positive Reaktionen auslösen. Werner (1997) stellt als besonders auffällige protektive Faktoren internale Kontrollüberzeugungen und ein positives Selbstkonzept heraus. Laucht et al. (1997) führen als Resilienzfaktoren darüber hinaus positives Sozialverhalten, ein positives Selbstwertgefühl sowie aktives Bewältigungsverhalten an. Bei Migrantenkindern können vermutlich gute Sprachfähigkeiten als risikomildernd angesehen werden. Die Grundschullehrer der resilienten Kinder in der Kauaistudie von Werner (1997) waren beeindruckt von den kommunikativen und praktischen Problemlösefähigkeiten dieser Kinder. Im Zusammenhang mit dem Übergang vom Kindergarten in die Grundschule kommt den Resilienzfaktoren, wie bereits bei den risikoerhöhenden Faktoren ausgeführt, eine besondere Bedeutung zu. Die Bedeutung der Lernfreude für die Leistungsentwicklung wird von Martschinke und Kammermeyer (in diesem Band) belegt.

Bei den familiären Faktoren wird ein unterstützendes Familienklima grundsätzlich als risikomildernd angesehen. Im Zusammenhang mit schulischen Leistungsanforderungen, die sich durch die Hausaufgabensituation auf die Familie auswirken, kommt der Unterstützung durch die Eltern vermutlich eine zusätzliche Bedeutung zu.

Widerstandsfähige Kinder in der Studie von Werner (1997, S. 198) hatten die Chance, eine enge Bindung zu mindestens einer kompetenten und stabilen Person aufzubauen. Diese kann auch die Lehrkraft sein. Alle widerstandsfähigen Kinder hatten in der Kauai-Längsschnittstudie mindestens einen Lehrer, der sich für sie interessierte, sie herausforderte und sie motivierte. Die Schule wurde für diese Kinder zu einem Zufluchtsort vor einem chaotischen Elternhaus. Im Hinblick auf die schulische Entwicklung sind vermutlich auch Merkmale der Unterrichtsgestaltung (z.B. Individualisierung) bedeutsam. Hier dürfte vor allem abpuffernd wirken, wenn in der Schule die psychischen Grundbedürfnisse („human basic needs", vgl. Krapp & Ryan 2002) Kompetenzerfahrung, Autonomie, und soziales Eingebundensein befriedigt werden. Dies wird von Lehrkräften erfüllt, wenn sie den Kindern Freiheitsspielräume und Kooperationsmöglichkeiten eröffnen, häufig Differenzierungsphasen durchführen und sich bei der Leistungsbewertung an einer individuellen Bezugsnorm orientieren. Die Bedeutung von Freiheitsspielräumen und (weniger deutlich) Bezugsnormorientierung als „Stellschrauben" für den Zusammenhang von Leistung und Selbstkonzept konnte für den Anfangsunterricht von Kammermeyer und Martschinke (2003) belegt werden. Eine günstiger Klassenkontext (z.b. kleine Klasse mit hoher Elternunterstützung ohne „Problemkinder") sowie ein positives Klassenklima können möglicherweise zusätzlich abpuffernd wirken.

Tabelle 2 gibt, wieder auf Petermann et al. (2004, S. 344) aufbauend, einen Überblick über risikomildernde Faktoren. Entsprechend der Tabelle zu den risikoerhöhenden Faktoren wird diese ebenfalls durch schulische Einflussfaktoren (kursiv) ergänzt bzw. im Hinblick auf die vorliegende Studie leicht abgewandelt.

Tab. 2: Risikomildernde Faktoren

		Risikomildernde Faktoren
personal	allgemein	Positives Temperament (flexibel, aktiv, offen) Überdurchschnittliche Intelligenz Spezielle Talente und Interesse an Hobbies *Hohe Lernfreude*
	Resilienz	*Positives Selbstkonzept* *Hohes Selbstwertgefühl* *Hohe Selbstwirksamkeit* Positives Sozialverhalten Positive Gleichaltrigenbeziehungen Gute Sprachfähigkeiten Aktives Bewältigungsverhalten
familiär		Offenes, unterstützendes Erziehungsklima Familiärer Zusammenhalt, Stabile emotionale Beziehung zu einer Bezugsperson Gute Ausbildung und Kompetenzen der Mutter
schulisch		*Günstiger Klassenkontext (z.B. kleine Klasse),* *Positives Klassenklima (z.B. positives Lehrer-Schüler-Klima,* *Schüler-Schülerklima, geringer Leistungsdruck)* *Zusätzliche Förderung (Förderlehrerin)* *Günstige Gestaltung des Anfangsunterrichts (z.B. viele Freiheitsspielräume und Kooperationsmöglichkeiten)* *Günstige Lehrereinstellungen (z.B. individuelle Bezugsnormorientierung)*

3 Empirische Untersuchung

In der vorliegenden Studie werden risikoerhöhende und -mildernde Bedingungen bei kleinen Stichproben ausgesuchter Kinder mit hohem Risiko für eine fehlangepasste schulische Entwicklung bzw. bereits misslungener Entwicklung untersucht. Besonderes Augenmerk wird dabei auf die Faktoren gelegt, die schulisch beeinflusst werden können. Als zentraler risikoerhöhender Faktor werden geringe Lernvoraussetzungen am Schulanfang und als zentrale risiko-mildernde Faktoren die Resilienzfaktoren Selbstkonzept, Selbstwertgefühl und Selbstwirksamkeit untersucht. Der Stellenwert dieser Faktoren muss aber im Zusammenspiel mit weiteren personalen und familiären Faktoren gesehen werden.

3.1 Fragestellung

Es wird folgenden Fragen nachgegangen:
- Wie entwickeln sich „Risikokinder", die am Anfang der Grundschulzeit aufgrund geringer Lernvoraussetzungen identifiziert wurden, und wie kann diese Entwicklung erklärt werden?
- Wie entwickeln sich Sorgenkinder, die am Ende der Grundschulzeit zu den Schulversagern gehören, und wie kann diese Entwicklung erklärt werden?
- Sind Migrantenkinder besonders häufig Risiko- und Sorgenkinder?

3.2 Stichprobe

KILIA startete in den ersten Schulwochen der ersten Klasse im Herbst 2000 und endete mit der Grundschulzeit der befragten Kinder im Sommer 2004. An der Studie nahmen insgesamt 409 Schüler aus 32 Klassen mit ihren Lehrerinnen teil. Da neben quantitativen auch qualitative Daten erhoben werden sollten, wurden aus jeder Klasse per Zufall acht Kinder ausgewählt. Zu diesen 256 Zielkindern wurden zusätzlich zu den quantitativen Daten in sechs Lehrerinterviews differenzierte Informationen zur individuellen Entwicklung erhoben.
Als „Risikokinder" werden die 21 Zielkinder bezeichnet, die am Schulanfang nur geringe Lernvoraussetzungen für den Schriftspracherwerb und für Mathematik hatten (Prozentrang < 20), als „Sorgenkinder" werden die 15 Zielkinder genannt, die am Ende der Grundschulzeit zu den Schulversagern gehörten, weil sie in der vierten Klasse in den beiden Hauptfächern Deutsch und Mathematik bestenfalls die Note „ausreichend" erzielten (vgl. Abbildung 1).

Von den acht „Risikokindern", die regulär das Ende der Grundschulzeit erreichen, gehören vier Kinder zu den „Sorgenkindern" bzw. Schulversagern mit
Noten ≥ 4 in Deutsch und Mathematik. Abbildung 1 verdeutlicht die Stichprobe.

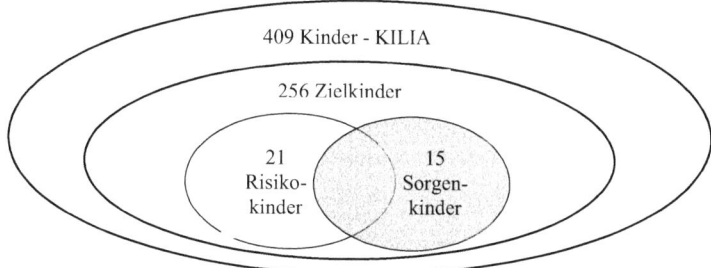

Abb. 1: Überblick über „Risikokinder" und „Sorgenkinder"

3.3 Erhebungsinstrumente

Für die Beantwortung der Fragestellungen stehen sowohl quantitative als auch
qualitative Daten zur Verfügung, eine ausführliche Beschreibung der Anlage der
KILIA-Studie und der einzelnen Erhebungsinstrumente findet sich in Martschinke et al. (2002).

Die Lernvoraussetzungen am Schulanfang, das zentrale Auswahlkriterium
für die „Risikokinder", wurden mit Testverfahren erhoben. Die phonologische
Bewusstheit als wichtigste Vorläuferfähigkeit für den Schriftspracherwerb wurde mit dem Rundgang durch Hörhausen von Martschinke et al. (2002), die
Zahlbegriffsentwicklung als Vorläuferfähigkeit für Mathematik mit dem Osnabrücker Test zur Zahlbegriffsentwicklung (OTZ) von Van Luit et al. (2001)
erfasst.

Der Schulerfolg bzw. das Schulversagen am Ende der Grundschulzeit, das
zentrale Auswahlkriterium für die „Sorgenkinder", wurde anhand der Noten in
Deutsch und Mathematik festgestellt.

Die Resilienzfaktoren Selbstkonzept, Selbstwertgefühl und Selbstwirksamkeit wurden mit selbst erstellten Fragebögen erfasst. Diese wurden in jeder
Klassenstufe mindestens einmal im Einzelinterview eingesetzt und verwenden
ein auf Harter und Pike (1981) beruhendes zweistufiges Antwortformat für eine
vierstufige Ratingskala.

Differenzierte Informationen zum individuellen Entwicklungsverlauf der Kinder stammen aus sechs leitfadengestützten Interviews mit den Klassenlehrkräften, bei denen systematisch nach der Entwicklung der einzelnen Zielkinder und nach wichtigen Einflussfaktoren gefragt wurde.

4 Ergebnisse

4.1 Wie entwickeln sich „Risikokinder", die am Anfang der Grundschulzeit aufgrund geringer Lernvoraussetzungen identifiziert wurden, und wie kann diese Entwicklung erklärt werden?

Im ersten Schritt wurde der Frage nachgegangen, wie viele „Risikokinder" einen Migrationshintergrund und/oder Sprachprobleme haben. Die Information über den Migrationshintergrund wurde aus den Lehrerinterviews entnommen und in Anlehnung an PISA (mindestens ein Elternteil stammt nicht aus Deutschland) festgelegt.

Tab. 3: „Risikokinder" – Kinder mit Migrationshintergrund und/oder Sprachproblemen am Anfang der Schullaufbahn (N=21)

Migrations-hintergrund \ Sprachprobleme	*mit* Migrations-hintergrund	*ohne* Migrations-hintergrund	gesamt
mit Sprachproblemen	*4*	*0*	4
ohne Sprachprobleme	*5*	*12*	17
gesamt	9	12	21

Wie aus Tabelle 3 ersichtlich wird, haben von den 21 „Risikokindern" am Schulanfang neun Kinder einen Migrationshintergrund, vier davon haben nach Auskunft der Lehrerin Sprachprobleme. Überraschend ist zum einen, dass bei der Hälfte der Kinder die Lehrerin im Interview keine Sprachprobleme angibt, und dass 12 Kinder, die Hälfte der Risikokinder, nach Auskunft der Lehrerin weder einen Migrationshintergrund noch Sprachprobleme haben. Dies deutet darauf hin, dass weitere risikoerhöhende Faktoren bedeutsam sind.

Im nächsten Schritt wurde analysiert, wie viele der am Schulanfang identifizierten „Risikokinder" ihre Grundschulzeit ohne Selektion durchliefen (Zurückstellung, Wiederholung, Überweisung in Förderschule). Da von den 21 Risikokindern im Laufe der Grundschulzeit fünf Kinder umgezogen sind, können sie in diese Auswertung nicht einbezogen werden, es können zuverlässige Angaben lediglich über die 16 noch verbliebenen Risikokinder gemacht werden. Tabelle 4 gibt einen Überblick über die Selektionsmaßnahmen dieser „Risikokinder".

Tab. 4: Selektionsmaßnahmen bei den Risikokindern

			Migranten-kinder
Risikokinder		21	9
Umzug		5	3
Diagnose- und Förderklasse	nach 1. Klasse	2	0
	nach 2. Klasse	1	1
Wiederholung	nach 1. Klasse	2	0
	nach 2. Klasse	2	2
	nach 3. Klasse	1	1
Verbleibende Risikokinder am Ende der Grundschulzeit		8	2

Es erreichen nur acht „Risikokinder" ohne Selektion das Ende der Grundschulzeit. Dies sind vor allem Kinder ohne Migrationshintergrund und Sprachprobleme. Lediglich zwei Kinder der am Ende in der Grundschule verbliebenen „Risikokinder" haben einen Migrationshintergrund. Es zeigt sich ferner, dass die Selektionsmaßnahmen vor allem in den ersten beiden Grundschuljahren ergriffen werden.

Im zweiten Schritt wurde die Frage untersucht, welche Kinder trotz geringer Lernvoraussetzungen erfolgreich sind. Es wurden vier „Risikokinder" identifiziert, die in Deutsch und Mathematik am Ende der vierten Klasse die Note 3 erreichten und deshalb als „Aufsteiger" bezeichnet werden können. Möglicherweise sind unter den fünf verzogenen Kindern noch weitere Aufsteigerkinder. Tabelle 5 verdeutlicht das Zusammenspiel von risikoerhöhenden und risikomildernden Faktoren in der Grundschule am Beispiel der Entwicklung des „Aufsteigerkindes" Markus (603). Die Daten stammen aus Lehrerinterviews, aus Einzelerhebungen des Kindes mittels Fragebogen und aus dem Unterrichtstagebuch der Lehrerin (vgl. Martschinke et al. 2002).

Als risikoerhöhende Faktoren liegen bei Markus neben den geringen Lernvoraussetzungen am Schulanfang vor allem familiäre Probleme vor. Diese werden vermutlich abgepuffert durch risikomildernde personale Faktoren, vor allem sein aus Lehrersicht positives Temperament und sein positives Sozialverhalten sowie seine über die gesamte Grundschulzeit gleich bleibend hohe Selbstwirksamkeit und Lernfreude. Zusätzlich werden die risikoerhöhenden Faktoren abgepuffert durch risikomildernde schulische Faktoren, durch die Anerkennung in der Klasse, das positive Klassenklima und die Unterrichtsgestaltung. Diese ist im Anfangsunterricht durch häufige Differenzierungsphasen, viele Freiheits- spielräume und viele Kooperationsmöglichkeiten gekennzeichnet. Markus ist in einer Klasse, die aufgrund der Analyse des Klassenkontextes von Martschinke et al. (2002) insgesamt als nicht auffällig bezeichnet werden kann. Aufgrund der dargestellten risikoerhöhenden und risikomildernden Faktoren ist nachvollzieh- bar, dass sich Markus zu einem „Aufsteiger" entwickelt hat.

Tab. 5: Risikoerhöhende und risikomildernde Faktoren bei „Aufsteigerkind" Markus (603)

		risikoerhöhende Faktoren	risikomildernde Faktoren
Per- so- nal	allge- mein		Lehreraussage am Schulanfang: hohe Intelligenz (1) Positives Temperament (1) Gleichbleibend hohe Lernfreude (2)
	Resi- lienz	Ab 2. Klasse negatives Selbstwert- gefühl und negatives Selbstkonzept in Mathematik und im sozialen Bereich (2)	Positives Sozialverhalten (1) Gleichbleibend hohe Selbst- wirksamkeit (2)
familiär		Chronische familiäre Disharmonie (1), Ein-Eltern-Familie (1), keine häusliche Unterstützung (1)	
schulisch			Anerkennung in der Klasse (1), Positives Klassenklima (2) Gestaltung des Anfangsunter- richts: Häufige Differenzierung, viele Freiheitsspielräume, viele Kooperationsmöglichkeiten (3)

(1) Lehrerinterview, (2) Schülerbefragung, (3) Unterrichtstagebuch

4.2   *Wie entwickeln sich „Sorgenkinder", die am Ende der Grundschulzeit zu den Schulversagern gehören, und wie kann diese Entwicklung erklärt werden?*

Als „Sorgenkinder" werden die Kinder bezeichnet, die am Ende der Grund- schulzeit zu den Schulversagern gehören und die Noten ≥ 4 in Deutsch und Mathematik erhalten. Im ersten Schritt wird analysiert, wie viele Kinder mit

Migrationshintergrund und/oder Sprachproblemen zu den „Sorgenkindern" gehören.

Tab. 6: „Sorgenkinder" – Kinder mit Migrationshintergrund und Sprachproblemen am Anfang der Schullaufbahn (N=15)

Migrations- hintergrund Sprachprobleme	*mit* Migrations- hintergrund	*ohne* Migrations- hintergrund	gesamt
mit Sprachproblemen	4	0	4
ohne Sprachprobleme	2	9	11
gesamt	6	9	15

Tabelle 6 zeigt, dass sechs Kinder einen Migrationshintergrund und vier nach Auskunft der Lehrerin Sprachprobleme haben. Neun „Sorgenkinder" haben weder einen Migrationshintergrund noch Sprachprobleme. Dieses Ergebnis weist ebenfalls darauf hin, dass weitere potentielle Risikofaktoren gesucht werden müssen.

Lediglich vier dieser 15 „Sorgenkinder" hatten am Schulanfang sehr geringe Lernvoraussetzungen, gehören deshalb auch zu den „Risikokindern" (vgl. Abb. 1). Sieben der 15 „Sorgenkinder" hatten jedoch günstige Lernvoraussetzungen. Die ungünstige schulische Entwicklung kann also nicht auf fehlende Lernvoraussetzungen zurückgeführt werden. Bei diesen Kindern ist anzunehmen, dass im Zusammenspiel von risikoerhöhenden und risikomildernden Faktoren die risikoerhöhenden überwiegen. Die Suche nach Einflussfaktoren erscheint deshalb bei diesen Kindern besonders lohnend und wird im nächsten Schritt vorgenommen. Drei dieser sieben Kinder haben einen Migrationshintergrund.

4.2.1 Risikoerhöhende Faktoren

Die Analyse ergibt erwartungsgemäß, dass bei allen sieben „Sorgenkindern" risikoerhöhende Faktoren festgestellt werden können. *Personale Faktoren*: In den freien Schülerbeschreibungen durch die Lehrkraft werden vier Kinder, Umut (206), Silvia (1010), Michael (3103), Anna (3107) von ihrem Temperament her als schwierig beschrieben, zwei Kinder (Umut und Ayse (2907)) sind Migrantenkinder mit Sprachproblemen, ein Kind (Florian (1802)) hat neuropsychologische Defizite, ein Kind (Silvia) ist nach Ansicht der Lehrerin entwicklungsverzögert. Von negativem und damit risikoerhöhendem

Sozialverhalten berichten die Lehrerkräfte bei Umut, Michael und Anna. Hinzu kommt, dass bei allen sieben „Sorgenkindern" (Ausnahme Ayse) aus den Schülerbefragungen Informationen darüber vorliegen, dass bei ihnen am Schulanfang die Resilienzfaktoren Selbstkonzept, Selbstwertgefühl oder Selbstwirksamkeit in mindestens einem Bereich sehr gering ausgeprägt waren.

Familiäre Faktoren: Bei fünf von sieben „Sorgenkindern" (Umut, Susanne (522), Florian, Michael und Anna) gibt es nach Auskunft der Lehrkräfte sehr große familiäre Probleme.

Schulische Faktoren: Drei Kinder (Umut, Silvia und Ayse) sind in Klassen, deren Klassenkontext als sehr belastet beurteilt werden kann. Das Lehrer-Schüler-Klima verschlechtert sich bei zwei Kindern (Michael und Anna) nach ihrer Auskunft im Laufe des ersten Schuljahres.

4.2.2 Risikomildernde Faktoren

Bei allen Kindern, mit Ausnahme von Anna, können auch risikomildernde Faktoren identifiziert werden.

Personale Faktoren: Zwei Kinder (Susanne und Ayse) werden von ihren Lehrerinnen als ruhig beschrieben, ihr Temperament wird als risikomildernd eingeschätzt. Bei zwei Kindern berichten sie von positivem Sozialverhalten (Ayse und Florian). Positive soziale Beziehungen zu Gleichaltrigen haben drei Kinder (Ayse, Florian, Umut). Risikomildernde Resilienzfaktoren, das sind während der gesamten Grundschulzeit gleich bleibend hohe Werte hinsichtlich Selbstkonzept, Selbstwertgefühl oder Selbstwirksamkeit, werden in den Schülererhebungen nur von einem einzigen Kind (Michael) mitgeteilt, eine gleich bleibend hohe Lernfreude gibt Ayse an.

Familiäre Faktoren: Informationen, die als familiäre Schutzfaktoren gewertet werden können, finden sich lediglich bei zwei Kindern (Ayse und Silvia) in den Lehrerinterviews.

Schulische Faktoren: Ein Kind (Florian) besucht eine Klasse, die aufgrund der Kontextfaktoren nach Auskunft der Lehrerin als ausgesprochen günstig zu beurteilen ist. Bei zwei Kindern (Susanne und Umut) zeichnet sich der Unterricht durch besonders häufige Differenzierungsphasen aus, bei einem Kind durch viele Freiheitsspielräume (Susanne) und bei zwei Kindern durch viele Kooperationsmöglichkeiten (Michael und Anna). Zwei Kinder (Susanne und Ayse) beurteilen das Klassenklima (Lehrer-Schüler-Klima, Schüler-Schüler-Klima und Unterrichtsklima) in der ersten Klasse als sehr positiv, zwei Kinder (Umut und Silvia) nur das Lehrer-Schüler-Klima. Eine hohe individuelle Bezugsnormorientierung weisen die Lehrerinnen von Michael und Anna sowie von Silvia auf.

4.2.3 Zusammenfassung

Es kann festgehalten werden, dass bei allen „Sorgenkindern", die am Anfang der Grundschule mit eher günstigen Lernvoraussetzungen starteten und am Ende der Grundschule zu den Schulversagern gehörten, erwartungsgemäß mehrere risikoerhöhende Faktoren identifiziert werden konnten, bei fünf von sieben Kindern wurden gravierende familiäre Probleme genannt, zwei Kinder sind Migrantenkinder. Während bei einem Kind der Migrationsstatus für das Schulversagen ausschlaggebend zu sein scheint, kommen bei dem anderen Kind sehr große familiäre Probleme hinzu. Bei allen Kindern konnten auch risikomildernde Faktoren identifiziert werden, darunter sind bei allen Kindern auch einzelne schulische, bei zwei Kindern sogar mehrere. Diese pädagogisch beeinflussbaren Faktoren haben, auch im Zusammenspiel mit personalen Faktoren, jedoch bei den „Sorgenkindern" nicht das nötige Gewicht, um die Stärke der risikoerhöhenden abzupuffern. Dies ist durchaus nachvollziehbar, wenn berücksichtigt wird, dass die Qualität des Familiensettings annähernd doppelt soviel an den Entwicklungsunterschieden der achteinhalbjährigen Kinder aufklärt wie die Qualität der institutionellen Settings Kindergarten und Schule (vgl. Tietze et al. 2005, S. 249).

4 Diskussion der Ergebnisse

Insgesamt kann festgehalten werden, dass sowohl unter den „Risikokindern", bei denen geringe Lernvoraussetzungen am Schulanfang festgestellt wurden, als auch bei den „Sorgenkindern", die am Ende der Grundschulzeit als Schulversager bezeichnet werden können, mehr risikoerhöhende als risikomildernde Faktoren vorliegen. Bei dem exemplarisch dargestellten Aufsteigerkind überwiegen die risikomildernden Faktoren. Bei den „Sorgenkindern", die am Schulanfang mit guten Lernvoraussetzungen starten, sind besonders häufig familiäre risikoerhöhende Faktoren festzustellen. Es ist unter diesen sieben Kindern lediglich ein Kind, bei dem das Schulversagen vermutlich in erster Linie auf den Migrationsstatus zurückgeführt werden kann. Bei der Hälfte der Sorgenkinder können zwar deutliche schulische risikomildernde Faktoren festgestellt werden, durch diese gelingt es jedoch offensichtlich nicht, die stärkeren risikoerhöhenden abzupuffern. Pädagogisch ermutigend ist jedoch die Entwicklung des „Aufsteigerkindes", bei dem ebenfalls familiäre Probleme vorliegen. Obwohl dieses Kind sogar noch zusätzlich mit ungünstigen Lernvoraussetzungen startet, verläuft die Schullaufbahn positiv. Dies ist vermutlich auf das Zusammenspiel mehrerer günstiger personaler und auch mehrerer schulischer riskomildernder Faktoren zurückzuführen.

Literatur

Beelmann, A. (2000): Entwicklungsrisiken und -chancen bei der Bewältigung normativer sozialer Übergänge im Kindesalter. In: Leyendecker, C./Horstmann, T. (Hrsg.): Große Pläne für kleine Leute. Grundlagen, Konzepte und Praxis der Frühförderung. München: Reinhardt, S. 71-77.

Einsiedler, W. (1988): Schulanfang und Persönlichkeitsentwicklung. In: Grundschule, 20, 11, S. 20-23.

Harter, S./Pike, R. G. (1981): The pictorial scale of perceived competence and acceptance for young children. Plates - First and Second Grades, Female. Denver/Colorado: University.

Helmke, A./Weinert, F. E. (1997): Bedingungsfaktoren schulischer Leistung. In: Weinert, F. E. (Hrsg.): Psychologie des Unterrichts und der Schule. (Enzyklopädie der Psychologie, D, Serie Pädagogische Psychologie, Bd. 3). S. 71-176.

Holtmann, M./Schmidt, M. H. (2004): Resilienz im Kindes- und Jugendalter. In: Kindheit und Entwicklung, 4, S. 195-200.

Kammermeyer, G./Martschinke, S. (2003): Schulleistung und Fähigkeitsselbstbild im Anfangsunterricht. Ergebnisse aus dem KILIA-Projekt. In: Empirische Pädagogik, 17 (4), S. 486-503.

Kammermeyer, G./Martschinke, S. (angenommen): Selbstkonzept- und Leistungsentwicklung in der Grundschule. Ergebnisse aus der KILIA-Studie. In: Empirische Pädagogik.

Keogh, B. (1999). Risiko und protektive Einflüsse in der Schule. In: Opp, G./Fingerle, M./Freytag, A. (Hrsg.): Was Kinder stärkt. München: Reinhardt, S. 191-203.

Krajewski, K. (2003): Vorhersage von Rechenschwäche in der Grundschule. Hamburg: Kovacs.

Krapp, A./Ryan, R. M. (2002): Selbstwirksamkeit und Lernmotivation. In: Jerusalem, M./Hopf, D.: Selbstwirksamkeit und Motivationsprozesse in Bildungsinstitutionen. In: Zeitschrift für Pädagogik. 44. Beiheft. S. 54-82.

Laucht, M./Esser, G./Schmidt, M. H. (1997): Wovor schützen Schutzfaktoren. Anmerkungen zu einem populären Konzept der modernen Gesundheitsforschung. In: Zeitschrift für Entwicklungspsychologie und Pädagogische Psychologie, Band XXIX, Heft 3, S. 360-270.

Laucht, M./Esser, G./Schmidt, M. H. (1998): Risiko- und Schutzfaktoren der frühkindlichen Entwicklung: Empirische Befunde. In: Zeitschrift für Kinder- und Jugendpsychiatrie, 26, S. 6-20.

Laucht, M./Esser, G./Schmidt, M. H. (2000): Entwicklung von Risikokindern im Schulalter: Die langfristigen Folgen frühkindlicher Belastungen. In: Zeitschrift für Entwicklungspsychologie und Pädagogische Psychologie, 2, S. 59-69.

Martschinke, S./Kirschhock, E.-M./Frank, A. (2002): Der Rundgang durch Hörhausen. Das Nürnberger Erhebungsverfahren zur phonologischen Bewusstheit (2. Aufl.). Donauwörth: Auer.

Martschinke, S./Kammermeyer, G./Frank, A./Mahrhofer, C. (2002): Heterogenität im Anfangsunterricht – Welche Lernvoraussetzungen bringen Schulanfänger mit und wie gehen Lehrer damit um? Berichte und Arbeiten aus dem Institut für Grundschulforschung. Nr. 101. Universität Erlangen-Nürnberg.

Martschinke, S./Kammermeyer, G. (2003): Jedes Kind ist anders. Jede Klasse ist anders. Ergebnisse aus dem KILA-Projekt zur Heterogenität im Anfangsunterricht. In: Zeitschrift für Erziehungswissenschaft, 2, S. 257-275.

Petermann, F./Niebank, K./Scheithauer, H. (2004): Entwicklungswissenschaft. Entwicklungspsychologie – Genetik – Neuropsychologie. Berlin u.a.: Springer.

Petillon, H. (1993): Das Sozialleben des Schulanfängers. Weinheim: Psychologie-Verlags-Union.

Schneider, W./Näslund, J. C. (1998): The impact of early phonological processing skills on reading and spelling in school: Evidence from the Munich longitudinal study. In: Weinert, F. E./Schneider, W. (Eds.): Individual development from 3 to 12: Findings from the Munich longitudinal study. Cambridge: Cambridge University Press, S. 273-387.

Speck-Hamdan, A. (1999): Risiko und Resilienz im Leben von Kindern ausländischer Familien. In: Opp, G./Fingerle, M./Freytag, A. (Hrsg.): Was Kinder stärkt. München: Reinhardt, S. 221-228.

Tietze, W./Roßbach, H.-G./Grenner, K. (2005): Kinder von 4 bis 8 Jahren. Weinheim: Beltz.

Van Luit, J. E. H./Van de Rijt, B. A. M./Hasemann, K. (2001): Osnabrücker Test zur Zahlbegriffsentwicklung. Göttingen: Hogrefe.

Weinert, F. E. (1997): Psychologie des Unterrichts und der Schule. Enzyklopädie der Psychologie. Band 3. Göttingen: Hogrefe.

Werner, E. (1997): Gefährdete Kindheit der Moderne: Protektive Faktoren. In: Vierteljahreszeitschrift für Heilpädagogik, 66, 2, S. 192-203.

Personale und soziale Ressourcen von Grundschulkindern bei schultypischen Problemen

Angela Frank

Zusammenfassung

Theoretisch angelehnt an das Stresskonzept geht die vorgestellte Studie der Frage nach, wodurch bzw. wie sehr Kinder im Grundschulalltag belastet sind. Es interessiert in diesem Zusammenhang auch, was Schüler den Problemsituationen „entgegenzusetzen" haben bzw. wie sie ihre Probleme bewältigen. Aus anderen Forschungssträngen bzw. Untersuchungen mit anderen Altersgruppen geht die Bedeutung von personalen Ressourcen (wie der Selbstwirksamkeit) und sozialen Ressourcen (wie der Unterstützung durch Andere) hervor. Es werden zunächst deskriptive Ergebnisse der Studie (N=210 Schüler aus zehn dritten Klassen) vorgestellt, die sich speziell auf die Problembelastung von Kindern in der Grundschule beziehen. Weiter wird ein – aus Theorie und Forschung abgeleitetes - Modell dargelegt und der Zusammenhang zwischen Ressourcen, Belastungseinschätzung, Problembewältigung und Gesundheit anhand der vorliegenden Daten geprüft. Die Ergebnisse zeigen, dass Selbstwirksamkeit und soziale Unterstützung für einen positiven Umgang der Schüler mit Problemen sowie für Gesundheit bedeutsam sind.

1   Problemkontext

Kinder sind in der Schule täglich mit Situationen konfrontiert, die potenziell Probleme für sie darstellen können. Diese lassen sich in drei schultypische Bereiche einteilen: Probleme mit dem Lernen im Unterricht, Probleme mit Mitschülern und Probleme im Umgang mit den Lehrkräften. Obwohl bei misslingender Bewältigung von Problemsituationen mit negativen Auswirkungen auf Wohlbefinden und Gesundheit der Kinder gerechnet werden muss, wird dieses Thema in der Grundschulforschung bisher kaum beachtet. Es fehlen vor allem Erkenntnisse zu Ressourcen und Problembewältigung aus Sicht der Schüler. Wenn die Ressourcen von Kindern (etwa in Bezug auf die Selbstwirksamkeit) untersucht wurden, dann wurde der Blick auf die Leistung und weniger auf die Persönlichkeitsentwicklung gerichtet. Die vorliegende Arbeit schließt diese Forschungslücke und befasst sich mit den Problemen von Grundschülern auch vor dem Hintergrund potenzieller Ressourcen und nimmt gleichzeitig die eingesetzten Bewältigungsweisen in den Blick. Sie geht dabei von theoretischen

Grundlagen und empirischen Ergebnissen verschiedener Forschungstraditionen (Stress-, Unterstützungs-, Bewältigungs- und Resilienzkonzept) aus.

2 Theorie und Forschungsstand

2.1 Kritische Lebensereignisse versus alltägliche Probleme

In der Theorie werden Alltagsprobleme von sogenannten (kritischen) Lebensereignissen unterschieden. Kritische Lebensereignisse werden als Situationen verstanden, die durch große Veränderungen der Lebenssituation von Personen gekennzeichnet sind und mit Anpassungsleistungen durch die Person beantwortet werden müssen (vgl. Filipp 1981). Der misslingenden Bewältigung von kritischen Lebensereignissen werden negative Auswirkungen auf Wohlbefinden und Gesundheit zugeschrieben. Im Rahmen der Schullaufbahn gelten vor allem die Umbruchsituationen "Einschulung" und "Übertritt in die Sekundarstufe" als kritische Lebensereignisse (vgl. Einsiedler 1988; Kammermeyer/Martschinke 2002). Das Konzept der kritischen Lebensereignisse stellt aber nur eine Perspektive der Betrachtung von stressenden bzw. belastenden Ereignissen dar. Der Versuch, (nur) Lebensereignisse im Zusammenhang mit psychischen Auffälligkeiten und physischen Störungen zu untersuchen, führte zu Kritik und einer zunehmenden Beachtung von alltäglichen Belastungen und Ärgernissen (Kanner et al. 1981; DeLongis et al. 1982; Weber/Knapp-Glatzel 1988). Kritisiert wurde vor allem auch die fehlende subjektive Wahrnehmung einzelner Ereignisse und die meist mangelnde Berücksichtigung moderierender Variablen wie Bewältigung und sozialer Unterstützung. Das Stresskonzept griff sogenannte daily hassles als irritierende, frustrierende und stressreiche Anforderungen auf, die alltägliche Transaktionen mit der Umwelt kennzeichnen (Kanner et al. 1981). Lazarus und Folkman (1984) formulieren explizit die These, dass sich gerade der tägliche Kleinärger stark auf die psychische und physische Gesundheit auswirkt. Dies konnte bereits verschiedentlich dahingehend empirisch bestätigt werden, dass vielfach Alltagsbelastungen stärker mit gesundheitlicher Beeinträchtigung zusammenhängen als kritische Lebensereignisse (Seiffge-Krenke 1993; Compas et al. 1993).

2.2 Das Stressmodell und die Bedeutung der Wahrnehmung von Ereignissen

Versteht man Probleme als Ereignisse und Anforderungen, die Kinder subjektiv belasten, erscheint ein Bezug zum transaktionalen Stresskonzept, das die gegenseitige Beeinflussung von Person und Situation in den Blick nimmt, als gewinnbringend.

Nach Lazarus und Launier (1981) handelt es sich bei Stress um Anforderungen, die die Fähigkeiten einer Person beanspruchen oder übersteigen. Dem so entstandenen Stress muss zur Aufrechterhaltung der Gesundheit und des Wohlbefindens adäquat begegnet werden. Wichtig erscheint dabei die Einsicht, dass es nicht *die* Stressoren geben kann. Entscheidend sind die Einschätzungen des Individuums. In der Stresstheorie werden dabei zwei entscheidende Bewertungsvorgänge unterschieden: die *Einschätzung der Situation* und die *Einschätzung der Bewältigungsmöglichkeiten,* wobei beide nicht unanhängig voneinander zu betrachten sind (Lazarus/Launier 1981). Bei der Einschätzung einer Situation bzw. eines Ereignisses gibt es die Möglichkeit, dass eine Person ein Ereignis als irrelevant, günstig oder stressend wahrnimmt. Falls das Ereignis als stressend erlebt wird, muss dies noch nicht zwangsläufig negativ sein, die Situation kann auch als Herausforderung gesehen werden. Das gilt auch für den Schulalltag: Situationen wie „in der Pause nicht mitspielen dürfen", „viele Fehler in einem Diktat haben" oder „von einer Lehrkraft ermahnt werden", können von einem Kind als relativ bedeutungslose Kleinigkeit gewertet werden und für ein anderes Kind ein überaus belastendes Problem darstellen. Wenn ein stressendes Ereignis als Bedrohung wahrgenommen oder mit Schädigung/Verlust in Zusammenhang gesehen wird, sind Wohlbefinden und Gesundheit gefährdet. Dies ist besonders dann zu befürchten, wenn es sich um lang andauernde oder wiederkehrende Ereignisse handelt. In diesem Fällen ist das Vorhandensein ausreichender Ressourcen besonders bedeutsam.

Bei der Einschätzung von Bewältigungsmöglichkeiten können *personale Ressourcen,* die innerhalb der eigenen Person liegen und *soziale Ressourcen,* die außerhalb der eigenen Person liegen, unterschieden werden. Die Beurteilung der Ressourcen wirkt sich unter anderem darauf aus, welche Bewältigungsweisen eingesetzt werden, um einer stressreichen Anforderung oder auch einem bereits entstandenen Problem zu begegnen.

2.3 Die Bedeutung von Ressourcen bei Problemen

Es stellt sich die Frage, was Kinder Problemen in der Grundschule entgegenzusetzen haben. Dies ist umso wichtiger, da anzunehmen ist, dass für die Bewertung von schultypischen Problemsituationen bereits Überlegungen einfließen, ob man der Situation selbst - oder mit Unterstützung von anderen – erfolgreich begegnen kann.

Zu den *personalen Ressourcen* zählen beispielsweise ein hohes Selbstwertgefühl, ein positives Selbstkonzept und selbstwertdienliche Kontrollüberzeugungen, wie zum Beispiel eine *hohe Selbstwirksamkeit*. Da die Selbstwirksamkeit zur direkt handlungsbezogenen Komponente der Identität gerechnet werden kann (vgl. Haußer 1995), erscheint sie für die erfolgreiche Bewältigung von Problemen besonders bedeutsam.

Das Konzept der Selbstwirksamkeitserwartung geht zurück auf die sozial-kognitive Lerntheorie von Bandura (1977, 1997) und bezieht sich auf die Annahme, dass einer schwierigen Anforderung oder Aufgabe mit eigenen Kompetenzen erfolgreich begegnet werden kann (vgl. Schwarzer/Jerusalem 2002). Ein Kind, das denkt, "selber etwas bewirken zu können" und sich in diesem Sinne "stark" zu fühlen, wird belastende Situationen am ehesten direkt und aktiv angehen (wie nach einem Streit ein klärendes Gespräch suchen oder bei einem schlechten Ergebnis selbständig lernen) und weniger Gefühle der Hilflosigkeit entwickeln. Insofern ist Selbstwirksamkeit eng mit dem Konzept der Motivation verbunden. Dies gilt sowohl für den Leistungsbereich als auch für den Umgang mit sozialen Auseinandersetzungen (mit Mitschülern oder Lehrern).

Zu den *sozialen Ressourcen* gehört das Vorhandensein eines Netzwerks, besonders aber die konkret erlebte soziale Unterstützung (im Sinne einer optimalen Passung zwischen gewünschter und erhaltener Hilfe). Soziale Unterstützung gilt als funktionales Element sozialer Strukturen. In den letzten Jahrzehnten wurde das *Konzept der sozialen Unterstützung* zunehmend im Hinblick auf seine Bedeutung für die Prävention psychischer Störungen und körperlicher Erkrankungen erkannt und untersucht (vgl. Fydrich/Sommer 2003). Dabei werden sowohl *direkte Effekte* von sozialer Unterstützung auf Gesundheit als auch indirekte Effekte diskutiert. Ein direkter Effekt wäre gegeben, wenn sich beispielsweise die Wahrnehmung hoher Unterstützung direkt auf Gesundheit auswirkt, da sie ein menschliches Grundbedürfnis nach Sicherheit und Zugehörigkeit befriedigt. Sogenannte *Puffer-Effekte* besagen, dass negative Auswirkungen von Belastungen oder Stress durch soziale Unterstützung gemildert (abgepuffert) werden. Dies geschieht, wenn durch die soziale Unterstützung vorhandene belastende Situationen anders beurteilt werden oder günstige Bewältigungsweisen vermehrt oder effektiver genutzt werden, was dann letztendlich zu positiven Effekten auf die psychische und physische Gesundheit führt.

2.4   Bewältigung von Problemen

Unter dem Konstrukt der Bewältigung werden Bemühungen verstanden, mit Umweltbedingungen und internen Anforderungen sowie den zwischen ihnen

bestehenden Konflikten fertig zu werden (Lazarus/Launier 1981). Diese Bemühungen beziehen sich auf Situationen, die mehr als Routinehandeln beanspruchen. Bewältigung an sich ist ein neutrales Konstrukt und es wird diskutiert,
was eine erfolgreiche Bewältigung denn nun ausmacht. Besonders "Coping-
Konzepte" betonen, dass Bewältigung nicht an von außen gesetzten Zielen
"festgemacht" werden kann (auch Formen von Aggression können z.b. dazu
beitragen, den Organismus kurzfristig zu entlasten). Insgesamt wird psychische
und physische Gesundheit als Erfolgskriterium für effektive Stressbewältigung
gesehen. Es fließen aber auch normative Gesichtspunkte in die Bewertung von
Bewältigungsmaßnahmen mit ein. Dies erscheint auch deshalb als sinnvoll, da
Bewältigung meist (auch) im sozialen Kontext abläuft. Gerade wenn man nicht
eine kurzfristige Auseinandersetzung mit stressreichen Situationen betrachtet,
sondern bereits entstandene Probleme untersucht, wird deutlich, dass Kriterien
gefunden werden müssen, die der individuellen Entwicklung auch langfristig
dienlich sind. Somit ist als *ein* Kriterium der Bewältigung "Sozialverträglich-
keit" heranzuziehen. Durch Rückkopplungen aus dem Umfeld ist nicht zu erwarten, dass z.B. Aggression als geeignete Bewältigungsmaßnahme (über einen
momentanen Spannungsabbau hinaus) betrachtet werden kann.

Negative Auswirkungen von Stress kommen nicht allein durch Bewertungen
von Situationen zu Stande, sondern vor allem auch durch das eingesetzte Bewältigungsverhalten in der Situation. Empirische Studien brachten Bestätigung
dafür, dass eskapistische Strategien sowie Selbstbeschuldigungen und Selbst-
abwertungen ungünstig sind, wohingegen problemzentriertes Handeln und positives Umdeuten sich günstig auswirken (Weber 1992). Es wurden immer wieder
hohe Varianzen in der Beziehung zwischen Belastung und Symptomen von
Beanspruchung gefunden, die durch unterschiedliches Bewältigungsverhalten
erklärt werden können. Ein ungünstiger Stressverarbeitungsstil kann als Risikofaktor für die kindliche Entwicklung gelten (Scheithauer/Petermann 1999).
Anzustreben ist in jedem Fall eine möglichst optimale Passung zwischen Anforderungen und individuell abgestimmten Bewältigungsstrategien.

2.5   Gesundheit im Grundschulalter

In der bisherigen Forschung fällt auf, dass Kinder und Jugendliche ihren Ge-
sundheitszustand insgesamt als positiv beurteilen. Fragt man allerdings nach
verschiedenen Beanspruchungssymptomen, werden vielfältige Beschwerden - in
zum Teil bedenklichem Ausmaß - genannt (Seiffge-Krenke 1994). Im Zusammenhang mit der Häufigkeit, mit der auch schon Grundschüler von einzelnen
körperlichen Beschwerden berichten, weisen Lohaus und Klein-Heßling (1999)

darauf hin, dass hier im Einzelfall akuter Handlungsbedarf bestehen kann und dass eine Unterstützung der Kinder bei der Stressbewältigung hilfreich sein könnte.

Die Untersuchung von Depressionen im Kindesalter hat noch keine sehr lange Tradition, da lange angenommen wurde, dass depressive Zustandsbilder bei Kindern nicht vorkommen. Inzwischen besteht allerdings Einigkeit darüber, dass bereits im Kindes- und Jugendalter depressive Störungen ein ernsthaftes Problem darstellen können. Symptome können sich dabei auf somatischer, emotionaler und kognitiver Ebene sowie im Verhalten zeigen.

Längst wird Gesundheit aber nicht mehr allein als die Abwesenheit von Krankheit definiert. Zunehmend wird auf Vorstellungen der Erhaltung von Gesundheit eingegangen und die Diskussion um "protektive Ressourcen" erlangt mehr Gewicht. Im Rahmen des neueren Resilienzkonzepts (z.B. Wustmann 2003) wird beispielsweise danach gefragt, welche Faktoren "gesund erhalten" und "stark" machen. Der Blick wird dabei eher auf „Schutzfaktoren" als auf „Risikofaktoren" gerichtet. Resilienz bedeutet psychische Widerstandsfähigkeit und umfasst als Konzept zwei Bedingungen: Es muss eine signifikante Bedrohung für die kindliche Entwicklung vorliegen, und diese belastenden Lebensumstände müssen erfolgreich bewältigt werden (Wustmann 2003).

Hier zeigt sich eine Nähe zum Stresskonzept. Resiliente Kinder sind diejenigen, die trotz vieler Belastungen gesund bleiben. Interessant für die vorliegende Untersuchung ist vor allem die Tatsache, dass bei dieser neueren Orientierung an "protektiven Faktoren" wiederum Kriterien genannt werden, die auch aus der Stresstradition im Rahmen der Einschätzung von Ressourcen im Umgang mit Stress bekannt sind: So gelten z.B. eine hohe Selbstwirksamkeit und positive Beziehungen zu Gleichaltrigen bzw. stabile emotionale Beziehungen zu einer familiären Bezugsperson als risikomildernde Faktoren für die Gesundheit (Petermann et al., Kammermeyer, Martschinke und Drechsler in diesem Band).

3   Empirische Untersuchung

Die vorgestellte Untersuchung (Frank, in Vorb.) konnte an die von der DFG geförderte KILIA-G-Studie (Identitäts- und Leistungsentwicklung im Grundschulunterricht: Kammermeyer/Martschinke 2002) angebunden werden. Für die eigene Untersuchung wurden Erhebungen in der dritten Jahrgangsstufe in zehn der beteiligten Klassen durchgeführt. Die Stichprobe umfasste dabei 210 Kinder (113 Mädchen, 97 Jungen). Die Erhebungen fanden im zweiten Schulhalbjahr der dritten Jahrgangsstufe statt.

3.1 Erhebungsinstrumente

Eines der Anliegen der Untersuchung war es, Erhebungsverfahren für die vorliegenden Forschungsfragen zu entwickeln, die bereits im Grundschulalter einsetzbar sind. Für die Erhebung von Problembelastung und sozialer Unterstützung standen keine adäquaten Instrumente zur Verfügung, sie wurden neu konzipiert. Für die *Erhebung der Problembelastung* wurde für jede Situation *sowohl die Häufigkeit als auch die Intensität der erlebten Belastung* erhoben. Durch multiplikative Verrechnung und die Bildung von Grenzwerten können Kinder mit niedriger, mittlerer, hoher und sehr hoher Problembelastung unterschieden werden. Zur Erfassung der sozialen Unterstützung wurde sowohl ein standardisierter Fragebogen als auch eine halbstandardisierte Befragung entwickelt. Für die Erhebung von Selbstwirksamkeit, Bewältigung und gesundheitlicher Beeinträchtigung konnte auf bewährte Verfahren zurückgegriffen werden, die lediglich an die eigene Untersuchung und Fragestellung angepasst wurden (Frank, in Vorb.). Die Erhebungen wurden bildgeleitet durchgeführt, dabei wurde jeweils dieselbe vierstufige Ratingskala verwendet, die sich bereits innerhalb der Erhebungen der KILIA-Studie bewährt hatte.

Alle untersuchten Variablen wurden getrennt nach den Erfahrungsbereichen "Andere Kinder", "Lernen/Unterricht" und "Lehrer/-innen" erhoben, um bereichsspezifische Auswertungen - vor allem für den Bereich der Problembelastung - zu ermöglichen. Ausnahme hierzu bildet die Variable "Gesundheitliche Beeinträchtigung": Sie setzt sich aus den Subkategorien "Depressive Verstimmung" und "Körperliche Beschwerden" zusammen.

Die eingesetzten Gesamtskalen erreichen alle zufriedenstellende bis gute Reliabilitäten (Cronbachs α zwischen .82 und .94). Die internen Konsistenzen der Subskalen können zum großen Teil, jedoch nicht durchgängig, befriedigen (Cronbachs α zwischen .54 bis .90), sind aber für deskriptive Auswertungen in jedem Fall nutzbar. Die Autokorrelationen zwischen den drei Bereichen der Erhebungen (Selbstwirksamkeit .59**-.65**, Soziale Unterstützung .71**-.77**, Bewältigungsweisen .71**-.88**) zeigen - vor allem für die soziale Unterstützung und die Bewältigungsweisen - dass sich die Einschätzungen der Kinder eher situationsunabhängig abbilden und somit weitgehend von übergreifenden Konstrukten ausgegangen werden kann.

3.2 Fragestellungen

Ein zentrales Anliegen der eigenen Untersuchung ist zunächst, die Problembelastung von Grundschülern deskriptiv zu erfassen. Hierzu liegen bislang, vor

162

allem in Bezug auf die Einschätzungen der Kinder, wie belastend sie verschiedene Situationen tatsächlich erleben, wenig aussagekräftige Ergebnisse vor. Die Untersuchung von Ressourcen und Bewältigungsweisen von Schülern bei alltäglichen Problemen in der Grundschule stellt ein Forschungsdesiderat dar, so dass auch hier deskriptive Analysen gewinnbringend erscheinen.

Dennoch lassen sich aus bisherigen Untersuchungen aus anderen Problembereichen (z.B. Krankheitsbewältigung) bzw. aus Studien anderer Altersgruppen gerichtete Hypothesen zwischen den Variablen stringent ableiten. So wird angenommen, dass Schüler, die sich selbst als „stark" im Umgang mit schwierigen Situationen erleben und in hohem Maße Hilfe durch Bezugspersonen erwarten weniger von gesundheitlicher Beeinträchtigung betroffen sind. Schätzen Kinder ihre Ressourcen als hoch ein, wird weiterhin erwartet, dass sie eine positivere bzw. effektivere Bewältigung zeigen. Zudem wird angenommen, dass der Einsatz günstiger Bewältigungsweisen an sich zu weniger gesundheitlicher Beeinträchtigung führt. Die aus Theorie und Forschung abgeleiteten Hypothesen können in ein komplexes Modell von Zusammenhängen zwischen Ressourcen, Belastungseinschätzung, Bewältigung und gesundheitlicher Beeinträchtigung übergeführt werden (Abb. 1), das mit den vorliegenden Daten geprüft wird.

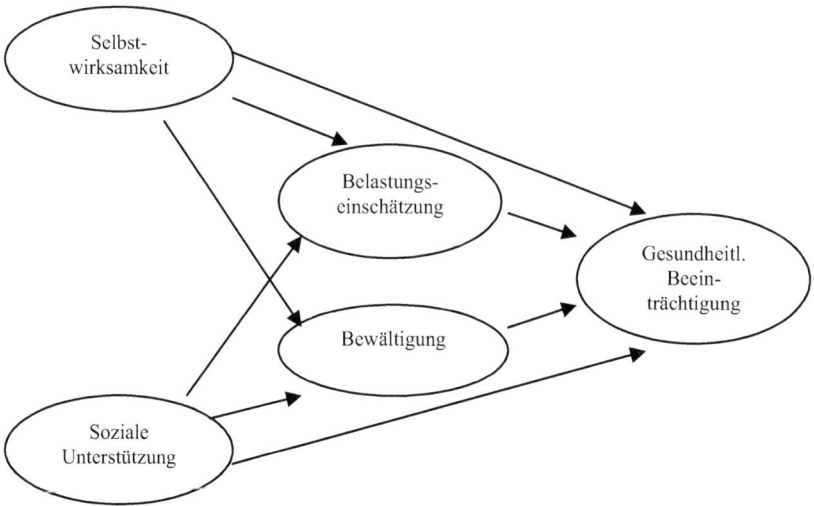

Abb. 1: Untersuchungsmodell der vorgestellten Studie[1]

Die vorliegende Untersuchung soll damit vor allem folgende Fragen beantworten:
- Wodurch sind Kinder in der Grundschule wie sehr belastet?
- In welchem Maße stehen den Schülern Ressourcen im Umgang mit Problemen zur Verfügung?
- Welche Bewältigungsweisen setzen Kinder im Umgang mit Problemen ein?
- Welche Zusammenhänge zeigen sich zwischen Ressourcen, Einschätzung problematischer Situationen, Bewältigungsweisen und gesundheitlicher Beeinträchtigung?

Die Prüfung des Untersuchungsmodells soll hierbei auch Hinweise darauf liefern, ob und inwiefern sich eher ein direkter Effekt von den Ressourcen auf die Gesundheit ergibt bzw. ob sich die Einschätzung problematischer Situationen und die eingesetzten Bewältigungsweisen als moderierende Variablen zeigen.

4 Ergebnisse

4.1 Wodurch und wie sehr sind Kinder in der Grundschule belastet?

In einer *Voruntersuchung* mit sechs zufällig ausgewählten Grundschülern aus fünf dritten Klassen berichteten die Kinder offen von Problemen aus ihrem Alltag. Es zeigte sich, dass von den 36 geschilderten Problemen 14 dem Bereich Familie, 15 dem Bereich Schule und 7 dem Bereich Freizeit zugeordnet werden konnten. Zu jedem dieser Bereiche nachgefragt, bestätigte sich das Bild, dass die Schule von den Kindern als problembeladen erlebt wird: Jetzt berichteten 35 der befragten Kinder von Problemen in der Schule, 20 von Problemen in der Familie und 15 von Problemen in der Freizeit.

In der *Hauptuntersuchung* wurden die Kinder zu 26 Situationen aus den Bereichen "Andere Kinder", "Lernen/Unterricht", "Lehrer/-innen" befragt und individuelle Belastungswerte für jedes Kind errechnet. Tab. 1 zeigt einen bereichsspezifischen Vergleich für die Anzahl der als belastet bzw. sehr hoch belastet einzustufenden Kinder. Am häufigsten sind *hoch belastete* Kinder im Bereich "Lernen/Unterricht" zu finden. Die Zahl der *sehr hoch belasteten* Kinder ist im Bereich "Andere Kinder" am höchsten. Deutlich tritt das erwartungskonforme Ergebnis zu Tage, dass die Kinder - mit deutlichem Abstand zu den anderen beiden Bereichen - am wenigsten Probleme mit Lehrkräften haben. Wie die Zahlen der hoch und sehr hoch belasteten Kinder zusammengenommen zeigen, sind ca. ein Drittel der Kinder in den Bereichen "Andere Kinder" und "Lernen/Unterricht" betroffen, für den Bereich "Lehrer/-innen" sind es "nur" 16,2% der Kinder.

Tab. 1: Anzahl hoch und sehr hoch belasteter Kinder - Vergleich über die Bereiche

	Anzahl hoch belasteter Kinder	Anzahl sehr hoch belasteter Kinder	gesamt
Bereich "Andere Kinder"	43	25	68 (32,4 %)
Bereich „Lernen/ Unterricht"	57	18	75 (35,7 %)
Bereich "LehrerInnen"	32	2	34 (16,2 %)

Klassenunterschiede:
Bei Problemen im Schulalltag sind Unterschiede zwischen den Klassen zu erwarten. Die Abbildung 2 veranschaulicht die *Anzahl der von hoher oder sehr hoher Belastung betroffenen Kinder* in den zehn untersuchten Klassen. Dabei ist zu beachten, dass der Abbildung unterschiedliche Anzahlen an Schülern pro Klasse zugrunde liegen. Die Schülerzahlen pro Klasse sind zur besseren Interpretation deshalb in Klammern angezeigt.

Es fällt auf, dass es *in jeder der untersuchten zehn Klassen* Kinder gibt, die von hoher oder sehr hoher Belastung betroffen sind. Das gilt für alle Bereiche, auch wenn sich deutlich niedrigere Zahlen für den Bereich "Lehrer/-innen" ergeben.

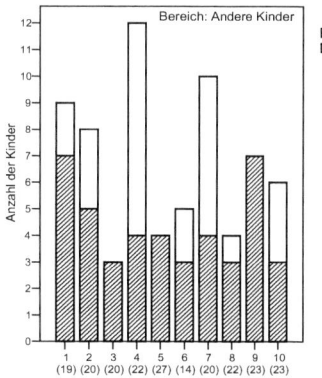 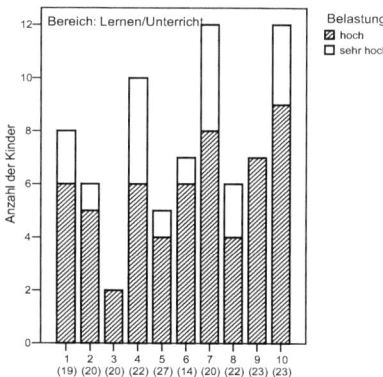

165

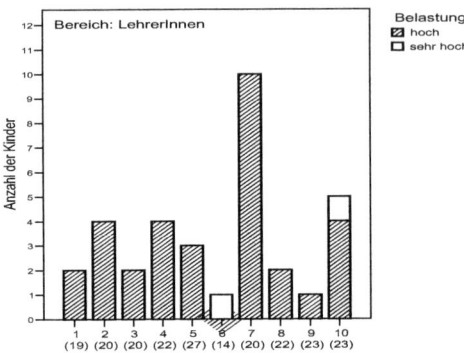

Abb. 2: Anzahl hoch und sehr hoch belasteter Kinder pro Klasse (angezeigt unter den Klassennummern die Anzahl der Kinder pro Klasse)

In jedem Bereich werden Klassenunterschiede sehr deutlich. Zwischen drei und zwölf Kinder sind in den Bereichen "Andere Kinder" und "Lernen/Unterricht" von hoher oder sehr hoher Belastung betroffen. Im Bereich "Lehrer/-innen" sind es zwischen ein und fünf Kinder. Ausnahme ist hierbei Klasse 7, hier sind es auch im Bereich "Lehrer/-innen" zehn Kinder - und damit die Hälfte der Klasse - die hoch oder sehr hoch belastet sind. Die Klasse 7 ist damit eine Klasse, in der Belastungen deutlich kumulieren, sie fällt in allen drei Bereichen als Klasse mit vielen belasteten Kindern auf (obwohl sie mit einer Anzahl von 20 Kindern keine besonders hohe Klassenstärke aufweist).

Der Vergleich der Bereiche "Andere Kinder" und "Lernen/Unterricht" zeigt ein ähnliches Muster. Eine auffällige Abweichung ist die Klasse zehn, die sich im Bereich "Andere Kinder" im Mittelfeld befindet, im Bereich "Lernen/Unterricht" - zusammen mit Klasse sieben - allerdings die höchste Anzahl an betroffenen Kindern hat. Als besonders unbelastet fällt Klasse 3 auf: In jedem Bereich sind es nur zwei oder drei Kinder, die als hoch oder sehr hoch belastet gelten.

Durch die Anbindung an die KILIA-Studie kann auf umfangreiche Informationen zu den einzelnen Klassen zurückgegriffen werden. Es liegen Aussagen der Erstklasslehrkräfte zur Belastung in Bezug auf den Klassenkontext (zu Schulanfang) vor. Diese Daten zeigen, dass gerade die Klassen 4 und 7 von Anfang an im Hinblick auf Einzugsgebiet, mangelnde Elternunterstützung, vermehrte Anzahl von Kindern mit Sprachschwierigkeiten sowie Lern- und Verhaltensschwierigkeiten deutlich belastet waren. Klasse 3 konnte demgegenüber als eher entlastete Klasse in Bezug auf den Klassenkontext gelten (vgl. Martschinke et al. 2002).

166

Kumulation von Belastungen

Es stellt sich die Frage, inwiefern sich hinter der Darstellung belasteter Schüler pro Bereich Kumulationen von Problemen für einzelne Schüler verbergen. Sind Kinder eher in einem der drei Bereiche belastet oder gehen Probleme für viele Kinder sozusagen "Hand in Hand"? Abbildung 3 veranschaulicht die Prozentsätze der Kinder, die von keinem, einem, zwei oder allen drei Bereichen belastet sind.

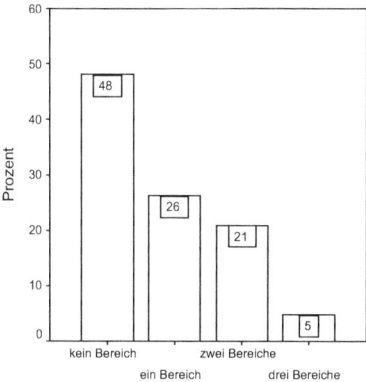

Abb. 3: Vergleich der Prozentsätze an Kindern, die in keinem, einem oder mehreren Bereichen hoch oder sehr hoch belastet sind

Knapp über ein Viertel der Kinder ist in einem Bereich hoch oder sehr hoch belastet. Für ebenfalls 26% der Kinder treten Kumulationen von Problembelastung auf: 21% der Kinder sind in zwei Bereichen, 5% sogar in allen drei Bereichen hoch oder sehr hoch belastet.

4.2   Wie erleben Kinder ihre Ressourcen im Umgang mit belastenden Situationen?

Wie die Ergebnisse zeigen, erleben die Kinder ihre Ressourcen im Durchschnitt sehr positiv. Die *Selbstwirksamkeit* liegt insgesamt mit einem Median von 2,87 in einem eher positiven Bereich, allerdings streuen die Werte nach unten bis zu einem Wert von 1,6. Die erlebte *soziale Unterstützung* der Kinder ist mit einem Median von 3,4 noch höher als die Selbstwirksamkeit. Dem "Gesamtwert sozialer Unterstützung" liegen allerdings unterschiedliche Subskalen zugrunde: "Wissen, an wen man sich wenden kann", "Viele Helfer haben", "Zufriedenheit mit der Hilfe" und "Mangel an Hilfe". Die Betrachtung dieser Subskalen (vgl. Abb. 4) macht Unterschiede deutlich. Den höchsten Mittelwert erreicht die Skala Subskala "Zufriedenheit mit der Hilfe" bei der gleichzeitig geringsten Streuung. In den anderen drei Subskalen zeigen sich deutlichere Unterschiede in den Antworten der Kinder. Gerade die große Streuung der Subskala "Mangel an Hilfe" (umgepolt) ist bedenkenswert. Die Passung zwischen erwünschter und erhaltener Unterstützung muss als grundlegendes pädagogisches Ziel gelten. Hier zeichnet sich demnach im Einzelfall Handlungsbedarf ab (vgl. Abb. 4).

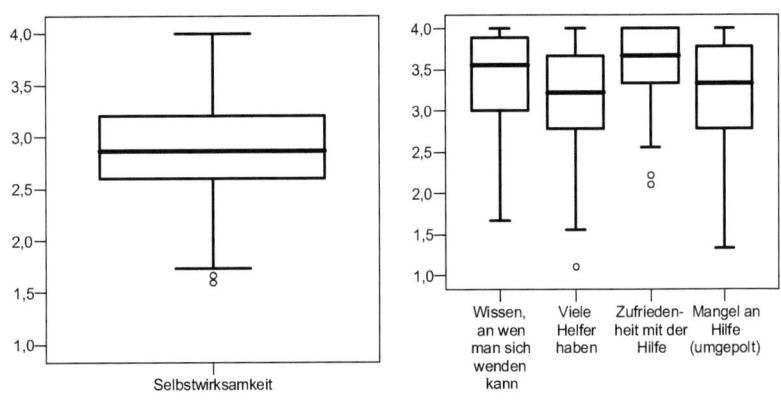

Abb. 4: Wahrgenommene Selbstwirksamkeit und soziale Unterstützung der Kinder

4.3   *Welche Bewältigungsweisen setzen die Kinder ein?*

Als positiv werden die direkt problemorientierten Bewältigungsweisen ("Situationskontrolle", "Positive Selbstinstruktion", "Suche nach sozialer Unterstützung") angesehen. Die als ungünstig eingestuften Bewältigungsweisen sind "Vermeidung", "Resignation", "Aggression" und "Gedankliche Weiterbeschäftigung".

Wie Abbildung 5 verdeutlicht, berichten die Kinder im Durchschnitt von hoher positiver Bewältigung und niedrigerer negativer Bewältigung. Denkt man sich eine "kritische Linie" bei dem Wert von 2,5 (dieser trennt diejenigen Kinder, die im Durchschnitt über alle Antworten der drei Bereiche eine hohe bzw. niedrige Merkmalsausprägung erreichen), wird aber deutlich, dass grob ein Viertel der Kinder jeweils die als ungünstig einzuschätzende Bewältigungsweisen einsetzen. Im Bereich "Aggression" sind es am wenigsten, im Bereich "Gedankliche Weiterbeschäftigung" deutlich mehr als ein Viertel der Kinder. Zudem fallen bei den als ungünstig zu bewertenden Bewältigungsweisen die extremen Streuungen auf. Die Spannweiten zeigen Werte zwischen 2,67 (Aggression) und 3,0 - und damit die maximale Spannweite ("Gedankliche Weiterbeschäftigung" und "Vermeidung").

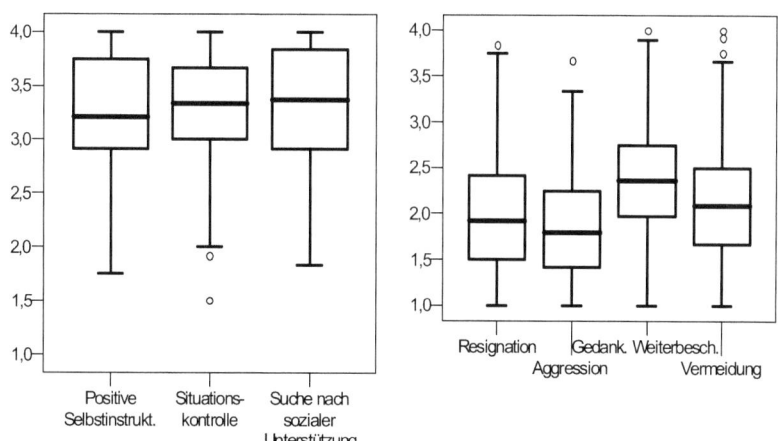

Abb. 5: Bewältigungsweisen der Kinder

Insgesamt lässt sich resümieren, dass gerade das Ausmaß an ungünstigen Bewältigungsweisen auf Ansatzpunkte nötiger Interventionen hinweist.

4.4 In welchem Ausmaß sind Kinder von gesundheitlicher Beeinträchtigung betroffen?

Die Subskalen "Depressive Verstimmung" und "Körperliche Beschwerden" werden in der vorliegenden Studie zu einem Gesamtwert gesundheitlicher Beeinträchtigung zusammengefasst und sind nicht unabhängig voneinander zu betrachten. Sie bilden aber nachweisbar - auch in der vorliegenden Untersuchungsstichprobe - getrennte Faktoren ab (Frank, in Vorb.) (vgl. Abb. 6)
Die Mediane beider Subskalen liegen nah beieinander, im Bereich der körperlichen Beschwerden ist der Mittelwert etwas höher, hier findet sich auch eine Streuung bis zum Maximalwert von 4,0 (der bedeutet, dass ein Kind über *alle*

169

Fragen zu den körperlichen Beschwerden angegeben hat, dass diese Symptome bei ihm oft auftreten).

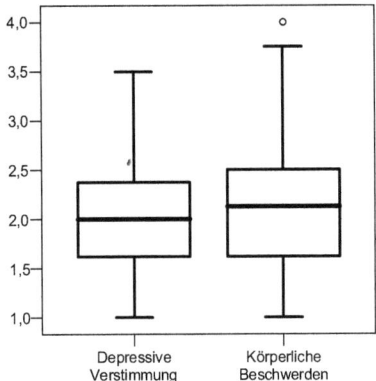

Abb. 6: Gesundheitliche Beeinträchtigung

Nimmt man hier wiederum den Wert von 2,5 als "kritischen Wert" an, zeigt sich, dass knapp ein Viertel der Kinder im Bereich "Depressive Verstimmung" und genau ein Viertel der Kinder in der Subskala "Körperliche Beschwerden" bedenkliche Werte erreichen.

4.5   Überprüfung des Untersuchungsmodells

Das der Studie zugrundeliegende Untersuchungsmodell (vgl. Abb. 1) wurde mit AMOS 5.0 (Arbuckle 2003) geprüft. Gerade bei einem Querschnittdesign sind strenggenommen keine Interpretationen der Kausalrichtung erlaubt und die Ergebnisse müssen mit großer Vorsicht interpretiert werden. Da das Modell aber aufgrund theoretischer Annahmen und bisheriger Forschungsergebnisse stringent abgeleitet werden konnte, erscheint dieses Vorgehen dennoch als sinnvoll, da regressionsanalytisch komplexe Zusammenhänge mit mehreren unabhängigen Variablen nicht geprüft werden können.

Ingesamt ist in der Forschung nicht unumstritten, wann (mit welcher Methode) und aufgrund welcher Grenzwerte ein Modell als passend eingestuft werden darf, bzw. wann es abgelehnt werden muss. Bühner (2004) schlägt die ML-Methode bei einer Stichprobengröße > 100 und multivariater Normalverteilung oder einer Schiefe und einem Exzess innerhalb der von West et al. (1995) vorgegebenen Grenzen (diese konnten in der vorliegenden Untersuchung eingehalten werden) als Standard vor. Wegen der in den Sozialwissenschaften oft auftretenden Probleme mit der Voraussetzung der (multivariaten) Normalverteilung, wird als eine zusätzliche Möglichkeit, das Verfahren dennoch nutzen zu können die Methode des Bootstrapping (vgl. Byrne 2001) empfohlen. Als Maß, wann ein postuliertes Modell angenommen werden kann, wird standardmäßig der χ^2-Wert herangezogen. Dieser sollte nicht signifikant werden, sonst ist das Modell abzulehnen. Allerdings ist dieser Wert als Beurteilungsgrundlage der Testgüte nicht unumstritten. Deshalb gewinnen andere "Fit-Indices" - vor allem für den Bereich der Persönlichkeitsforschung - immer mehr an Bedeutung (vgl. Raykov 1998; Hu/Bentler 1999). Für die Bewertung des Modells der vorliegenden Untersuchung werden folgende Tests und Grenzwerte herangezogen: χ^2-Wert und dessen Signifikanz, CFI, SRMR, und der RMSEA.

Tab. 2: Prüfgrößen zur Analyse der Modellgüte in der vorliegenden Untersuchung

Prüfgröße	*Kriterium*
χ^2	nicht signifikant, (p < .05)
CFI	~ .95
SRMR	≤ .11
RMSEA	< .06
Bollen-Stine-Bootstrap	nicht signifikant, (p < .05)

In die Berechnung von Strukturgleichungsmodellen gehen theoretische Konstrukte als latente Variablen ein, die durch einzelne Items oder zusammengefasste Aggregate von Items spezifiziert werden. Es wurde die Methode des „parceling" angewendet, wie es bei einer großen Anzahl an Items für einen Indikator gängig ist. Hierbei wurde dimensionsspezifisch vorgegangen, d.h. als Aggregate wurden gemäß der vorliegenden inhaltlichen Dimension („Andere Kinder", „Lernen/Unterricht", „Lehrer/-innen") pro latenter Variable drei entsprechend zusammengefasste Werte gebildet. Die bereichsübergreifende latente Variable „Gesundheitliche Beeinträchtigung" wurde durch die zwei Indikatoren „Depressive Verstimmung" und „Körperliche Beschwerden" spezifiziert. Das Ergebnis der Modellprüfung zeigt Abbildung 7:

Das Modell zeigt eine sehr gute Anpassung, was aufgrund der Tatsache, dass keine Modifikationen zur Erreichung von besseren Werten der Testgüte vorgenommen wurden, beachtlich erscheint. Der χ^2-Wert wird nicht signifikant, das Modell muss aufgrund dieses Kriteriums nicht verworfen werden. Die Prüfgrö-

ßen für den Modell-Fit erreichen sehr gute Werte und sprechen ebenfalls für die
Annahme des Modells.

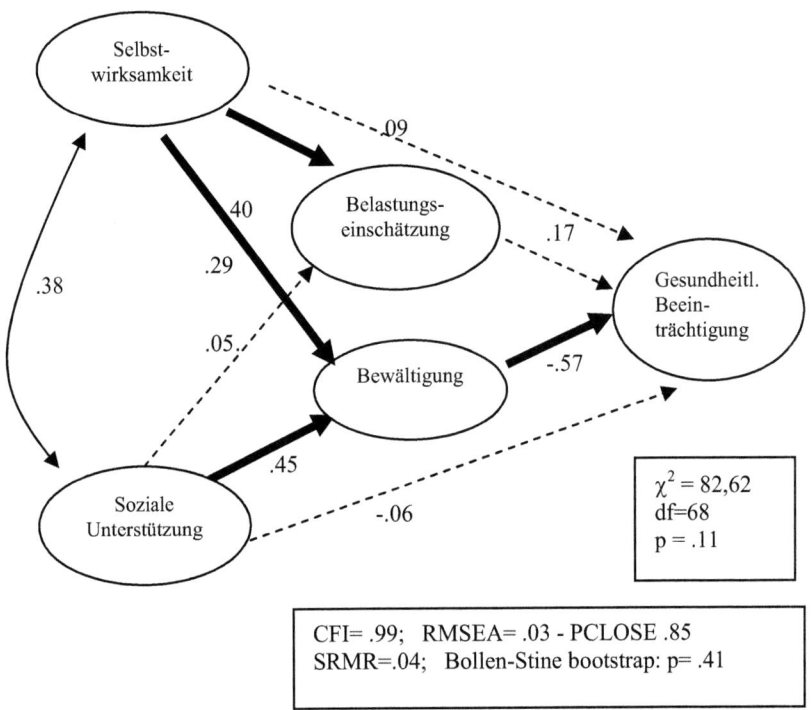

Abb. 7: Prüfung des Untersuchungsmodells (nicht signifikante Pfade sind ge-
strichelt dargestellt)

Die Analyse des Untersuchungsmodells zeigt, dass die direkten Pfade von den
Ressourcen "Selbstwirksamkeit" und "Soziale Unterstützung" auf "Gesundheitliche Beeinträchtigung" keine signifikanten Werte liefern. Insofern ist das Modell eher ein Beleg für die "Puffer-Hypothese", die besagt, dass soziale Unterstützung indirekt über günstigere Einschätzung von Situationen und/oder die
günstigere Bewältigung problematischer Situationen wirkt.
Beide Ressourcen wirken über „Bewältigung" indirekt auf die "Gesundheitliche
Beeinträchtigung" (hierbei „Soziale Unterstützung" deutlicher als „Selbstwirksamkeit"). Indirekte Einflüsse von den „Ressourcen" über die „Belastungsein-

schätzung" auf die „Gesundheitliche Beeinträchtigung" lassen sich empirisch mit den vorliegenden Daten nicht belegen. Da allerdings „Selbstwirksamkeit" bedeutsam die „Belastungseinschätzung" vorhersagen kann und der Pfad von „Belastungseinschätzung" auf "Gesundheitliche Beeinträchtigung" nur knapp die Signifikanzgrenze verfehlt, erscheint auch dieser indirekte Einfluss als pädagogisch bedeutsam.

5   Zusammenfassung und Diskussion der Ergebnisse

Die deskriptiven Analysen der vorliegenden Studie zeigen, dass es *in jeder der untersuchten Bereiche* ("Andere Kinder", "Lernen/Unterricht" und "Lehrer/-innen") *hoch bzw. sehr hoch belastete Kinder* in jeder der zehn Klassen gibt. Für etwas über ein Viertel der Kinder kumulieren Belastungserfahrungen, da sie in mindestens zwei Bereichen gleichzeitig als hoch oder sehr hoch belastet auffällig werden. Dies bestätigt die Notwendigkeit, sich mit der subjektiv erlebten Belastung von Kindern im Grundschulalltag zu beschäftigen und dabei gezielt Ressourcen in den Blick zu nehmen, die den Kindern beim Umgang mit Problemen hilfreich sein können.

Die Kinder der untersuchten Stichprobe erleben die eigene Selbstwirksamkeit und vor allem die Unterstützung durch Andere durchschnittlich durchaus hoch, wünschenswert wäre im Einzelfall vor allem noch eine Verminderung unzureichender Unterstützung. In Bezug auf eine Optimierung der Bewältigung zeigt sich vor allem pädagogischer Handlungsbedarf im Hinblick auf eine Verminderung ungünstiger Bewältigungsweisen.

In Übereinstimmung mit anderen Studien wurde auch in der vorliegenden Untersuchung eine bedenkliche Anzahl von Kindern aufgefunden, die gesundheitlich - physisch wie psychisch - als sehr belastet gelten kann. Dies unterstreicht die Bedeutung des Ergebnisses, dass sich die Ressourcen "Selbstwirksamkeit" und "Soziale Unterstützung" als bedeutsame Prädiktoren für die gesundheitliche Beeinträchtigung der Kinder erwiesen haben. Dabei sprechen die Ergebnisse vor allem für die Pufferfunktion der Ressourcen. Bei der Prüfung des Untersuchungsmodells ließen sich keine direkten Pfade auf gesundheitliche Beeinträchtigung nachweisen, es zeigen sich aber indirekte Einflüsse vor allem über die Bewältigung von Problemen - in geringerem Maße auch über die Belastungseinschätzung.

Für eine genauere Klärung sind Studien wünschenswert, die das dynamische Wechselspiel zwischen Ressourcen, Belastung, Bewältigung und Gesundheit längsschnittlich untersuchen.

Da sich abzeichnet, dass Selbstwirksamkeit, soziale Unterstützung und Bewältigung auch bei Problemen im Grundschulalltag für die Gesundheit der Kinder bedeutsam sind, stellt sich die Frage, wie diese in der Schule mehr gefördert werden können. Ein Blick auf die neuen Bildungspläne/-empfehlungen für den Kindergarten zeigt, dass hier z.b. Ziele zur Förderung von Resilienz aufgenommen wurden (vgl. Bayerisches Staatsministerium für Arbeit und Sozialordnung, Familie und Frauen und Staatsinstitut für Frühpädagogik 2003). Entsprechendes ist auch für die Grundschule wünschenswert. Auch im Lehrplan für die Bayerischen Grundschulen wird neben Lerninhalten der Auftrag der Persönlichkeitsförderung von Kindern als Ziel der Schule betont. Dies sollte aber noch umfassender bzw. differenzierter geschehen, dabei sind auch Impulse für inhaltliche Umsetzungen wünschenswert.

Schule kann durch die Gestaltung des Schullebens Einfluss auf die Persönlichkeitsentwicklung (und dabei auch den Umgang mit Problemsituationen) der Schüler nehmen, darüber hinaus sind besonders die einzelnen Lehrkräfte durch die Gestaltung ihres Unterrichts und der Lehrer-Schüler-Beziehung gefragt. Aber es sollten auch spezielle Projekte oder Programme angedacht werden, die sich konkret oder im weiteren Sinne mit Stress- und Problembewältigung beschäftigen. Für Kinder in der Grundschule liegen hier bereits einige erprobte Programme vor (z.B. Klein-Heßling/Lohaus 1998; Hampel/Petermann 2003). Komplette Programme in der Grundschule durchzuführen ist sehr aufwändig und oft von einer einzelnen Lehrkraft schwer durchzuführen. Viele Elemente der verschiedenen Trainingsmaßnahmen können aber immer wieder in den Schulalltag eingebaut werden, wie etwa die Einrichtung von "Kummerkästen", der Einsatz kooperativer Spiele, Übungen zu positiver Selbstinstruktion uvm. Es gibt hierzu einige Bücher mit Spielvorschlägen und didaktischen Anregungen, die in den Unterricht eingebracht werden können (z.B. Portmann 1998, 2002; Badegruber 2005). Außerdem können Themen wie gegenseitige Unterstützung, Selbstwirksamkeit und Problemlösung durch den Einsatz entsprechender Lese- und Schreibanlässe in den Unterricht eingebracht werden. Hierzu kann auf eine Fülle geeigneter Kinderliteratur zurückgegriffen werden.

In diesem Zusammenhang wären auch weiterführende Forschungsarbeiten im Sinne experimenteller Studien gewinnbringend, die sich mit dem Einfluss von Unterrichtsmaßnahmen/Projekten zur Förderung von Ressourcen und/oder der Bewältigung von Problemen als "Stellschrauben" für eine positive Entwicklung der Kinder beschäftigen.

Anmerkung

[1] Im Gegensatz zur Darstellung der Problembelastung der Kinder geht in die Modellberechnung lediglich die Belastungseinschätzung der Situationen und nicht der verrechnete Belastungswert aus Häufigkeits- *und* Belastungseinschätzung ein. Ein direkter Einfluss der Ressourcen ist zwar auf die Einschätzung von Situationen zu erwarten, nicht aber auf die Häufigkeit belastender Ereignisse (auch wenn dies langfristig durch Rückkopplungsprozesse möglich erscheint).

Literatur

Arbuckle, J. L. (2003): Amos 5.0. Update to the Amos User's Guide. Chicago Small Waters Corp.

Badegruber, B. (2005): Spiele zum Problemlösen. Band 1: für Kinder im Alter von 6 bis 12 Jahren (8. Aufl.). Linz: Veritas.

Bandura, A. (1977): Self-efficacy: Toward a unifying theory of behavioral change. Psychological Review, 84, S. 191-215.

Bandura, A. (1997): Self-efficacy. The exercise of control. New York: Freeman.

Bayerisches Staatsministerium für Arbeit und Sozialordnung, Familie und Frauen und Staatsinstitut für Frühpädagogik (2003): Der bayerische Bildungs- und Erziehungsplan für Kinder in Tageseinrichtungen bis zur Einschulung. Entwurf für die Erprobung. Weinheim: Beltz.

Bühner, M. (2004): Einführung in die Test- und Fragebogenkonstruktion. München: Pearson Studium.

Byrne, B. M. (2001): Strucural equation modeling with AMOS. Basic concepts, applications and programming. London: Lawrence Erlbaum associates.

Compas, B.E./Orosan, P.G./Grant, K.E. (1993): Adolescent stress and coping: Implications for psychopathology during adolescence. In: Journal of Adolescence, 16, S. 331-349.

DeLongis, A./Coyne, J. C./Dakof, G./Folkman, S./Lazarus, R. (1982): Relationsship of daily hassles, uplifts and major life events to health status. In: Health psychology, 1, S. 199-136.

Einsiedler, W. (1988): Schulanfang und Persönlichkeitsentwicklung. In: Grundschule, 20, 11, S. 20-23.

Filipp, S.-H. (1981): Kritische Lebensereignisse. München: Urban und Schwarzenberg.

Frank, A. (in Vorb.): Personale und soziale Ressourcen von Kindern bei Problemen im Grundschulalltag.

Fydrich, T./Sommer, G. (2003): Diagnostik sozialer Unterstützung. In: Jerusalem, M./Weber, H.: Psychologische Gesundheitsförderung – Diagnostik und Prävention. Göttingen: Hogrefe, S. 79-103.

Hampel, P./Petermann, F. (2003): Anti-Stress-Training für Kinder. Weinheim: Beltz.

Haußer, K. (1995): Identitätspsychologie. Berlin: Springer.

Holahan, C. J./Moos, R. H. (1994): Life stressors and mental health: Advances in conceptualizing stress resistance. In: Avison, R. W/Gotlib, I. H. (Eds.): Stress and mental health: Contemporary issues and prospects for the future. New York: Plenum Press, S. 213-238.

Hu, L./Bentler, P. M. (1999): Cutoff Criteria for fit indexes in covariance structure analysis: Conventional criteria versus new alternatives. In: Structural Equation Modeling, 6, S. 1-55.

Kanner, A. D./Coyne, J. C./Schaefer, C./Lazarus, R. S. (1981): Comparison of two modes of stress measurement: Daily hassles and uplifts versus major life events. In: Journal of behavioural medicine, 4, S. 1-39.

Kammermeyer, G./Martschinke, S. (2002): Identitäts- und Leistungsentwicklung im Grundschulunterricht. Unveröffentlichter DFG-Projektantrag. Erlangen-Nürnberg: Universität.

Klein-Heßling, J./Lohaus, A. (1998): Bleib locker. Ein Stresspräventionstraining für Kinder im Grundschulalter. Göttingen: Hogrefe.

Martschinke, S./Kammermeyer, G./Frank, A./Mahrhofer, C. (2002): Heterogenität im Anfangsunterricht – Welche Lernvoraussetzungen bringen Schulanfänger mit und wie gehen Lehrer damit um? Berichte und Arbeiten aus dem Institut für Grundschulforschung. Nr. 101. Universität Erlangen-Nürnberg.

Lazarus, R. S./Folkman, S. (1984): Stress, appraisal and Coping. New York: Springer.

Lazarus, R. S./Launier, R. (1981): Streßbezogene Transaktionen zwischen Person und Umwelt. In: Nitsch, J. R. (Hrsg.): Stress. Theorien, Untersuchungen, Maßnahmen. Bern: Huber, S. 213-259.

Lohaus, A./Klein Heßling, J. (1999): Kinder im Stress und was Erwachsene dagegen tun können. München: Beck.

Petermann, F./Niebank, K./Scheithauer, H. (2004): Entwicklungswissenschaft. Entwicklungspsychologie – Genetik – Neuropsychologie. Berlin u.a.: Springer.

Portmann, R. (1998): Spiele, die stark machen. München: Don Bosco.

Portmann, R. (2002): Spiele zum Umgang mit Aggressionen (7. Aufl.). München: Don Bosco.

Raykov, T. (1998): On the use of confirmatory factor analysis in personality research. In: Personality and Individual Differences, 24, S. 291-293.

Scheithauer, H./Petermann, F. (1999): Zur Wirkungsweise von Risiko- und Schutzfaktoren in der Entwicklung von Kindern und Jugendlichen. In: Kindheit und Entwicklung, 8, S. 3-14.

Schwarzer, R./Jerusalem, M. (2002): Das Konzept der Selbstwirksamkeit. In: Zeitschrift für Pädagogik (4. Beiheft): Selbstwirksamkeit und Motivationsprozesse in Bildungsinstitutionen, S. 28-53.

Seiffge-Krenke, I. (1993): Depressive Verstimmungen im Jugendalter: Der relative Beitrag von familiären und Freundschaftsbeziehungen. In: Zeitschrift für klinische Psychologie, 22, S. 117-136.

Seiffge-Krenke, I. (1994): Gesundheitspsychologie des Jugendalters. Göttingen: Hogrefe.

Weber, H. (1992): Belastungsverarbeitung. In: Zeitschrift für klinische Psychologie, 21, S. 17-27.

Weber, H./Knapp-Glatzel, B. (1988): Alltagsbelastungen. In: Brüderl, L.: Belastende Lebenssituationen. Untersuchungen zur Bewältigungs- und Entwicklungsforschung. Weinheim: Juventa, S. 140-157.

West, S. G./Finch, J. F./Curran, P. J. (1995): Structural equation models with nonnormal varables: Problems and remedies. In: Hoyle, R. H. (Hrsg.): Structural equation modeling: Concepts, issues and applications. Thousand Oaks: CA, S. 56-75.

Wustmann, C. (2003): Was Kinder stärkt. Ergebnisse der Resilienzforschung und ihre Bedeutung für die pädagogische Praxis. In: Fthenakis, W. E. (Hrsg.): Elementarpädagogik nach PISA. Wie aus Kindertagesstätten Bildungseinrichtungen werden können. Freiburg: Herder, S. 106-135.

Noten, soziale Vergleiche und Selbstkonzepte in der Grundschule

Horst Zeinz und Olaf Köller

Zusammenfassung

Im Rahmen der Forschungen zum so genannten Fischteich-Effekt wurde festgestellt, dass die Leistungsstärke der Mitschülerinnen und Mitschüler einen erheblichen Einfluss auf fachspezifische schulische Selbstkonzepte hat (vgl. Köller 2004). Dies drückt sich üblicherweise in einem negativen Effekt der auf Klassen- oder Schulebene aggregierten Leistung auf das Selbstkonzept aus, wenn die individuelle Leistung kontrolliert wird. Erklärt wird der Effekt über soziale Vergleiche. In einer bayernweiten Studie wurde für das Fach Mathematik im Grundschulbereich analysiert, welche Rolle die Einführung von Noten für das fachspezifische Selbstkonzept spielt und ob die Stärke des Fischteich-Effekts durch die Einführung von Noten moderiert wird. Angenommen wurde, dass der Fischteich-Effekt in Klassen ohne Notengebung deutlich schwächer ausfallen sollte. Um die Hypothese zu prüfen, wurden zwei Gruppen von bayerischen Grundschulkindern am Ende des Schuljahres 2003/04 untersucht: Kinder, die keine Noten in der zweiten Jahrgangsstufe erhielten ($n = 1386$) und Kinder, die in der zweiten Jahrgangsstufe Noten erhielten ($n = 938$). Die Analysen zeigten keine Unterschiede zwischen den zwei Gruppen in der Höhe des Selbstkonzepts, wohl aber war der negative Fischteich-Effekt in Klassen mit Schulnoten größer. Die Befunde implizieren, dass mit der Einführung von Noten soziale Vergleiche zunehmen mit den entsprechenden Konsequenzen für die fachspezifischen Selbstkonzepte. Gleichzeitig wird aber auch sichtbar, dass die Einführung von Noten nicht generell zu einem Absinken des Selbstkonzepts führt, vielmehr profitieren die Leistungsstarken auf Kosten der Leistungsschwachen.

1 Problemkontext und Fragestellung

Schulische Selbstkonzepte sind generalisierte selbstbezogene Fähigkeitskognitionen, die sich auf die erbrachten Leistungen in den verschiedenen Schulfächern beziehen. Sie basieren auf Erfahrungen in Leistungssituationen und auf den Interpretationen dieser Erfahrungen, beispielsweise mit Hilfe von Ursachenzuschreibungen. Schulische Selbstkonzepte gelten in der pädagogisch-psychologischen Forschung als wichtige Personmerkmale, die Lern- und Leistungsverhalten von Schülerinnen und Schülern erklären und vorhersagen können. Dies zeigt sich beispielsweise darin, dass Selbstkonzepte – vermittelt über motivationale Variablen – Lernprozesse in der Schule fördern (vgl. Helmke/van Aken 1995; Köller et al. 1999; Marsh/Köller 2004). Auch ist ihre hohe Bedeutung bei Fachwahlen (vgl. Hodapp/Mißler 1996; Köller et al. 2000) gezeigt worden. Zudem kommen vielen Autoren (vgl. Brookover/Lezotte 1979) in ihren Modellen zu effektiven Schulen zu dem Schluss, dass sich erfolgreiche Schulen dadurch auszeichnen, dass sie neben den Leistungen auch schulische Selbstkonzepte ihrer Schülerinnen und Schüler stärken. In der Forschung haben sich mittlerweile Arbeiten durchgesetzt, wonach schulische Selbstkonzepte immer fachspezifisch sind; eine Schülerin/ein Schüler kann also ein hohes Selbstkonzept im Bereich der Mathematik haben, aber gleichzeitig ein niedriges sprachliches Selbstkonzept, so dass die Forschung immer gefordert ist, ihre Instrumente zur Erfassung schulischer Selbstkonzepte fachspezifisch zu formulieren.

Hinsichtlich der Genese und Entwicklung der schulischen Selbstkonzepte hat sich die Ansicht etabliert (vgl. Marsh 1986; Möller/Köller 2004), dass vor allem soziale Vergleiche mit den Mitschülerinnen und Mitschülern diese Prozesse steuern. Zusätzlich scheinen Schülerinnen und Schüler auch internale Vergleiche durchzuführen, in denen sie ihre Leistungen in einem Fach mit denen in einem anderen Fach vergleichen (vgl. Möller/Köller 2001a; 2001b). Schließlich stellen auch temporale Vergleiche, bei denen die aktuellen mit früheren Leistungen verglichen werden, Informationen zur Genese der Selbstkonzepte dar (vgl. Albert 1977/Nicholls 1978). Das vom Lehrstuhl für Pädagogische Psychologie der Universität Erlangen-Nürnberg initiierte Forschungsprojekt im Schuljahr 2003/2004 fokussierte primär auf die Rolle sozialer Vergleiche und hatte zum Ziel, den sogenannten Fischteich-Effekt (*big-fish-little-pond effect*, vgl. Marsh 1987/Marsh et al. 2001) im Grundschulbereich genauer zu untersuchen.

2 Forschungsstand

2.1 Der Fischteich-Effekt

Bereits in den 1970er und 80er Jahren haben Schwarzer und Mitarbeiter (vgl. Schwarzer 1979; Schwarzer/Jerusalem 1982; Schwarzer et al. 1982) für das deutsche Schulsystem deutlich gemacht, dass die leistungsmäßige Zusammensetzung der Klasse, in der sich eine Schülerin bzw. ein Schüler befindet, einen Einfluss auf ihre/seine schulischen Selbstkonzepte hat. In besonders leistungsstarken Klassen ist das Selbstkonzept einzelner Schülerinnen und Schüler bei identischen Noten und individuellen Leistungsniveaus oft niedriger als in leistungsschwächeren Klassen. Marsh (1987) hat dieses Phänomen als Fischteich-Effekt (*big-fish-little-pond effect*) bezeichnet, der sich in pfadanalytischen Untersuchungen üblicherweise in einem negativen Pfadkoeffizienten der auf Klassen- oder Schulebene aggregierten Leistung (in Tests) auf das fachspezifische Selbstkonzept zeigt, wenn die individuelle Leistungsfähigkeit kontrolliert wird. Die Abbildung 1 demonstriert dies anhand der Befunde einer Untersuchung von Marsh und Parker (1984).

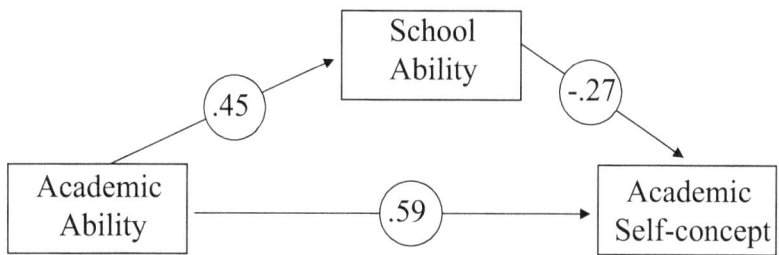

Abb. 1: Effekte der individuellen und in der Schule gemittelten kognitiven Leistungsfähigkeit auf das allgemeine Selbstkonzept der Begabung in einer Studie von Marsh und Parker (1984)

In dieser Untersuchung wurde bei australischen Schülerinnen und Schülern der Klassenstufe 6 die individuelle Fähigkeit (*Academic Ability*) mittels Intelligenztest festgestellt. Die mittlere Schulfähigkeit (*School Ability*) repräsentiert den Mittelwert der Intelligenz der Schülerinnen und Schüler einer Schule. Schließlich wurde das allgemeine Selbstkonzept der Begabung (*Academic Self-concept*) als generalisierte Selbstwahrnehmung eigener kognitiver Fähigkeiten mit Hilfe eines entsprechenden Fragebogens erfasst. Der Effekt von der individuellen auf die mittlere Schulfähigkeit ist trivial, da die Einzelfähigkeit natürlich Teil der mittleren Schulfähigkeit ist. Plausibel ist der positive Effekt der individuellen Fähigkeit auf das Selbstkonzept bei Kontrolle der Schulfähigkeit (Schulmittelwert). Intelligentere Schülerinnen und Schüler schätzen ihre kognitiven Grundfähigkeiten auch höher ein. Der negative Effekt des Schulmittelwerts der kognitiven Fähigkeit auf das Selbstkonzept bildet den Fischteich-Effekt ab: Schüler bzw. Schülerinnen in leistungsstärkeren Schulen haben im Vergleich zu gleich begabten Kindern oder Jugendlichen an schwächeren Schulen Einbußen in der Selbsteinschätzung ihrer kognitiven Fähigkeiten. Ein ganz ähnliches Ergebnismuster hat sich auch im Rahmen der PISA-Untersuchung für verbale und mathematische Selbstkonzepte zeigen lassen (vgl. Lüdtke et al. 2002).

Die Abbildung 2 versucht, anhand der Fischteich-Metapher das Phänomen genauer zu illustrieren. Zwei Schüler oder Schülerinnen (*fishes*) mit gleicher individueller Leistungsfähigkeit (gleiche Ordinatenwerte in Abb. 2), die aber

179

Klassen mit unterschiedlichen Leistungsniveaus besuchen (differenzielle Ordinatenpunkte der Klassenmittelwerte), sollten unterschiedliche Selbstkonzepte aufweisen (symbolisiert durch die Größe des Fisches), das heißt der Schüler (*big fish*) in der schwächeren Schule (*little pond*) sollte ein höheres Selbstkonzept haben als der entsprechende Schüler (*little fish*) in der leistungsstärkeren Schule (*big pond*). Leistungen beziehen sich hier auf die Ergebnisse in Schulleistungstests.

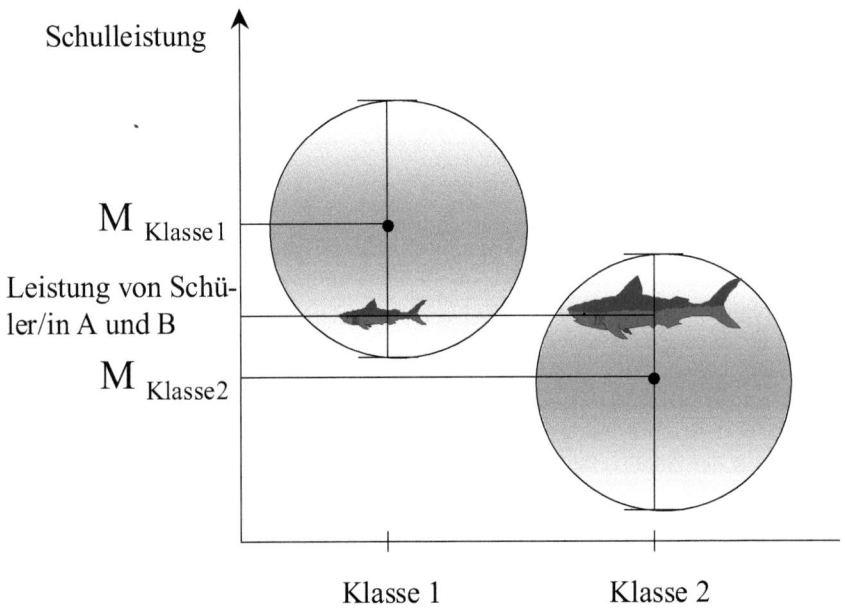

Abb. 2: Grafische Veranschaulichung des Fischteich-Effekts

Die übliche Erklärung dieses Phänomens (vgl. Marsh 1987, 1991; im Überblick Köller 2004) basiert u.a. auf Festingers (1954) Theorie sozialer Vergleichsprozesse. Schülerinnen und Schüler wählen sich danach ihre Schulkameraden als Vergleichspersonen, um zu Selbsteinschätzungen der eigenen Fähigkeiten zu kommen. Eine Schülerin bzw. ein Schüler in einer besonders leistungsstarken Klasse bzw. Schule hat viele Gelegenheiten zu Vergleichen mit Besseren mit den entsprechenden Kosten für das schulische Selbstkonzept. Ist dieselbe Schülerin/derselbe Schüler in einer leistungsschwächeren Klasse/Schule, nehmen die

Gelegenheiten zu Vergleichen mit schwächeren Kameraden zu, mit günstigen Konsequenzen für das Selbstkonzept.

In den Arbeiten Schwarzers et al. (s.o.) wurde das dreigliedrige Sekundarschulsystem als ideale Möglichkeit genutzt, den Fischteich-Effekt systematisch zu untersuchen. Dabei konnte gezeigt werden, dass sich die mittleren Niveaus schulischer Selbstkonzepte von Hauptschülern und Gymnasiasten im Laufe der Sekundarschulzeit annäherten – trotz deutlich höherer Leistungen am Gymnasium –, was als Folge der unterschiedlichen Bezugsrahmen an Gymnasien und Hauptschulen interpretiert wurde. Neuere Arbeiten (vgl. Köller et al. 2000) haben zeigen können, dass sich der Fischteich-Effekt auch innerhalb von Schulformen zeigen lässt, so lange es eine systematische Variation der Leistungen zwischen den Schulen innerhalb einer Schulform gibt. Eine hinreichende Leistungsvarianz zwischen Klassen bzw. Schulen ist natürlich notwendige Voraussetzung für den Fischteich-Effekt, da ansonsten der auf Klassen- oder Schulebene aggregierte Leistungswert eine Konstante darstellt.

Bei Köller et al. (2000) beispielsweise wurde der negative Effekt der auf Schulebene aggregierten Mathematikleistung auf das mathematische Selbstkonzept in einer reinen Gymnasialstichprobe gezeigt (s. ähnliche Befunde bei Köller/Baumert 2001). Köller (2004) konnte zudem zeigen, dass der Fischteich-Effekt in der Tat durch die Vergleichsrichtung mediiert wird.

2.2 Die Rolle der Schulnoten beim Fischteich-Effekt

Verschiedene Autoren (vgl. McFarland/Buehler 1995) haben argumentiert, dass der Fischteich-Effekt weniger durch soziale Vergleiche mit Mitschülerinnen und -schülern im alltäglichen Unterrichtsgeschehen zustande kommt, sondern in erster Linie eine Folge der schlechteren Noten sei, die Schülerinnen und Schüler mit gleicher Leistungsfähigkeit an leistungsstärkeren Schulen erhalten. Lehrkräfte wählen bei der Benotung ihrer Schüler oftmals einen klasseninternen Referenzrahmen und vergeben entsprechend der Rangordnung der Schülerinnen und Schüler das gesamte Notenspektrum. Dabei legen sie weitgehend eine Normalverteilung der Leistungen zu Grunde. In Schulen mit besonders leistungsstarken Schülerinnen und Schülern wird dieselbe Leistung oft mit einer schlechteren Note bewertet als in einer Schule mit eher leistungsschwachen Schülerinnen und Schülern. Als Folge der relativ schlechteren Noten sollte es in leistungsstarken Schulen oder Klassen zu vergleichsweise niedrigeren schulischen Selbstkonzepten kommen. Insofern könnte sich im Fischteich-Effekt ein bloßer Einfluss dieses normativen Referenzrahmens bei der Notengebung abbilden. Dass dies nicht der Fall zu sein scheint, deuten die Arbeiten von Marsh

(1987) und Lüdtke et al. (2002) an, in denen die Rolle der Noten systematisch untersucht wurde. Dabei zeigte sich, dass auch bei Kontrolle der Noten ein Fischteich-Effekt nachweisbar war, das heißt Schüler mit gleicher Note wiesen unterschiedlich hohe Selbstkonzepte auf, je nachdem, wie leistungsstark ihre Mitschülerinnen und Mitschüler waren. Dies deutet darauf hin, dass es offenbar auch ohne Noten zu solchen Phänomenen wie dem Fischteich-Effekt kommen kann. Genau dies wurde im Rahmen des Projektes 2003/2004 systematisch untersucht.

Im Grundschulbereich sind drei nationale Studien von besonderer Relevanz, die sich mit der Rolle von Noten für die Selbstkonzeptentwicklung auseinandergesetzt haben, allerdings ohne Bezug zum Fischteich-Effekt. Faber (1992) untersuchte an 141 Schülerinnen und Schülern das Zusammenspiel von verbalen und mathematischen Selbstkonzepten und Noten. Dabei konnte er im Sinne des Modells des internen und externen Referenzrahmens (vgl. Marsh 1986) zeigen, dass Noten in der Tat Effekte auf die Selbstkonzepte haben. Gute Noten in Mathematik führten zu hohen mathematischen Selbstkonzepten und niedrigeren verbalen Selbstkonzepten, gute Deutschnoten hatten positive Effekte auf das verbale Selbstkonzept und negative Effekte auf das mathematische Selbstkonzept. Daten aus standardisierten Schulleistungstests wurden bei Faber nicht erhoben, so dass differenzielle Effekte von Noten und Leistungsdaten auf schulische Selbstkonzepte nicht untersucht werden konnten. Die zu kleine Stichprobe auf Klassenebene hätte zudem eine Untersuchung des Fischteich-Effekts unmöglich gemacht.

Im NOVARA-Projekt von Valtin (2002; vgl. Wagner/Valtin 2003) wurden u.a. die schulischen Selbstkonzepte von 241 Grundschülerinnen und Grundschülern im Längsschnitt untersucht. Ziel war es, differenzielle Effekte in Abhängigkeit von unterschiedlichen Rückmeldungen (Noten vs. Berichte) auf motivationale und emotionale Maße nachzuweisen. Ein Teil der Untersuchungsteilnehmer erhielt Noten und Ziffernzeugnisse, ein anderer Teil allein Berichte und Berichtszeugnisse. Die Selbstkonzeptverläufe beider Gruppen waren allerdings identisch. Offenbar wurden bei Abwesenheit von Noten andere für die Selbstkonzeptentwicklung relevante Informationen verwendet, zum einen vermutlich die verbalen Beurteilungen, zum anderen soziale Vergleichsinformation. Leistungstestdaten liegen auch bei NOVARA nicht vor, auch ist die Zahl der untersuchten Klassen zu klein.

Die bis dato für diese Thematik vermutlich interessanteste Untersuchung ist die SCHOLASTIK-Studie des Münchener Max-Planck-Instituts für psychologische Forschung (zusammenfassend Weinert/Helmke 1997). Auf der Basis der hier gewonnenen Daten analysierten van Aken et al. (1997) das Zusammenspiel von Leistungstestdaten, Zeugnisnoten und schulischen Selbstkonzepten für die

Bereiche Rechtschreibung und Rechnen. Die Autoren waren dabei primär an reziproken Effekten von Selbstkonzepten und Leistungsindikatoren interessiert. Berücksichtung fanden 650 Schülerinnen und Schüler im Zeitraum von der zweiten bis zur vierten Jahrgangsstufe. In beiden Domänen ergaben sich längsschnittliche Effekte der Testleistungen auf die fachspezifischen Selbstkonzepte nach Kontrolle der Noten und der vorher erhobenen Selbstkonzepte. Die Effekte der Leistungstestdaten können dahin gehend interpretiert werden, dass Schülerinnen und Schüler offensichtlich über ihren Leistungsstand in der Klasse auch jenseits der Noten informiert sind. Obwohl die Datenlage es möglicherweise zugelassen hätte (immerhin 54 Klassen), wurde auf Analysen zum Fischteich-Effekt verzichtet.

Zusammenfassend weisen die Studien darauf hin, dass schulische Selbstkonzepte nicht allein durch Noten in Klassenarbeiten oder Zeugnisse determiniert sind. Der Fischteicheffekt als Folge sozialer Vergleiche jenseits der Noten war allerdings in den referierten Untersuchungen nicht Gegenstand der Analysen.

2.3   Konkretisierung der Fragestellungen

Hinsichtlich des Fischteich-Effekts ließen sich verschiedene Forschungsdesiderata aufführen, deren Beantwortung noch ausstand. Zum einen war trotz entwicklungspsychologischer Vorarbeiten (vgl. Nicholls 1978) weitgehend unklar, ob soziale Vergleichsinformationen im Grundschulalter bereits systematisch die Selbstkonzeptgenese beeinflussen. Zudem war nicht geklärt, welche Rolle das Zusammentreffen von Vergleichsinformationen im schulischen Alltag und Noten in Klassenarbeiten sowie in Zeugnissen für die Selbstkonzepte spielt. Ideale Bedingungen, diesen Fragestellungen mit Hilfe eines quasi-experimentellen Designs in einem ökologisch validen Setting nachzugehen, bieten die Bayerischen Orientierungsarbeiten. Dieses Programm sieht im Freistaat Bayern vor, in der 2. und 3. Jahrgangsstufe am Schuljahresende im Rahmen einer Vollerhebung die Leistungen in den Fächern Deutsch und Mathematik mit curricular validierten Schulleistungstests zu erheben. Gepaart mit diesem Programm war in den Schuljahren 2003/2004 und 2004/2005 ein Modellversuch zur Einführung von Noten und Ziffernzeugnissen in der 2. Jahrgangsstufe. In bayerischen Grundschulen wurden bis zum Schuljahr 2003/2004 in 2. Klassen noch keine Noten oder Ziffernzeugnisse vergeben, dies wurde erst ab der 3. Jahrgangsstufe praktiziert. Eine Ausnahme bildeten im genannten Schulversuch 30 Modellschulen, in denen bereits in der 2. Jahrgangsstufe Noten vergeben wurden. Diese Vorgaben boten eine ideale Möglichkeit, quasi anhand eines natürlichen Experiments die Rolle der Notengebung für den Fischteich-Effekt zu untersuchen, indem Klassen bzw. Schulen mit und ohne Notenvergaben miteinander verglichen wurden. Es wurden folgende Hypothesen geprüft:

- In 2. Klassen ohne Noten und Ziffernzeugnisse lässt sich für das mathematische Selbstkonzept ein Fischteich-Effekt (Effekt der auf Klassenebene aggregierten Leistung) nachweisen, der hier vor allem auf Vergleichen zwischen Schülerinnen und Schülern im täglichen Unterricht beruht.
- In 2. Klassen mit Notengebung und Ziffernzeugnissen ist dieser Effekt stärker, da Noten eine zusätzliche Information über die Leistungsstärke geben.

3   Untersuchungsmethode

Ziel war es, die oben aufgeführten Fragestellungen im Rahmen der Bayerischen Orientierungsarbeiten im Jahr 2004 zu beantworten. Zu den ohnehin durchgeführten Leistungstests sollten Informationen zum Geschlecht und Alter der Schülerinnen und Schüler, zu ihren Noten, ihrem mathematischen Selbstkonzept und ihrem Mitarbeitsverhalten in Mathematik gewonnen werden. Die zusätzlichen Instrumente wurden am Lehrstuhl Pädagogische Psychologie in Nürnberg entwickelt. Die Durchführung der Studie wurde durch das Bayerische Ministerium für Unterricht und Kultus genehmigt.

3.1   Stichprobenbeschreibung

Die Stichprobe umfasste die 2. Klassen aus 18 Schulen, in denen im Schuljahr 2003/2004 bereits in der 2. Jahrgangsstufe Noten im Fach Mathematik vergeben wurden. Als Vergleichsgruppe dienten Zweitklässler aus 26 Schulen, in denen im gleichen Schuljahr keine Mathematiknoten und Ziffernzeugnisse in den 2. Klassen vergeben wurden. In die Vergleichsstichprobe wurden Nachbarschulen der Modellschulen aufgenommen, um die Vergleichbarkeit beider Gruppen zu erhöhen.

Insgesamt resultiert hieraus eine Stichprobengröße von 44 Schulen, in denen jeweils die kompletten 2. Jahrgänge in die Untersuchung einbezogen wurden. Das waren insgesamt 100 Klassen, davon 41 von Modellschulen und 59 von Kontrollschulen. Auf Individualebene betrug die Stichprobe insgesamt $n = 2324$ Schülerinnen und Schüler, davon $n = 938$ aus 2. Klassen mit Noten und $n = 1386$ aus 2. Klassen ohne Noten. Die Anlage der Studie erlaubte die querschnittliche Überprüfung der Hypothesen.

184

Leistungen im Fach Mathematik wurden mit den entsprechenden Tests aus den Bayerischen Orientierungsarbeiten gemessen, die sich an den Lehrplänen für die zweite Jahrgangsstufe orientieren. Um zu einer angemessenen Auswertung aller erhobenen Daten zu kommen, war es notwendig, dass die Lehrkräfte der berücksichtigten Schulen die Leistungen der Schüler für jede Aufgabe dokumentieren. Dies geschah anhand einer Matrix, in die neben der Schüler-ID für jede Aufgabe die erreichte Punktzahl eingetragen wurde. Im Jahr 2004 waren es 19 Items. Bei den an der vorliegenden Untersuchung beteiligten Schulen ergab sich eine zufrieden stellende interne Konsistenz der Items (Cronbachs α = .83). Ein Beispielitem lautete: Im Klassenzimmer der Klasse 2b stehen 3 Reihen mit jeweils 5 Tischen. An jedem Tisch sitzen 2 Kinder. Wie viele Kinder gehen in die Klasse 2b?

In die Klasse 2b gehen ... Kinder.

An jeder der untersuchten Schulen wurden die Lehrkräfte gebeten, eine Liste zu erstellen, in der für jeden Schüler bzw. jede Schülerin anonymisiert das Geschlecht, das Alter (in Jahren) sowie die Noten im letzten Zeugnis in Mathematik und die Unterrichtsbeteiligung in Mathematik eingetragen wurden. Für die Frage nach der Unterrichtsbeteiligung (Wie oft beteiligt sich das Kind im Mathematikunterricht?) gab es vier Antwortkategorien (fast nie, manchmal, häufig, fast immer). In einer an die Lehrkräfte ausgegebenen „Anleitung zur Durchführung" wurde expliziert, dass dabei lediglich die Häufigkeit der aktiven Mitarbeit am Unterrichtsgespräch gemeint ist (also etwa: Wie oft meldet sich das Kind im Unterricht?) und nicht die Qualität der Unterrichtsbeiträge (etwa: Wie oft war das Gesagte „richtig"?).

Die zusätzlich eingesetzten Erhebungsinstrumente stammten zu einem erheblichen Teil aus dem Forschungsprojekt NOVARA (Noten- oder Verbalbeurteilung? Akzeptanz, Realisierung und Auswirkungen; vgl. Valtin 2002), das die Rolle von Ziffern- und Berichtszeugnissen auf die motivationale Entwicklung von Grundschülerinnen und –schülern untersucht hat.

Für das Selbstkonzept im Fach Mathematik wurden 6 Items verwendet (Cronbachs α = .88). Ein Beispielitem lautete: Ich kann Aufgaben im Rechnen meistens gut lösen. (Antwortkategorien: stimmt genau, stimmt eher, stimmt eher nicht, stimmt nicht).

Zur Auswertung der Daten wurden multiple Regressionsanalysen bzw. Mehrebenenanalysen gerechnet. Die Verwendung mehrebenenanalytischer Verfahren war nötig, da die Ziehungseinheiten Klassen bzw. Schulen waren. Innerhalb der Schulen trifft man Schülerinnen und Schüler an, die sich hinsichtlich ihrer Leistung oft sehr ähnlich sind, wohingegen Schülerinnen und Schüler unterschiedlicher Schulen sich oftmals sehr unähnlich sind. Die Ziehung solcher Stichproben hat für die weiteren statistischen Analysen erhebliche Konsequenzen, vor allem bei der Schätzung von Standardfehlern. Die übliche Berechnung des Standardfehlers setzt eine Zufallsstichprobe mit voneinander unabhängigen Beobachtungen voraus. Bei mehrstufigen Klumpenstichproben und der daraus resultierenden hierarchischer Datenstruktur ist das nicht der Fall. Die Berechung des Standardfehlers auf die gerade beschriebene Art führt dann zu einer Unterschätzung. Konsequenzen sind zum einen zu kleine Konfidenzintervalle für die geschätzten Populationsparameter, zum anderen die Inflation möglicher Entscheidungsfehler bei inferenzstatistischen Verfahren. Konkret kommt es zu einer deutlichen Zunahme von Alpha-Fehlern, bei denen eine statistische Nullhypothese verworfen wird, obwohl sie richtig ist. Im Rahmen des Projektes wurde diesen Problemen begegnet, indem Analysen im Rahmen des hierarchisch-linearen Modellierens (vgl. Raudenbush/Bryk 2002) durchgeführt wurden.

4   Ergebnisse

Schülerinnen und Schüler aus Kontroll- und Modellschulen unterschieden sich nicht generell in der Höhe ihres mathematischen Selbstkonzepts (M = 3.29 vs. M = 3.31). Leistungsstarke Schülerinnen und Schüler hatten in beiden Bedingungen höhere Ausprägungen des Selbstkonzepts als leistungsschwache Kinder, wobei der Zusammenhang in Schulen mit Noten (r = .66, p < .01) enger war als in Schulen ohne Noten (r = 55, p < .01). Diese Differenz war hoch signifikant (Fishers Z-Test, p < .01). Darüber hinaus zeigte sich wie erwartet, dass die Frage, ob ein Kind eine leistungsstarke oder –schwache Klasse besucht, einen deutlichen Einfluss auf das mathematische Selbstkonzept hat. Bei Konstanthaltung der individuellen Leistung fiel der negative Effekt des Klassenmittelwertes in den zweiten Klassen mit Noten deutlich stärker aus (β = -.27) als bei den Zweitklässlern ohne Noten (β = -.18). Die Differenz zwischen beiden Koeffizienten wird hoch signifikant (p < .01). Das bedeutet, dass tägliche Vergleiche der Kinder mit ihren Mitschülerinnen und Mitschülern im Unterrichtsgeschehen einen Einfluss auf das mathematische Selbstkonzept nehmen und die Notengebung diesen Einfluss verstärkt. Dass die Einführung der Schulnoten eine wesentliche Steigerung des Fischteich-Effekts zur Folge hat, wird besonders deutlich, wenn man die jeweils leistungsstärksten und leistungsschwächsten Zweitklässler in den leistungsstärksten bzw. leistungsschwächsten Schulklassen miteinander vergleicht. Dies ist in den Abbildungen 3 und 4 zu sehen. Als „starke Schüler" wurden dabei die 25 Prozent der leistungsstärksten Kinder, als „schwache Schüler" die 25 Prozent mit der schwächsten Leistung definiert. Dieselben Prozentzahlen wurden auch für die Berechnung der „starken" und „schwachen" Klassen festgelegt.

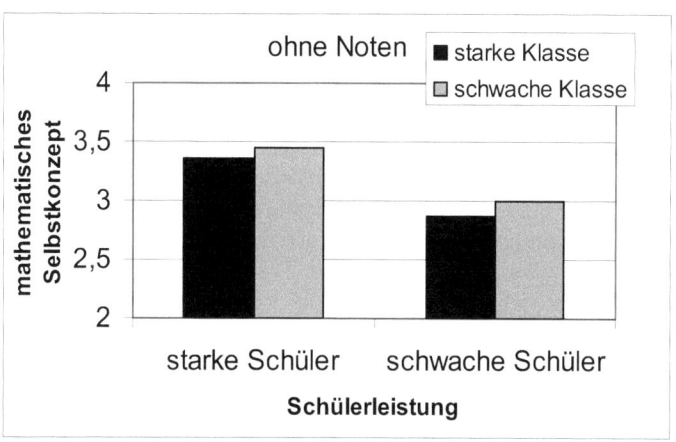

Abb. 3: Das mathematische Selbstkonzept starker bzw. schwacher Schülerinnen und Schüler in 2. Klassen *ohne* Notengebung

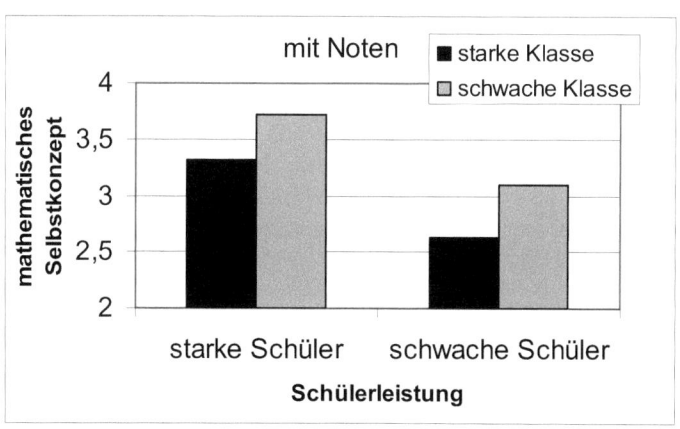

Abb. 4: Das mathematische Selbstkonzept starker bzw. schwacher Schülerinnen und Schüler in 2. Klassen *mit* Notengebung

Die Werte zwischen 2 und 3 entsprechen einem geringen bis durchschnittlichen mathematischen Selbstkonzept; Werte zwischen 3 und 4 sind einem eher hohen mathematischen Selbstkonzept zuzuordnen. Erkennbar ist, dass bei Notengebung das Selbstkonzept in leistungsstarken Klassen (Abbildung 4) niedriger ausfällt als bei Verzicht auf Noten (Abbildung 3), wobei dies insbesondere für leistungsschwache Schülerinnen und Schüler gilt. In leistungsschwachen Klassen zeigen sich etwas höhere Selbstkonzepte bei Notengebung, auch dies entspricht dem stärkeren BFLPE unter der Bedingung der Notengebung.

Pädagogische Implikationen aus den Untersuchungsergebnissen ergeben sich in vielen Bereichen: Eine Relevanz der Befunde besteht beispielsweise in Hinblick auf die Unterrichtsgestaltung durch die Lehrkräfte, die Praxis der Leistungsrückmeldungen an die Kinder und die Zusammenarbeit von Schulen und Eltern bei der Schullaufbahnentscheidung. Weitere Überlegungen ergeben sich für schulpolitische Maßnahmen, welche die Verbesserung entsprechender Rahmenbedingungen schaffen würden.

Die unterschiedlichen Gewichtungen der Bezugsnormen durch die einzelnen Lehrkräfte stellen einen immer wieder nachgewiesenen Faktor bei der Selbstkonzeptentwicklung dar (vgl. Köller 2004). Die individuelle Bezugsnormorientierung ist besonders geeignet, dem Absinken des schulischen Selbstkonzepts von leistungsschwächeren Schülerinnen und Schülern entgegenzuwirken. Dies kann dann geschehen, wenn sowohl die Unterrichtsform auf differenzierende und individualisierende Maßnahmen ausgelegt ist, als auch die Leistungsrückmeldungen durch die Lehrkraft Leistungsfortschritte der jeweiligen Kinder dokumentiert und ihnen sichtbar macht. So können sich die Kinder im konkreten Unterrichtsgeschehen als kompetent und selbstwirksam erleben. Dies kann sowohl das schulische Selbstkonzept als auch das Leistungsvermögen steigern. Die Befunde lassen die Gedanken wieder aufleben, ob (gerade im Hinblick auf die Förderung leistungsschwächerer Kinder) eine Notengebung für den Bereich der Grundschulen überhaupt pädagogisch sinnvoll ist. Beachtenswert in diesem Zusammenhang ist auch das gute Abschneiden von Ländern wie Finnland und Schweden, die bei Verzicht auf Schulnoten ein hohes durchschnittliches Leistungsniveau ihrer Schülerinnen und Schüler erreichten (vgl. Baumert et al. 2001). Als Ursachen dafür können natürlich auch die erfolgreichen Bemühungen dieser Länder um binnendifferenzierende Maßnahmen mit explizitem Fördergedanken gewertet werden.

Literatur

Albert, S. (1977): Temporal comparison theory. In: Psychological Review. 84. 485-503.

Baumert, J./Klieme, E./Neubrand, M./Prenzel, M./Schiefele, U./Schneider, W./Stanat, P./Tillmann, K.-J./Weiß, M. (2001): PISA. Programme for International Student Assessment (2001).

Brookover, W. B./Lezotte, L. W. (1979): Changes in schools characteristics coincident with changes in student achievement. East Lansing, MI: Michigan State University. (ERIC Document Reproduction Service No. ED 181 005).

Faber, G. (1992): Bereichsspezifische Beziehungen zwischen leistungsthematischen Selbstkonzepten und Schulleistungen. In: Zeitschrift für Entwicklungspsychologie und Pädagogische Psychologie. 24. 66-82.

Festinger, L. (1954): A theory of social comparison processes. In: Human Relations. 7. 117-140.

Helmke, A. (1992): Selbstvertrauen und schulische Leistungen. Göttingen: Hogrefe.

Helmke, A./van Aken, M. A. G. (1995): The causal ordering of academic achievement and self-concept of ability during elementary school: A longitudinal study. In: Journal of Educational Psychology. 87. 624-637.

Hodapp, V. & Mißler, B. (1996): Determinanten der Wahl von Mathematik als Leistungs- bzw. Grundkurs in der 11. Jahrgangsstufe. In: Schumann-Hengsteler, R./Trautner, H. M. (Hrsg.): Entwicklung im Jugendalter. Göttingen, 143-164.

Köller, O./Baumert, J. (2001): Leistungsgruppierungen in der Sekundarstufe I und ihre Konsequenzen für die Mathematikleistung und das mathematische Selbstkonzept der Begabung. In: Zeitschrift für Pädagogische Psychologie. 15. 99-110.

Köller, O./Daniels, Z./Schnabel, K./Baumert, J. (2000): Kurswahlen von Mädchen und Jungen im Fach Mathematik: Zur Rolle von fachspezifischem Selbstkonzept und Interesse. In: Zeitschrift für Pädagogische Psychologie. 14. 26-37.

Köller, O./Klemmert, H./Möller, J./Baumert, J. (1999): Leistungsbeurteilungen und Fähigkeitsselbstkonzepte: Eine längsschnittliche Überprüfung des Internal/External Frame of Reference Modells. In: Zeitschrift für Pädagogische Psychologie. 13. 128-134.

Köller, O./Schnabel K./Baumert, J. (2000): Der Einfluss der Leistungsstärke von Schulen auf das fachspezifische Selbstkonzept der Begabung und das Interesse. In: Zeitschrift für Entwicklungspsychologie und Pädagogische Psychologie. 32. 70-80.

Köller, O./Watermann, R./Trautwein, U./Lüdtke, O. (2003): Wege zur Hochschulreife in Baden-Württemberg. TOSCA - Eine Untersuchung an allgemein bildenden und beruflichen Gymnasien. Opladen: Leske + Budrich.

Köller, O. (2004): Konsequenzen von Leistungsgruppierungen. Münster: Waxmann.

Lüdtke, O./Köller, O. (2002): Individuelle Bezugsnormorientierung und soziale Vergleiche im Mathematikunterricht: Der Einfluss unterschiedlicher Referenzrahmen auf das fachspezifische Selbstkonzept der Begabung. In: Zeitschrift für Entwicklungspsychologie und Pädagogische Psychologie. 34. 156-166.

Lüdtke, O./Köller, O./Artelt, C./Stanat, P./Baumert, J. (2002): Eine Überprüfung von Modellen zur Genese akademischer Selbstkonzepte: Ergebnisse aus der PISA-Studie. In: Zeitschrift für Pädagogische Psychologie. 16. 151-164.

Marsh, H. W. (1986): Verbal and math self-concepts: An internal/external frame of reference model. In: American Educational Research Journal. 23. 129-149.

Marsh, H. W. (1987):The big-fish-little-pond effect on academic self-concept. In: Journal of Educational Psychology. 79. 280-295.

Marsh, H. W. (1991): The failure of high-ability high schools to deliver academic benefits: The importance of academic self-concept and educational aspirations. In: American Educational Research Journal. 28. 445-480.

Marsh, H. W./Yeung, A. S. (1997): Causal effects of academic self-concept on academic achievement: Structurel equation models of longitudinal data. In: Journal of Educational Psychology. 89. 41-54.

189

Marsh, H. W./Köller, O. (2003): Unification of two theoretical models of relations between academic self-concept and achievement. In: Marsh, H. W./Craven, R./McInerey, D. (Hrsg.): International advances in self research. 5. Greenwich, 17-48.

Marsh, H. W./Köller, O. (2004): Unification of theoretical models of academic self-concept/achievement relations: Reunification of east and west German school systems after the fall of the Berlin Wall. In: Contemporary Educational Psychology. 29. 264-282.

Marsh, H. W./Köller, O./Baumert, J. (2001): Reunification of East and West German school systems: Longitudinal multilevel modeling study of the big fish little pond effect on academic self-concept. In: American Educational Research Journal. 38. 321-350.

Marsh, H. W./Parker, J. (1984): Determinants of student self-concept: Is it better to be a relatively large fish in a small pond even if you don't learn to swim as well? In: Journal of Personality and Social Psychology. 47. 213-231.

McFarland, C./Buehler, R. (1995): Collective self-esteem as a moderator of the frog-pond effect in reactions to performance feedback. In: Journal of Personality and Social Psychology. 68. 1055-1070.

Möller, J./Köller, O. (2001a): Dimensional comparisons: An experimental approach to the internal/external frame of reference model. In: Journal of Educational Psychology. 93. 826-835.

Möller, J./Köller, O. (2001b): Frame of reference effects following the announcement of exam results. In: Contemporary Educational Psychology. 26. 277-287.

Möller, J./Köller, O. (2004): Die Genese akademischer Selbstkonzepte: Effekte dimensionaler und sozialer Vergleiche. In: Psychologische Rundschau. 55. 19-27.

Muthén, B. (1994). Multilevel covariance structure analysis. In: Hox, J./Kreft, I. (Hrsg.): Multilevel Modeling, a special issue of Sociological Methods & Research. 22. 376-398.

Nicholls, J. G. (1978): The development of the concepts of effort and ability, perception of academic attainment, and the understanding that difficult tasks require more ability. In: Child Development. 49. 800-814.

Raudenbush, S. W./Bryk, A. S. (2002): Hierarchical linear models. Applications and data analysis methods (2nd Ed.). Newbury Park, CA: Sage Publications.

Rubin, D. B. (1987): Multiple Imputation for non-response in Surveys. New York: Wiley.

Schwarzer, R. (1979): Bezugsgruppeneffekte in schulischen Umwelten. In: Zeitschrift für Empirische Pädagogik. 3. 153-166.

Schwarzer, R./Jerusalem, M. (1982): Soziale Vergleichsprozesse im Bildungswesen. In: Rheinberg, F. (Hrsg.): Bezugsnormen zur Schulleistungsbewertung: Analyse und Intervention. Düsseldorf, 39-63.

Schwarzer, R./Lange, B./Jerusalem, M. (1982): Die Bezugsnorm des Lehrers aus der Sicht des Schülers. In: Rheinberg, F. (Hrsg.): Jahrbuch für empirische Erziehungswissenschaft 1982. Düsseldorf, 161-172.

Valtin, R. (2002): Was ist ein gutes Zeugnis? Noten und verbale Beurteilungen auf dem Prüfstand. Weinheim: Juventa.

van Aken, M. A. G./Helmke, A./Schneider, W. (1997): Selbstkonzept und Leistung – Dynamik ihres Zusammenspiels. Ergebnisse aus dem SCHOLASTIK-Projekt. In: Weinert, F. E./Helmke, A. (Hrsg.): Entwicklung im Grundschulalter. Weinheim, 341-350.

Wagner, C./Valtin, R. (2003): Noten oder Verbalbeurteilungen? Die Wirkung unterschiedlicher Bewertungsformen auf die schulische Entwicklung von Grundschulkindern. In: Zeitschrift für Entwicklungspsychologie und Pädagogische Psychologie. 35. 27-36.

Weinert, F. E./Helmke, A. (Hrsg.) (1997): Entwicklung im Grundschulalter. Weinheim: Beltz/PVU.

III Risiken des Übergangs von der Primarstufe zur Sekundarstufe I

Übergangsempfehlung als kritisches Lebensereignis: Migration, Übergangsempfehlung und Fähigkeitsselbstkonzept

Elfriede Billmann-Mahecha und Joachim Tiedemann

Zusammenfassung

Im Rahmen der Hannoverschen Grundschulstudie, bei der seit dem Jahr 2000 in mehreren Wellen die Leistungs- und Persönlichkeitsentwicklung von Grundschulkindern untersucht wird, wurde an einer Teilstichprobe von 31 vierten Klassen mit insgesamt 653 Schülerinnen und Schülern die Rolle der Übergangsempfehlung für die Entwicklung des Fähigkeitsselbstkonzeptes sowie der Zusammenhang des Fähigkeitsselbstkonzeptes mit den Leistungstestergebnissen unter besonderer Berücksichtigung von Kindern mit Migrationshintergrund untersucht. Die Befunde zeigen zum einen, dass sich ungeachtet der empfohlenen Schulform die Fähigkeitsselbstkonzepte aller Grundschüler nach der Übergangsempfehlung deutlich vermindern, also auch der Kinder mit Gymnasialempfehlung. Dies deutet darauf hin, dass die Übergangsempfehlung im Erleben der Kinder einem „kritischen Lebensereignis" gleichkommt. Zum anderen zeigt sich, dass die Fähigkeitsselbstkonzepte von Kindern, in deren Familien nicht Deutsch gesprochen wird, vor der Übergangsempfehlung die größten positiven Abweichungen von den erhobenen Testleistungen aufweisen; für die Gruppe von Kindern, in deren Familien ausschließlich Türkisch gesprochen wird, gilt dies auch noch nach der Übergangsempfehlung.

1   Problemkontext und Fragestellung

Schon im Grundschulalter zeichnet sich bei Kindern mit Migrationshintergrund ein erheblicher Kompetenzrückstand ab. So belegt die Internationale Grundschul-Lese-Untersuchung (IGLU) einen bedeutsamen Zusammenhang zwischen dem Migrationshintergrund und der Lesekompetenz, der mathematischen und der naturwissenschaftlichen Kompetenz bei Schülern des vierten Grundschuljahrgangs. In Familien ohne Migrationsgeschichte werden jeweils die höchsten Kompetenzen ermittelt, gefolgt von Familien mit einem im Ausland geborenen

Elternteil und solchen mit beiden im Ausland geborenen Eltern. In kaum einer anderen vergleichbaren Nation klaffen die Kompetenzen dieser Kinder bereits im Grundschulalter so weit auseinander wie in Deutschland. Der Lernrückstand von Kindern mit Migrationshintergrund liegt im Grundschulbereich nach den Ergebnissen der IGLU-Studie bei immerhin einem Schuljahr (Schwippert et al. 2003, S. 284 f.).

Auch nach den Ergebnissen der Hannoverschen Grundschulstudie, bei der der Migrationshintergrund über die Frage nach der bzw. den in der Familie und in der Freizeit gesprochenen Sprache/n erhoben wurde, betragen die Leistungs-rückstände von Kindern mit Migrationshintergrund ein Schuljahr, bei höherem sprachlichen Anspruch der Testaufgaben sogar zwei Schuljahre (Tiede-mann/Billmann-Mahecha 2004a). Darüber hinaus zeichnet sich der kumulative Effekt der Lesekompetenz auf Sachfächer ab. So korrespondiert die Lesekompe-tenz in der vierten Klasse deutlich mit der Reichhaltigkeit und dem Umfang des Geschichtswissens der Kinder (Kölbl et al., revision). Neben der Familienspra-che leistet die in der Freizeit dominierende Sprache einen zusätzlichen Beitrag zur Erklärung der Leistungsunterschiede: Kinder mit Migrationshintergrund, die auch in der Freizeit nicht Deutsch sprechen, zeigen die geringsten Testleistun-gen (Tiedemann/Billmann-Mahecha, under revision; Kollenrott et al., im Druck).

Für den Sekundarbereich liegen ähnliche Befunde zum Kompetenzrückstand von Jugendlichen mit Migrationshintergrund vor. Die Größe der Kompetenzun-terschiede beträgt zum Beispiel nach den Ergebnissen von PISA 2003 ein bis zwei Schuljahre (Ramm et al. 2004, S. 271). Dementsprechend sind ausländi-sche Kinder und Jugendliche in Haupt- und Sonderschulen überrepräsentiert, während sie in Realschulen und Gymnasien stark unterrepräsentiert sind. Fast 20 Prozent der ausländischen Jugendlichen verlassen die allgemein bildenden Schulen ohne Hauptschulabschluss (im Vergleich zu etwa acht Prozent der deutschen Jugendlichen). Dieses Problem verschärft sich in der Berufsbildung: Etwa zwei von fünf jungen Ausländern bleiben ohne Berufsabschluss (Troltsch 2003). Unter geschlechtsspezifischen Aspekten ist hervorzuheben, dass auslän-dische Mädchen auf allen Bildungsebenen erfolgreicher sind als Jungen, von den ausländischen Jugendlichen ohne Schulabschluss sind z.B. knapp zwei Drittel männlich (vgl. auch Billmann-Mahecha/Tiedemann, im Druck).

Bei der Interpretation dieser Ergebnisse ist allerdings zu berücksichtigen, dass Kinder und Jugendliche mit Migrationshintergrund vermehrt in bildungs-fernen und sozioökonomisch benachteiligten Familien aufwachsen. So ist bei-spielsweise die Arbeitslosenquote bei ausländischen Arbeitnehmerinnen und Arbeitnehmern seit Jahren etwa doppelt so hoch wie in der Gesamtbevölkerung. Vergleicht man Jugendliche gleicher Sozialschicht, so verringern sich die Un-

194

terschiede zwischen den Bildungschancen von Jugendlichen aus Familien mit und ohne Migrationsgeschichte (vgl. Baumert/Schümer 2001).

Neben den familiären Bedingungen, die in Deutschland eine besonders ausgeprägte Rolle für den Schulerfolg spielen, sind auch individuelle Faktoren von Bedeutung. Zu diesen zählen einerseits kognitive Fähigkeiten und andererseits motivationale Aspekte wie das Interesse, die Lernfreude und das Fähigkeitsselbstkonzept (vgl. Helmke/Schrader 2002). Diese individuellen Faktoren unterliegen einem Entwicklungsprozess, der wiederum nicht unwesentlich durch familiäre und schulische Bedingungen geprägt wird: Für die kognitive Entwicklung spielt das Ausmaß der kognitiven Förderung in der Vor- und Grundschulzeit eine wichtige Rolle; die Motivationsentwicklung wird maßgeblich durch den sozialen Vergleich mit Mitschülerinnen und Mitschülern sowie durch die Rückmeldungen seitens der Lehrkräfte und Eltern beeinflusst.

Neben den persönlichen Rückmeldungen im Unterrichtsalltag durch die Lehrkräfte, den schriftlichen Bewertungen schulischer Arbeiten und den Jahreszeugnissen stellt insbesondere die Übergangsempfehlung gegen Ende der Grundschulzeit eine herausgehobene Form der Leistungsrückmeldung dar. Die Empfehlung für eine bestimmte Schulform im Sekundarbereich kommt in unserem Schulsystem und in der allgemeinen gesellschaftlichen Wahrnehmung nach wie vor einer sozialen Statuszuweisung mit zukunftsweisender Bedeutung gleich. Dies gilt trotz aller Bemühungen der Schulbehörden, die Durchlässigkeit zwischen den Schulformen zu erhöhen. In den Interviews, die im Rahmen der Hannoverschen Grundschulstudie mit den Lehrkräften geführt worden sind, berichten diese, dass sich viele Eltern schon zu Beginn der Grundschulzeit darüber Sorgen machen, ob am Ende eine Gymnasialempfehlung erreichbar ist. Durch frühere Studien ist bekannt, dass auch Familien mit Migrationsgeschichte, insbesondere türkische Eltern, zum Teil unrealistisch hohe Bildungs- und Berufsaspirationen für ihre Kinder haben (vgl. dazu Merkens/Nauck 1993).

Darüber hinaus berichten Lehrkräfte, dass sich in einigen Schulen bereits Zweitklässler darüber austauschen, wer später ins Gymnasium gehen kann und wer nicht. Nach diesen Hinweisen ist zu erwarten, dass die Übergangsempfehlung nicht nur für die Eltern einen hohen Stellenwert hat, sondern – vermittelt durch das soziale Umfeld – auch für die Kinder selbst. Zur Veranschaulichung sei eine Viertklässlerin zitiert, deren Eltern aus der Ukraine zugewandert sind. In einer Gruppendiskussion sagt sie: „Und, ähm, zum Beispiel, wenn Hannah also jetzt eine Vier hat und danach also welche guten Noten, ne, Ende des Schuljahres kriegt und dann Gymnasialempfehlung zum Beispiel hat, und also Esra, sie übt gar nix und danach kriegt sie einfach Hauptschulempfehlung. Das ist ihr so schlimm, das ist doch für ihr Leben, sie besteht doch für ihr Leben,

nicht für irgendwelche anderen. Da muss sie einfach, äh, Toiletten putzen"
(Kiebach/Vollbrecht 2005).

Weiter ist zu erwarten, dass die Übergangsempfehlung einen deutlichen Einfluss auf das Fähigkeitsselbstkonzept hat. Vor diesem Hintergrund wird in der
hier vorliegenden, längsschnittlichen Studie der Frage nachgegangen, wie sich
das Fähigkeitsselbstkonzept nach der Übergangsempfehlung im Vergleich zum
vorher erhobenen Fähigkeitsselbstkonzept verändert, und ob es dabei Unterschiede zwischen Kindern mit und ohne Migrationshintergrund gibt.

2   Forschungsstand

2.1   Fähigkeitsselbstkonzept

Der Begriff „Selbstkonzept" bezeichnet in der Pädagogischen Psychologie die
kognitiv-beschreibende Komponente der Selbstwahrnehmung, während die
affektiv-bewertende Komponente als „Selbstwertgefühl" bezeichnet wird. Darüber hinaus besteht heute Einigkeit darüber, dass sich das Selbstkonzept einer
Person in verschiedene Inhaltsbereiche gliedert. Wie die einzelnen Teil-
Selbstkonzepte einer Person miteinander in Beziehung stehen, ist noch nicht
eindeutig geklärt. Modelle der Vernetzung stehen neben Modellen der hierarchischen Strukturierung (vgl. Moschner 2001). In der Pädagogischen Psychologie
wird zumeist von einem hierarchischen Selbstkonzeptmodell ausgegangen, das
in der einen oder anderen Form auf das Modell von Shavelson et al. (1976)
zurückzuführen ist (vgl. Abb. 1).

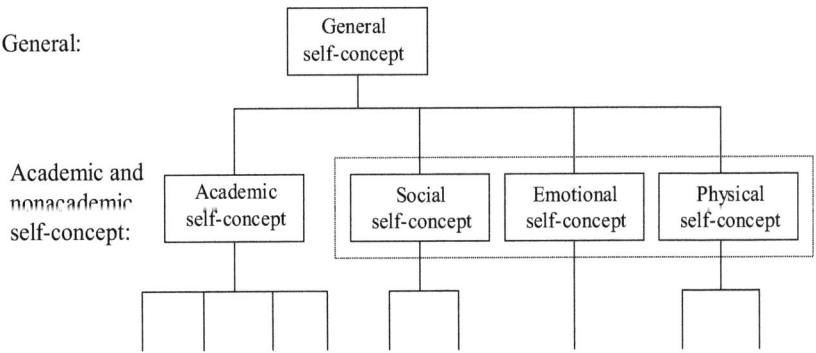

Abb. 1: Hierarchisches Selbstkonzeptmodell nach Shavelson et al. (1976).

196

Für die hier bearbeitete Fragestellung ist das „akademische Selbstkonzept", das im deutschen Sprachraum auch Fähigkeitsselbstkonzept oder schulisches Selbstkonzept genannt wird, von Bedeutung. Wie die Abbildung zeigt, kann dieses weiter in domänspezifische Fähigkeitsselbstkonzepte, wie zum Beispiel Mathematik oder Sprache, aufgeteilt werden. Die empirische Forschung zeigt, dass die Fähigkeitsselbstkonzepte einer Person in verschiedenen Domänen unterschiedlich ausgeprägt sein können, zum Beispiel kann ein hohes Selbstkonzept mathematischer Fähigkeiten mit einem geringeren Selbstkonzept sprachlicher Fähigkeiten einhergehen. Das ist damit zu erklären, dass sich Personen nicht nur mit anderen vergleichen („Bin ich in Mathe besser oder schlechter als die Anderen?"), sondern auch mit sich selbst („Bin ich in Mathe besser oder schlechter als in Deutsch"?) Empirische Belege für dieses „Internal/External Frame of Reference Model" finden sich u.a. bei Köller et al. (1999) und auch in der Hannoverschen Grundschulstudie (Tiedemann/Billmann-Mahecha 2004b).

2.2 Fähigkeitsselbstkonzept und Schulleistung

Zwischen Selbstkonzept und Schulleistung besteht ein signifikant positiver Zusammenhang, wie in zahlreichen Studien und Metaanalysen belegt werden konnte. Diese Befunde werfen die Frage nach der Einflussrichtung auf: Führt ein höheres Fähigkeitsselbstkonzept über bestimmte Mechanismen zu besseren Schulleistungen („self-enhancement model") oder führen bessere Schulleistungen zu einem höheren Fähigkeitsselbstkonzept („skill-development model")? Für beide Einflussrichtungen gibt es empirische Belege. Für das Grundschulalter hat z.B. Helmke (1998) anhand längsschnittlicher Daten gezeigt, dass der Einfluss der vorangehenden Leistung auf das nachfolgende Selbstkonzept etwas stärker ausgeprägt ist als der Einfluss des Selbstkonzeptes auf die spätere Leistung, für die ja neben der entsprechenden Anstrengung auch die Vorkenntnisse und die kognitiven Fähigkeiten von Relevanz sind. Umfangreiche Reanalysen vorliegender Befunde auf internationaler Ebene legen es nahe, prinzipiell von einer wechselseitigen Beeinflussung von Fähigkeitsselbstkonzept und Leistung auszugehen („reciprocal effects model", vgl. Marsh 1990).

Ein weiterer wichtiger Befund der Selbstkonzeptforschung ist, dass Kinder zu Beginn der Grundschulzeit ihre Kompetenzen sehr hoch einschätzen; viele glauben, sie seien in Mathematik und Deutsch die „Allerbesten". Im Laufe der Grundschulzeit – und bei den Kindern, die ins Gymnasium wechseln, auch danach – ist eine kontinuierliche Abnahme hin zu einem realistischeren Fähigkeitsselbstkonzept zu beobachten. Hinter diesem Trend „vom Optimisten zum Realisten" verbergen sich allerdings verschiedene Verlaufsgestalten, die einer differenziellen Betrachtung bedürfen, zum Beispiel zwischen Mädchen und Jungen in den Domänen Mathematik und Deutsch (Helmke 1998; vgl. auch Tiedemann/Faber 1995).

2.3 Fähigkeitsselbstkonzept bei Kindern mit Migrationshintergrund

Zu der Frage, ob die Selbstkonzeptentwicklung auch bei Kindern mit Migrationshintergrund einen spezifischen Verlauf nimmt, gibt es im deutschen Sprachraum bislang v.a. Befunde aus dem Sekundarbereich. In der Längsschnittstudie zur Lernausgangslage und Lernentwicklung Hamburger Schülerinnen und Schüler (LAU-Studie, vgl. Lehmann et al. 1997; Lehmann et al. 1999) zeigten sich bei Kindern mit Migrationshintergrund Anfang der fünften Klasse einerseits deutliche Leistungsrückstände im Vergleich zu deutschen Kindern, andererseits aber positivere Einstellungen zur Schule und zum eigenen Leistungsvermögen. Da die Fachleistungen dieser Kinder am Ende der sechsten Klasse immer noch ungünstiger als die deutscher Kinder waren, wäre ein Absinken der Einschätzung der eigenen Leistungsfähigkeit zu erwarten gewesen. Dies war jedoch nicht der Fall. Auch am Ende der sechsten Klasse schätzten sich die Kinder mit Migrationshintergrund positiver ein als die deutschen Kinder.

Eine vergleichbare Diskrepanz zwischen den Leistungen und dem Fähigkeitsselbstkonzept findet sich auch in der MARKUS-Studie. In dieser Studie wurden die Mathematikleistungen aller Achtklässlerinnen und Achtklässler in Rheinland-Pfalz untersucht. Jugendliche mit Migrationshintergrund, insbesondere aus den klassischen süd- und südosteuropäischen Arbeitsmigrantenländern sowie deutschstämmige Aussiedler, zeigten ebenfalls ungünstigere Leistungen, aber eine deutlich höhere Lernmotivation und ein höheres schulisches Selbstvertrauen, wozu das fachliche Selbstkonzept gezählt wurde (vgl. Helmke et al. 2002).

Für den Primarbereich gibt es eine kleinere Studie zur Persönlichkeitsentwicklung, bei der bei Aussiedlerkindern eine unrealistisch optimistische Selbsteinschätzung der eigenen Fähigkeit im Fach Mathematik aufgezeigt wurde (Roebers et al. 1998).

3 Design und Instrumente

3.1 Stichprobe

In dem im Folgenden behandelten Ausschnitt der Hannoverschen Grundschulstudie werden Teil-Ergebnisse der vierten Welle mit einer Stichprobe von 653

Schülerinnen und Schülern (49% Jungen) aus insgesamt 31 vierten Klassen dargestellt. Gewonnen wurde die Stichprobe, indem zunächst alle Grundschulen in Hannover über die Schulleitungen um freiwillige Teilnahme ihrer vierten Klassen gebeten wurden. 13 Schulen sagten ihre Teilnahme zumindest für einen Teil ihrer vierten Klassen zu. Über die Lehrkräfte wurde sodann die Einverständniserklärung der Eltern eingeholt. Die Untersuchung fand zu zwei Messzeitpunkten am Ende der ersten Hälfte und im letzten Drittel des Schuljahres 2003/04 statt. Die Stichprobe ist bezüglich der Anteile an Kindern mit Migrationshintergrund in den beteiligten Schulen repräsentativ: In Hannover liegt die durchschnittliche Migrationsquote an Grundschulen (Kinder ohne deutsche Staatsangehörigkeit) bei 26,6% - in der Stichprobe liegt dieser Anteil bei 24,2%.

3.2 Kriteriumsvariable

Das *Fähigkeitsselbstkonzept* wurde zu beiden Messzeitpunkten mit Hilfe der Skalen zur Erfassung des schulischen Selbstkonzepts (SESSKO; Schöne et al. 2002) erfasst. Zum Einsatz kam die Skala „Schulisches Selbstkonzept/sozial", welche die Einschätzung der eigenen Fähigkeit gemessen an den Fähigkeiten anderer erfragt. Die Skala besteht aus 6 Items, deren Beantwortung über ein vierstufiges Antwortformat ermittelt wurde, z.B. „Die Aufgaben in der Schule fallen mir schwerer als meinen Mitschüler(inne)n." (stimmt genau = 1; stimmt meistens = 2; stimmt manchmal = 3; stimmt überhaupt nicht = 4). Die interne Konsistenz der Skala (Cronbach's alpha) liegt bei .88.

3.3 Prädiktorvariablen

Die *Übergangsempfehlung* wurde zum zweiten Messzeitpunkt im Rahmen eines Lehrerfragebogens erhoben. Für jedes Kind wurde erfragt, ob es eine Hauptschul-, eine Realschul-, eine Gymnasial- oder eine sonstige Empfehlung bekommen hat.

Die *Lesekompetenz* wurde mit einem Verfahren aus der IGLU-Studie erhoben. Die erreichten Rohwerte wurden z-transformiert. Die Erhebung der Lesekompetenz fand zum zweiten Messzeitpunkt im letzten Drittel des vierten Schuljahres statt.

Die *Familiensprache* wurde im Rahmen eines Schülerfragebogens mit folgender offenen Frage erhoben: „Welche Sprache/n sprichst Du in deiner Familie?" Die Auswertung erfolgte nach den Kategorien „Deutsch", „Deutsch und andere Sprache/n" (= „Gemischt"), „Türkisch", „Sonstige Sprache/n"

4 Befunde

4.1 *Fähigkeitsselbstkonzepte vor und nach der Übergangsempfehlung*

Zunächst wurde der Frage nachgegangen, inwieweit die Übergangsempfehlungen und Fähigkeitsselbstkonzepte korrespondieren, und ob die Übergangsempfehlung einen Effekt auf die Fähigkeitsselbstkonzepte ausübt. Die abhängige Variable Fähigkeitsselbstkonzept wurde über eine MANOVA (Messwiederholung) mit dem Faktor Zeit (t1 und t2) und dem Faktor Übergangsempfehlung (dreistufig für Haupt-, Realschul- und Gymnasialempfehlung) analysiert. Dies ergab einen signifikanten Haupteffekt Zeit [$F(1,514) = 89,86$; $p < .001$] und einen Haupteffekt Übergangsempfehlung [$F(2,514) = 21,43$; $p < .001$]. Die Wechselwirkung erwies sich hingegen als nicht signifikant [$F(2,514) = 1,8$; $p > .05$]. Die Fähigkeitsselbstkonzepte vermindern sich nach Bekanntgabe der Übergangsempfehlungen. Wie die anschließenden Einzelvergleiche (Tukey-HSD) ausweisen, zeichnen sich bedeutsame Differenzen zwischen den Gymnasialempfehlungen einerseits und den Haupt- und Realschulempfehlungen andererseits ab. Schülerinnen und Schüler mit Gymnasialempfehlung weisen die höchsten Selbstkonzepte auf (vgl. Abb. 2). Somit spiegeln sich die Übergangsempfehlungen weitgehend in den Fähigkeitsselbstkonzepten wider.

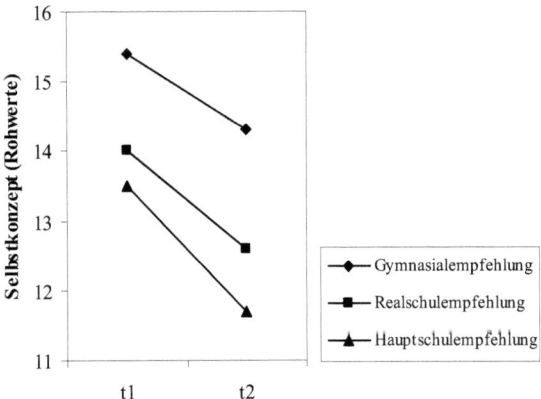

Abb. 2: Fähigkeitsselbstkonzepte von Kindern mit verschiedenen Schulformempfehlungen vor (t1) und nach (t2) der Übergangsempfehlung

Mit anderen Worten: Kinder mit Gymnasialempfehlung weisen zeitüberdauernd höhere Fähigkeitsselbstkonzepte auf als Kinder mit Real- und Hauptschulemp-

200

fehlung, die sich ihrerseits nicht bedeutsam unterscheiden. Die Übergangsempfehlung übt einen gleichsinnigen Effekt auf die Fähigkeitsselbstkonzepte aller
Kinder aus. Ungeachtet der empfohlenen Schulform vermindern sich die Fähigkeitsselbstkonzepte aller Grundschulkinder. Somit übt die Übergangsempfehlung keine differentiellen Effekte auf die Selbstkonzepte aus.

4.2   Fähigkeitsselbstkonzepte von Kindern verschiedener Familiensprachen

In einem weiteren Schritt wurde überprüft, ob und in welcher Weise die Familiensprache des Kindes einen Effekt auf das Fähigkeitsselbstkonzept ausübt, und
welche Effekte die Übergangsempfehlungen auf Kinder mit unterschiedlichen
Familiensprachen ausüben. Die Daten wurden einer analogen varianzanalyti-
schen Überprüfung unterzogen. Beide Haupteffekte und die Wechselwirkung
erwiesen sich als signifikant. Haupteffekt Zeit: $F(1,508) = 82,94$; $p < .001$;
Haupteffekt Familiensprache: $F(2,508) = 4,93$; $p < .01$; Wechselwirkung: $F(2,508) = 5,39$; $p < .01$. Die Ergebnisse sind in Abbildung 3 wiedergegeben.

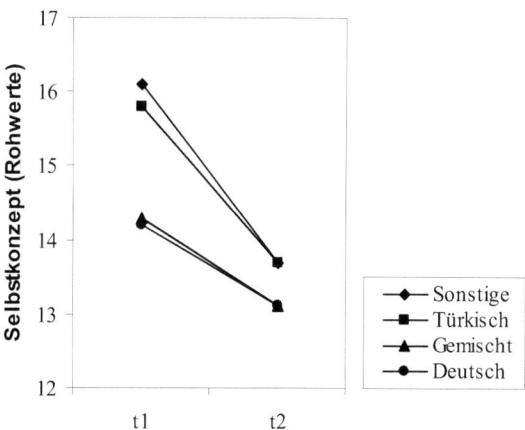

Abb. 3: Fähigkeitsselbstkonzepte von Kindern verschiedener Familiensprachen
vor (t1) und nach (t2) der Übergangsempfehlung

Damit zeigt sich, dass Kinder aus Familien, in denen kein Deutsch gesprochen
wird, vor der Übergangsempfehlung die höchsten Fähigkeitsselbstkonzepte
aufweisen. Ihr Selbstkonzept ist vor Bekanntgabe der Übergangsempfehlung so

hoch, dass es sich nicht signifikant vom Selbstkonzept derjenigen abhebt, die immerhin eine Gymnasialempfehlung erhalten. Nach Übermittlung der Übergangsempfehlung sinken allerdings die Selbstkonzepte aller Familiensprachgruppen auf ein solches Niveau ab, dass sich keine signifikanten Differenzen zwischen den überprüften Gruppen mehr nachweisen lassen. Damit zeichnet sich durch die Übergangsempfehlung in allen Gruppen eine signifikante Verminderung im Fähigkeitsselbstkonzept ab, insbesondere aber bei den Kindern, in deren Familien kein Deutsch gesprochen wird.

4.3 Fähigkeitsselbstkonzept und Leistung

Schließlich wurde der Realitätsgehalt der Fähigkeitsselbstkonzepte analysiert. Um das Verhältnis zwischen Selbstkonzepten und Testleistungen zu erfassen, wurden Differenzen zwischen den z-transformierten Selbstkonzeptwerten (normiert auf t1) und den ebenso transformierten Lesekompetenzwerten ermittelt. Positive Werte verweisen auf ein im Verhältnis zur Lesekompetenz hohes Selbstkonzeptniveau, negative Werte auf ein im Verhältnis zur Leistung geringes Selbstkonzept.

Eine analoge varianzanalytische Überprüfung zeigt signifikante Haupteffekte für den Faktor Zeit [F(1,506) = 56,52; p < .001] und Familiensprache [F(3,506) = 24,10; p < .001] sowie eine signifikante Wechselwirkung [F(3, 506) = 3,61; p < .001]. Als signifikant erwiesen sich die Einzelvergleiche nach Tukey-HSD zwischen der deutschen und allen anderen Familiensprachgruppen. Auch der Unterschied zwischen der gemischtsprachigen und der türkischen Familiensprachgruppe ist signifikant. Über weitere univariate Varianzanalysen und T-Tests für abhängige Stichproben zeichnet sich folgendes Bild ab.

Wie Abbildung 4 ausweist, ist die Divergenz zwischen Leistung und Selbstkonzept bei Kindern nichtdeutscher Familiensprachen zum ersten Messzeitpunkt am ausgeprägtesten. Die Werte reflektieren ein im Verhältnis zur Schulleistung deutlich überhöhtes Selbstkonzept. Die Kinder mit deutscher Familiensprache weisen hingegen bereits vor der Übergangsempfehlung eine negative Differenz auf, d.h. diese Kinder unterschätzen ihre Kompetenzen tendenziell. Nach Bekanntgabe der Übergangsempfehlung vermindern sich bei den Kindern nichtdeutscher Familiensprachen die diagnostizierten Divergenzen, d.h. die Selbsteinschätzungen werden realistischer, auch wenn sie bei Kindern mit türkischer Familiensprache immer noch ausgesprochen selbstwertdienlich sind. Demgegenüber werden die Divergenzen der Gruppe mit deutscher Familiensprache noch ausgeprägter im Sinne einer selbstkritischen Einschätzung.

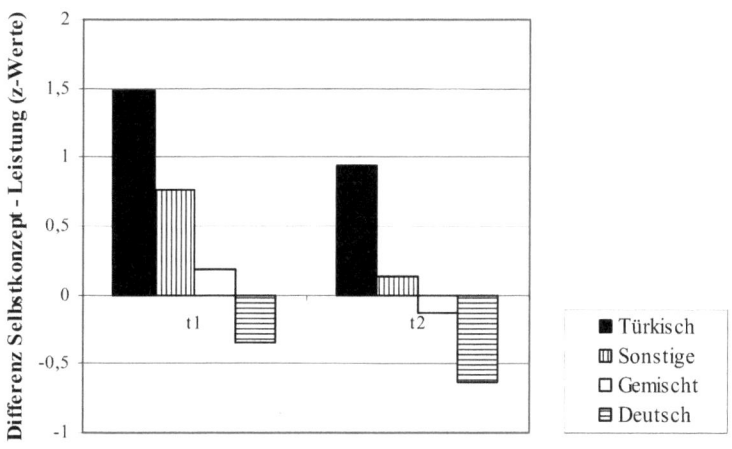

Abb. 4: Differenzen zwischen Fähigkeitsselbstkonzept und Leistung bei Kindern verschiedener Familiensprachen vor (t1) und nach (t2) der Übergangsempfehlung

5 Diskussion der Ergebnisse

5.1 *Übergangsempfehlung als kritisches Lebensereignis*

Die vorliegende Untersuchung hatte zum Ziel, zu überprüfen, ob, und wenn ja, welche Effekte Übergangsempfehlungen auf weiterführende Schulen auf die kindliche Selbstwahrnehmung haben. Die Studie hat gezeigt, dass solche Empfehlungen eine deutliche Verminderung des kindlichen Fähigkeitsselbstkonzeptes zur Folge haben, und zwar ungeachtet der inhaltlichen Ausgestaltung der Empfehlung. Konkret bedeutet dies, dass nicht nur eine Hauptschul- oder Realschulempfehlung, sondern auch eine Gymnasialempfehlung solche Folgen hat. Weiterhin zeigte sich ein deutlicher Effekt der Familiensprache. Im Vergleich haben Kinder aus Familien, in denen kein Deutsch gesprochen wird, vor der Beurteilung die höchsten Fähigkeitsselbstkonzepte, die sie nach der Übergangsempfehlung drastischer vermindern als Kinder aus den anderen beiden Familiensprachgruppen. Nach den Empfehlungen waren die Selbsteinschätzungen der Kinder nichtdeutscher Familiensprachen dem faktischen Leistungsniveau näher, wenngleich die Kinder mit türkischer Familiensprache immer noch deutlich selbstwertdienliche Selbsteinschätzungen abgaben. Das heißt, trotz der allgemeinen Reduzierung des Selbstkonzeptes erweist sich bei Kindern mit türkischer Familiensprache dieses immer noch den faktischen Leistungen wenig angemessen. Demgegenüber zeigen Kinder mit deutscher Familiensprache bereits vor der Übergangsempfehlung und danach noch stärker selbstkritische Einschätzungen.

Insgesamt zeigt die Studie gravierende Veränderungen der Selbstwahrnehmung von Grundschulkindern kurz vor dem Übertritt auf weiterführende Schulen. Die Übergangsempfehlung kann somit durchaus als *kritisches Lebensereignis* im Sinne von Filipp (1995) betrachtet werden. Davon sind offensichtlich selbst Schüler betroffen, welche eine Gymnasialempfehlung erhalten haben. Da es keine Hinweise auf retest-Effekte als Ursache des Verlusts an Selbstvertrauen gibt, dürfte insbesondere der den Kindern durch die Reaktionen „signifikanter Anderer" vermittelte Leistungsdruck als Ursache dieser Verunsicherung in Frage kommen. Dieses sich am Ende der Grundschulzeit abzeichnende Niveau des Fähigkeitsselbstkonzeptes wird sich im Laufe der weiteren Schullaufbahn erneut verändern, wenn sich die Kinder in den verschiedenen Schulformen des Sekundarbereichs mit neuen Bezugsgruppen vergleichen. Nach vorliegenden Forschungsbefunden ist zu erwarten, dass das Fähigkeitsselbstkonzept von Hauptschülern im Sinne des „Big Fish Little Pond Effects" (vgl. Marsh 1984) wieder ansteigt, während das von Gymnasiasten tendenziell weiter sinkt.

5.2 Fähigkeitsselbstkonzepte von Kindern mit Migrationshintergrund

Ungeachtet der Effekte der Übergangsempfehlung auf die Fähigkeitsselbstkonzepte bleibt der Befund erklärungsbedürftig, dass Kinder mit Migrationshintergrund nicht nur in der vorliegenden, sondern auch in anderen Studien ein im Vergleich zu Kindern ohne Migrationshintergrund unrealistisch hohes Fähigkeitsselbstkonzept aufweisen. Damit ist gemeint, dass sie ihre Leistungsfähigkeit höher einschätzen als es ihrem tatsächlichen Leistungsniveau entspricht.

Für diesen Befund gibt es bislang keine empirisch gesicherten Interpretationshinweise. Helmke et al. (2002, S. 148) vermuten, dass gezielte Förder- und Stützmaßnahmen im Bereich der interkulturellen Bildung für die günstige psychosoziale Lage (Lernmotivation und Selbstvertrauen in die eigene Leistungsfähigkeit) von Jugendlichen mit Migrationshintergrund verantwortlich sind. Eine weitere Interpretationshypothese könnte dahingehend formuliert werden, dass Kinder aus sozioökonomisch benachteiligten und bildungsfernen Elternhäusern (und das betrifft die Mehrzahl der Kinder mit Migrationshintergrund) innerhalb ihrer Familien bereits dadurch einen höheren Status erreichen, dass sie überhaupt Lesen, Schreiben und Rechnen lernen, auch wenn sie das weniger gut lernen als ihre Mitschülerinnen und Mitschüler ohne Migrationshintergrund. Während diese beiden Interpretationshypothesen primär auf sozialisatorische Faktoren abheben, vermuten Roebers et al. (1998, S. 729) aus persönlichkeitspsychologischer Sicht, dass die in ihrer Studie beobachteten unrealistisch optimistischen Selbsteinschätzungen von Aussiedlerkindern in Mathematik dem Selbstschutz dienen, „um ihr Selbstvertrauen vor globalen Einbußen zu schützen". In Gruppendiskussionen mit Viertklässlern, deren Familien überwiegend eine Migrationsgeschichte aufweisen, wurden von den Kindern selbst Hinweise gegeben, die zwei weitere Interpretationshypothesen nahe legen, die ebenfalls Aspekte des Selbstschutzes beinhalten (vgl. Kiebach/Vollbrecht 2005; zur Methode vgl. Kölbl/Billmann-Mahecha, im Druck): a) Ausländische Kinder, v.a. Jungen, würden mehr als deutsche Kinder Wert darauf legen, „cool" zu wirken, und dazu gehört, ungünstige Leistungsrückmeldungen wegzustecken und nicht weiter zu beachten. In abgeschwächter Form vermuten andere Kinder, dass sich ausländische Kinder zwar ebenso für schlechte Leistungen schämen, dies jedoch nicht offen zeigen würden. Das hieße: Man weiß, dass man keine guten Leistungen erbringt, sagt das aber nicht öffentlich, also auch nicht in einem Fragebogen. b) Ausländische Kinder müssten erst die deutsche Sprache erlernen, deshalb schätzen sie die eigenen, eher mäßigen Lernerfolge höher ein als die Lernerfolge ihrer Mitschülerinnen und Mitschüler, die sich keiner Zweitsprache in der Schule bedienen müssen.

Es stellt eine Herausforderung an die weitere qualitative und/oder quantitative Forschung in diesem Bereich dar, geeignete Erhebungsmethoden zu finden, um die genannten Interpretationshypothesen näher zu überprüfen. Abschließend soll noch die Frage gestellt werden, ob die unrealistischen Fähigkeitsselbstkonzepte von Kindern und Jugendlichen mit Migrationshintergrund ihrer weiteren Bildungslaufbahn dienlich sind oder nicht. Zwar ist eine maßvolle Überschätzung der eigenen Leistungsfähigkeit durchaus günstig für die psychosoziale Befindlichkeit und auch für die Lernmotivation, eine weit überhöhte Selbsteinschätzung dürfte aber dazu führen, keine weiteren Lernanstrengungen mehr zu unternehmen (Helmke 1998, S. 132). Genau darin liegt das Problem. Wenn die Jugendlichen erst dann auf den „Boden der Realität" gestellt werden, wenn sie die Schule ohne Abschluss verlassen (müssen) – und das sind immerhin fast 20 % der ausländischen Jugendlichen – so ist es für korrigierende Eingriffe meist zu spät.

Literatur

Baumert, J./Schümer, G. (2001): Familiäre Lebensverhältnisse, Bildungsbeteiligung und Kompetenzerwerb. In: Deutsches PISA-Konsortium (Hrsg.): PISA 2000. Basiskompetenzen von Schülerinnen und Schülern im internationalen Vergleich. Opladen: Leske + Budrich, S. 323-407.

Billmann-Mahecha, E./Tiedemann, J. (im Druck): Migration. In: Rost, D. (Hrsg.): Handwörterbuch der Pädagogischen Psychologie, 3. Auflage. Weinheim: Beltz PVU.

Filipp, S.-H. (1995): Kritische Lebensereignisse, 3. Auflage. Weinheim: Beltz PVU.

Helmke, A./Schrader, F.-W. (2001): Determinanten der Schulleistung. In: Rost, D. (Hrsg.): Handwörterbuch Pädagogische Psychologie, 2. Auflage. Weinheim: Beltz PVU, S. 81-91.

Helmke, A. (1998): Vom Optimisten zum Realisten? Zur Entwicklung des Fähigkeitsselbstkonzeptes vom Kindergarten bis zur 6. Klassenstufe. In: Weinert, F.E. (Hrsg.): Entwicklung im Kindesalter. Weinheim: Beltz PVU, S. 115-132.

Helmke, A./Hosenfeld, I./Schrader, F.-W./Wagner, W. (2002): Sozialer und sprachlicher Hintergrund. In: Helmke, A./Jäger, R.S. (Hrsg.): Das Projekt MARKUS. Mathematik-Gesamterhebung Rheinland-Pfalz: Kompetenzen, Unterrichtsmerkmale, Schulkontext. Landau: Verlag Empirische Pädagogik, S. 71-153.

Kiebach, N./Vollbrecht, C. (2005): Selbstkonzept und Migration. Universität Hannover: Unveröffentlichte Examensarbeit für das Lehramt an Grund-, Haupt- und Realschulen.

Kölbl, C./Billmann-Mahecha, E. (im Druck): Die Gruppendiskussion. Schattendasein einer Methode und Plädoyer für ihre Entdeckung in der Entwicklungspsychologie. In: Mey, G. (Hrsg.): Qualitative Forschung in der Entwicklungspsychologie. Köln: Kölner Studienverlag, S. ???.

Kölbl, C./Tiedemann, J./Billmann-Mahecha, E (under revision): Die Bedeutung der Lesekompetenz für Sachfächer.

Köller, O./Klemmert, H./Möller, J./Baumert, J. (1999): Eine längsschnittliche Überprüfung des Modells des Internal/External Frame of Reference. In: Zeitschrift für Pädagogische Psychologie, 13, S. 128-134.

Kollenrott, A.I./Tiedemann, J./Billmann-Mahecha, E. (im Druck): Die Hannoversche Grundschulstudie zur Lesekompetenz. In: Veröffentlichungsreihe der Stiftung Lesen.

Lehmann, R.H./Gänsfuß, R./Peek, R. (1999): Aspekte der Lernausgangslage von Schülerinnen und Schülern Hamburger Schulen – Klassenstufe 7. Hamburg: Behörde für Schule, Jugend und Berufsbildung.

Lehmann, R.H./Peek, R./Gänsfuß, R. (1997): Aspekte der Lernausgangslage von Schülerinnen und Schülern der fünften Klassen an Hamburger Schulen. Hamburg: Behörde für Schule, Jugend und Berufsbildung.

Marsh, H.W. (1984): Self-concept: The application of a frame of reference model to explain paradoxical results. In: Australian Journal of Education, 28, p. 165-181.

Marsh, H.W. (1990): The causal ordering of academic self-concept and academic achievement: A multiwave, longitudinal panel analysis. In: Journal of Educational Psychology, 82, p. 646-656.

Merkens, H./Nauck, B. (1993): Ausländerkinder. In: Markefka, M./Nauck, D. (Hrsg.): Handbuch der Kindheitsforschung. Neuwied: Luchterhand, S. 447-457.

Moschner, B. (2001): Selbstkonzept. In: Rost, D. (Hrsg.): Handwörterbuch Pädagogische Psychologie, 2. Auflage. Weinheim: Beltz PVU, S. 629-635.

Ramm, G./Prenzel, M./Heidemeier, H./Walter, O. (2004): Soziokulturelle Herkunft: Migration. In: PISA-Konsortium Deutschland (Hrsg.): PISA 2003. Der Bildungsstand der Jugendlichen in Deutschland – Ergebnisse des zweiten internationalen Vergleichs. Münster: Waxmann, S. 254-272.

Roebers, C./Mecherill, A./Schneider, W. (1998): Migrantenkinder in deutschen Schulen. Eine Studie zur Persönlichkeitsentwicklung. In: Zeitschrift für Pädagogik, 44, S. 723-736.

Schöne, C./Dickhäuser, O./Spinath, B./Stiensmeier-Pelster; J. (2002): Skalen zur Erfassung des schulischen Selbstkonzepts. Hogrefe: Göttingen.

Schwippert, K./Bos, W./Lankes, E.M. (2003): Heterogenität und Chancengleichheit am Ende der vierten Jahrgangsstufe im internationalen Vergleich. In: Bos, W./Lankes, E.M./Prenzel, M./Schwippert, K./Walter, G./Valtin, R. (Hrsg.): Erste Ergebnisse aus IGLU. Münster: Waxmann, S. 265-302.

Shavelson, R.J./Hubner, J.J./Stanton, G.C. (1976): Self-concept: Validation of construct interpretations. In: Review of Educational Research, 46, p. 407-441.

Tiedemann, J./Billmann-Mahecha, E. (2004a): Migration, Familiensprache und Schulerfolg. Ergebnisse der Hannoverschen Grundschulstudie. In: Bos, W./Lankes, E.M./Plaßmeier, N./Schwippert, K. (Hrsg.): Heterogenität. Eine Herausforderung an die empirische Bildungsforschung. Münster: Waxmann, S. 269-279.

Tiedemann, J./Billmann-Mahecha, E. (2004b): Development of self-concept in elementary school classes: A test of theoretical models. In: Proceedings of the Third International Biennal SELF Research Conference [zugänglich über: http://self.uws.edu.au].

Tiedemann, J./Faber, G. (1995): Mädchen im Mathematikunterricht: Selbstkonzept und Kausalattributionen im Grundschulalter. In: Zeitschrift für Entwicklungspsychologie und Pädagogische Psychologie, 27, S. 61-71.

Tiedemann, J./Billmann-Mahecha, E. (under revision): Lesekompetenz und Migration im Grundschulalter: Sprache als individueller und Kontext-Faktor. Ergebnisse aus der Hannoverschen Grundschulstudie.

Troltsch, K. (2003): Bildungsbeteiligung und -chancen von ausländischen Jugendlichen und jungen Erwachsenen mit Migrationshintergrund. In: Bundesinstitut für Berufsbildung (BIBB) (Hrsg.): Integration durch Qualifikation. Chancengleichheit für Migrantinnen und Migranten in der beruflichen Bildung. Bonn: Bundesinstitut für Berufsbildung, S. 49-62.

Veränderung der Schulfreude von der Grundschule zur weiterführenden Schule

Bea Harazd und Sina Schürer

Zusammenfassung

Im Rahmen des DFG Projektes zum „Übergang von der Grundschule zur weiterführenden Schule" wurden in einem Längsschnitt mit über 600 Schülern Veränderungen der Schulfreude von der 4. zur 5. Klasse überprüft.

In dem vorliegenden Beitrag werden varianz- und regressionsanalytisch persönliche und schulische Faktoren analysiert, die mit der Schulfreude zusammenhängen. Zum einen werden Unterschiede zwischen unterschiedlichen Schülergruppen (Geschlecht, Migrationshintergrund, Schulform) hinsichtlich der Schulfreude näher betrachtet. Zum anderen wird versucht, die Schulfreude in der vierten und fünften Klasse sowie die Veränderungen der Schulfreude von der Grundschule zur weiterführenden Schule durch persönliche und schulische Faktoren (z.B. Lehrer-Schüler-Beziehung, Prüfungsangst) und durch deren Veränderung zu erklären.

1   Problemkontext und Fragestellung

Das Dortmunder Grundschulübergangsprojekt untersucht den Übergang von der Grundschule zur weiterführenden Schule. Insbesondere werden die individuellen Anpassungsprozesse als Reaktion auf veränderte schulische Bedingungen näher beleuchtet. Hierbei sind neben Lernleistungen auch emotionale und motivationale Faktoren, wie die Schulfreude der Schülerinnen und Schüler, Gegenstand der Untersuchung.

Die Schulunlust bzw. die Schulfreude charakterisiert nach Fend (1997) eine emotionale Grundhaltung, die den gesamten schulischen Lernbereich überschatten kann. Die Affekte gegenüber der Schule sind von besonderer Bedeutung, da sie - vermittelt über Lernanstrengung und Lernbereitschaft - Einfluss auf den Lernerfolg nehmen. Lernen und Schule stehen für Schüler in engem Zusammenhang. Wird die Schule negativ besetzt, so ist zu vermuten, dass das Lernen für die Schüler auch über die Schule hinaus negativ bewertet und somit vermieden wird. Aber nicht nur für den Lernerfolg ist es wichtig, dass die Schüler in der Schule Freude erleben. In der Schulfreude drückt sich ein Gefühl der Integration in den sozialen Schulkontext, die Motivation zur Beteiligung am Schulleben sowie auch das „Wohlfühlen" in der Schule aus. Wird Schule als unlustbetont wahrgenommen, entwickeln die Schüler eine negative Assoziation mit Schule, welche negative Konsequenzen mit sich bringt. So geht meist eine hohe Schulunlust mit einer erhöhten Schulvermeidung einher. Von Saldern (1987; zit. nach Eder 1995) findet bei Schülern mit hoher schulischer Fehlzeit eine deutlich negativere Wahrnehmung der schulischen Umwelt. Häufig schwänzende Schüler weisen geringere Lehrerzufriedenheit und weniger Schulmotivation auf. Auch Kirsch und Hansen (2002) vermuten in der Schulunlust ein mögliches Initialsymptom für Schulvermeidung. Während in der Grundschule die Problematik des Schulvermeidungsverhaltens kaum zu beobachten ist, nimmt diese in der Sekundarstufe I zu (vgl. Kantak 1998; Thimm 1998; Schreiber-Kittl 2001). In der Schullaufbahn der Schüler stellt der Übergang von der Grundschule zur weiterführenden Schule ein besonderes Ereignis dar, das mit einer Vielzahl von Veränderungen einhergeht und eine Reihe von Anpassungen erfordert. So verändert sich der Schulweg, die Beziehung zu den Mitschülern, es kommt zum Fachlehrerprinzip, neue Unterrichtsfächer werden unterrichtet usw. Mit dem Wechsel auf die weiterführende Schule greifen wir ein bedeutsames schulisches Lebensereignis von Schülern auf und versuchen die Relevanz für die Veränderung der Schulfreude genauer zu analysieren.

2   Forschungsstand

Die meisten Forschungsergebnisse zur Schulfreude sind als „Nebenprodukte" aus Untersuchungen im schulischen Kontext mit leistungsbezogenen Fragestellungen hervorgegangen. Aufgrund dieser bisherigen Forschungspraxis sind die gewählten Definitionen und die damit verbundenen Operationalisierungen der Schulfreude sehr vielfältig und dies erschwert einen Vergleich der Ergebnisse.

Die Analysen zur Schulfreude konzentrieren sich hauptsächlich auf Gruppenunterschiede, die Entdeckung von Zusammenhängen mit personalen und schulischen Merkmalen sowie auf die Veränderung der Schulfreude im Laufe der Schulzeit. Letztere Analysen beruhen vor allem auf Daten aus Untersuchungen mit querschnittlichem Design in der Sekundarstufe (Helmke 1993). Auch die Suche nach Erklärungen und Ursachen für die gefundenen Gruppenunterschiede, Zusammenhänge und Veränderungen der Schulfreude lag bislang nicht im Fokus des Forschungsinteresses. Bei der Untersuchung von Gruppenunterschieden wurden vornehmlich geschlechtsspezifische Unterschiede und Unterschiede zwischen den Schulformen betrachtet. In allen uns bekannten Studien wurden signifikante Unterschiede zwischen Mädchen und Jungen gefunden (z.B. Kirsch/Hansen 2002; Verkuyten/Thijs 2002); und zwar weisen Mädchen eine höhere Schulfreude auf als Jungen. Hinsichtlich des Vergleichs zwischen den Schulformen berichten zum Beispiel Czerwenka et al. (1990), dass Realschüler die geringste Schulfreude im Vergleich zu Gymnasiasten und Hauptschülern aufweisen. Eder (1995) fand zu Beginn der 5. Klasse ein deutlicheres Absinken der Schulfreude bei Hauptschülern im Vergleich zu Schülern der allgemein bildenden höheren Schulen. Welchen Einfluss der Wechsel von der Grundschule auf eine weiterführende Schule auf die Schulfreude für Schüler der unterschiedlichen Schulformen hat, wurde bisher noch nicht untersucht. Weiterhin konnten kulturvergleichende Studien zeigen, dass Schüler in Westdeutschland im Vergleich zu ostasiatischen Ländern (für Vietnam siehe Helmke/Schrader 1999) weniger Schulfreude besitzen. Deutsche Schüler weisen auch weniger Schulfreude auf als ihre Kameraden aus der deutschsprachigen Schweiz und aus Frankreich (Czerwenka et al. 1990; Fend 1997). Interessant ist weiterhin die Studie von Asakawa und Csikszentmihalyi (1998), in der Schüler verschiedener kultureller Herkunft in den gleichen Schulen hinsichtlich ihrer Schulfreude miteinander verglichen wurden. Amerikanische Schüler asiatischer Herkunft fühlten sich bei schulischen Tätigkeiten viel wohler als ihre europäischstämmigen Mitschüler aus der gleichen Klasse. So konnten auch Verkuyten und Thijs (2002) zeigen, dass sich Schüler mit und ohne Migrationshintergrund bezüglich der Schulfreude unterscheiden. Ethnische Minoritäten weisen eine höhere Schulfreude auf als niederländische Kinder. Okun, Braver und Weir (1990) fanden dagegen keine Unterschiede zwischen Schülern mit und ohne Migrationshintergrund. Für alle genannten Gruppenunterschiede werden keinerlei Erklärungen geliefert, weitgehend fehlen theoretische Modelle bzw. Einbettungen.

Korrelationsanalysen konnten Zusammenhänge der Schulfreude mit schulischen Merkmalen, wie dem unterstützendem Lehrerverhalten und der Schülerpartizipation (Epstein 1981) sowie der positiven Schüler-Lehrer-Beziehung und dem Interesse an Lerninhalten (Czerwenka et al. 1990) nachweisen. Zusammenhänge mit personalen Merkmalen, wie der Selbstwirksamkeitsüberzeugung und der Prüfungsangst (Tarnai et al. 2000) sowie Leistung und Abstinenz (Epstein/McPartland 1976; Fine 1986) konnten ebenfalls gezeigt werden. Nun erscheint es interessant zu prüfen, durch welche schulischen und personalen Variablen sich Schulfreude regressionsanalytisch vorhersagen lässt. In Anlehnung an die bisherigen Untersuchungen erscheinen in Bezug auf die Erfahrungen in der schulischen Umwelt das Klassenklima und das Verhältnis zum Klassenlehrer besonders relevant. Bezogen auf Persönlichkeitsvariablen erscheinen das Fähigkeitsselbstkonzept und die Prüfungsangst Einfluss auf die Schulfreude zu nehmen.

Die einzelnen längsschnittlichen Untersuchungen in der Sekundarstufe stellen übereinstimmend einen Abwärtstrend der Schulfreude im Laufe der Schulzeit fest (z.b. Fend 1997; Weissbach 1985). Da die längsschnittlichen Untersuchungen meist erst mit der Sekundarstufe beginnen (z.b. Weissbach 1985), wird der Schulstufenwechsel nicht einbezogen.

Bisherige Studien zum Schulwechsel erbringen ambivalente Ergebnisse. Causey und Dubow (1993) konnten zeigen, dass kurz nach dem Wechsel auf eine weiterführende Schule in den USA die gestiegenen Anforderungen und das Vermissen der Freunde als mittlere bis hohe Belastung empfunden wird. Auch Elias er al. (1985) fanden heraus, dass Schüler überwiegend negative bis belastende Aspekte im Bereich der schulischen Anforderungen und den sozialen Beziehungen äußern. Allerdings kamen Meckelmann et al. (1995) zu dem Ergebnis, dass die meisten Schüler den Wechsel auf eine weiterführende Schule als wenig belastend empfanden. Probleme, die die neue schulische Umwelt (Umstellung auf die neuen Lehrkräfte, Knüpfen neuer Freundschaften) betreffen, schildern Wiederhold (1991) sowie Mitzlaff und Wiederhold (1989) in ihren Veröffentlichungen zum Hagener Übergangsprojekt. Dabei beziehen sie sich auf qualitative Interview-Daten von Schülern des vierten und fünften Schuljahres.

Fasst man die einschlägigen deutschen Studien zum Grundschulübergang zusammen, so resultiert hier tatsächlich ein tendenziell negatives Bild. Eine Untersuchung von Weissbach (1986) zeigt eine Zunahme von Schulunlust im Laufe der fünften Klasse (also nach dem Übergang). Dies veranlasst Weissbach sogar von einem Sekundarstufenschock zu sprechen. Inwieweit sich die Schulfreude allerdings im Vergleich zur vierten Klasse verändert, kann durch diese Studie nicht beantwortet werden, da die Untersuchung erst in der weiterführenden Schule beginnt.

3   Forschungsfragen

Durch unsere Studie möchten wir klären, wie sich das kritische Lebensereignis des Grundschulübergangs auf die Schulfreude der Schüler auswirkt. Zusätzlich versuchen wir Prädiktoren zu finden, welche die Schulfreude am Ende der vierten und am Anfang der fünften Klasse vorhersagen. Wir gehen davon aus, dass unterschiedliche Entwicklungen der Schulfreude durch veränderte schulische oder personale Faktoren vorhergesagt werden können. Verschlechtert sich zum Beispiel das Klassenklima in der neuen Schule, sollte dies auch Auswirkungen auf das Wohlfühlen in der Schule und somit die Schulfreude haben. Wir versuchen demnach durch Kontrolle schulischer und personaler Faktoren die veränderte Schulfreude vorherzusagen. Im Detail geht es um folgende Fragen:

Wie verändert sich die Schulfreude der Schüler von der 4. zur 5. Klasse?
Aufgrund des aus der Literatur bekannten „Sekundarstufenschocks" (z.B. Weissbach 1986) könnte vermutet werden, dass es zu einer Abnahme der Schulfreude zu Beginn der fünften Klasse kommt. Jedoch ist auch denkbar, dass die Schulfreude direkt nach den Sommerferien ansteigt (Erholungsphänomen) und erst im Laufe des Schuljahres absinkt (Czerwenka et al. 1990; Neale et al. 1970). An dieser Stelle soll demnach keine gerichtete Hypothese formuliert werden.

Gibt es gruppenspezifische Unterschiede bzgl. der Schulfreude in der Klasse sowie bzgl. der Zunahme bzw. Abnahme der Schulfreude?
Es wird vermutet, dass Mädchen zu beiden Messzeitpunkten eine höhere Schulfreude aufweisen als Jungen. Bezüglich der Veränderung der Schulfreude werden keine geschlechtsspezifischen Unterschiede angenommen. Mit dem Wechsel auf die weiterführende Schule ist zudem der Wechsel auf eine bestimmte Schulform verbunden. Schüler, die zukünftig die Hauptschule besuchen werden, könnten in der vierten Klasse eine geringere Schulfreude aufweisen als Schüler, die das Gymnasium besuchen werden. Da sie für die niedrigste Schulform empfohlen werden und in der Grundschule im Vergleich zur Bezugsgruppe zu den schlechtesten Schülern der Klasse gehörten, kann sich dies auf ihre Schulfreude auswirken. Bezogen auf den Fischteicheffekt (vgl. Zeinz/Köller in diesem Band) sollte jedoch die neue Bezugsgruppe dazu führen, dass sich die Schulfreude der Hauptschüler in der fünften Klasse an die der anderen Schüler anpasst. Okun et al. (1990) fanden Unterschiede zwischen Schülern mit und ohne Migrationshintergrund bezüglich der Schulfreude. Verkuyten und Thijs (2002) konnten dagegen keine Unterschiede feststellen. So wird für den deutschsprachigen Raum geprüft, ob sich Kinder mit Migrationshintergrund im Erleben der Schulfreude von Kindern ohne Migrationshintergrund unterscheiden.

Durch welche Faktoren lässt sich in der 4. und 5. Klasse die Schulfreude bzw. die Veränderung der Schulfreude von der 4. zur 5. Klasse erklären?
Angenommen wird, dass sowohl schulische als auch personale Variablen Einfluss auf die Schulfreude haben. In der Schule kommt dem Verhältnis zum Klassenlehrer und zu den Schulkameraden eine besondere Bedeutung zu. Dieses Verhältnis sollte Einfluss auf das Wohlfühlen in der Schule nehmen. Als personale Variablen sehen wir die Prüfungsangst und das Fähigkeitsselbstkonzept als relevant für das Wohlfühlen in der Schule an. Das Schüler-Lehrer-Verhältnis, das Klassenklima, die Prüfungsangst und das Fähigkeitsselbstkonzept sollten die Schulfreude zum ersten und zum zweiten Messzeitpunkt erklären.

4 Design und Instrumente

Die Datenerhebung erfolgte im Rahmen des DFG-Projektes „Von der Grundschule zur weiterführenden Schule" am Ende der 4. Klasse. Insgesamt nahmen 17 Grundschulen mit 47 Klassen an der Untersuchung teil (N=895). Vier Wochen nach den Sommerferien wurden erneut, am Anfang der 5. Klasse, Daten erfasst. Die Datenerhebung erfolgte in elf weiterführenden Schulen mit 42 Klassen (N=957). Ein großer Teil der Grundschüler konnte über den Wechsel in die weiterführende Schule verfolgt werden. So ergibt sich eine Überschneidung von 70,5% (N=631). Dieses - organisatorisch - nicht leicht zu bewältigende längsschnittliche Design mit dem Übergang zwischen den Schulstufen wurde bisher selten umgesetzt.

Zur Erhebung der Schulfreude wurden sechs Items eingesetzt, welche in Anlehnung an die Subskala Schulunlust aus dem Angstfragebogen für Schüler von Wieczerkowski et al. (1979) formuliert wurden. Diese Skala umfasst in der Originalversion zehn Items, welche die innere Abwehr von Kindern und Jugendlichen gegen die Schule und einen durch unlustvolle Erfahrungen bewirkten Motivationsabfall gegenüber unterrichtlichen Gegenständen erfasst. Das Antwortformat ist zweistufig (Beispielitem: Ich finde es gut, dass ich zur Schule gehen kann). Weiterhin wurden zwei Skalen eingesetzt, die sich auf schulische Faktoren beziehen sowie zwei Skalen, die personale Faktoren erfassen. Das Schüler-Lehrer-Verhältnis wurde mit einer fünf Items umfassenden vierstufigen Skala erfasst, welche von Ditton und Merz in ihrer QuaSSU Studie eingesetzt wurde (Beispielitem: Wir haben viel Vertrauen zu unserem Klassenlehrer). Zur Erfassung des Klassenklima wurde eine Skala aus der Untersuchung „Schule & Co" (Holtappels/Leffelsend 2003) eingesetzt. Diese umfasst vier Items (Beispielitem: Die meisten Schüler verstehen sich richtig gut miteinander; vierstufiges Antwortformat). Die Prüfungsangst konnte über fünf Items erfasst werden. Dabei handelt es sich um modifizierte Items des Schulangstfragebogens von Gärtner-Harnach (1972) (Beispielitem: Ich bekomme Herzklopfen, wenn mein Lehrer mich abfragen will). Zur Messung des Fähigkeitsselbstkonzept wurde eine selbst entwickelte Skala eingesetzt, welche sechs Items umfasst und ebenfalls bereits in dem Projekt „Schule & Co" eingesetzt wurde (Beispielitem: Ich bin ziemlich klug; vierstufiges Antwortformat).

Die Reliabilitäten der eingesetzten Skalen waren zu beiden Messzeitpunkten zufriedenstellend bis gut und bewegten sich in einem Intervall von Cronbach's Alpha = .65 bis .83.

5   Methode

Zur Überprüfung der Veränderung der Schulfreude von der 4. zur 5. Klasse wurde der Wilcoxon-Test berechnet. Zur Auswertung der Daten wurden darüber hinaus drei univariate Varianzanalysen berechnet. Als unabhängige Variablen wurden das Geschlecht, die Schulform und der Migrationshintergrund eingeschlossen. Die abhängige Variable war in der ersten Analyse die Schulfreude zum ersten Messzeitpunkt, in der zweiten Analyse die Schulfreude zum zweiten Messzeitpunkt und in der dritten Analyse die veränderte Schulfreude.

Die Veränderung der Schulfreude wurde folgendermaßen operationalisiert: Indem der individuelle Schulfreudewert des ersten Messzeitpunktes vom individuellen Schulfreudewert des zweiten Messzeitpunkt subtrahiert wurde, wurde eine Differenz gebildet, welche auch inhaltlich sinnvoll die Richtung der Veränderung abbildet. Es wurde keine Varianzanalyse mit Messwiederholung gerechnet, da die Normalverteilungsannahme für die Variablen Schulfreude zu MZP I und zu MZP II verworfen werden musste. Die graphische Darstellung der empirischen Verteilung lässt auf eine linksschiefe Verteilung der Schulfreude zu beiden Messzeitpunkten schließen (MZP I- Schulfreude: Schiefe = -.574; MZP II - Schulfreude: Schiefe= -1.172). Die univariate Varianzanalyse ist jedoch gegenüber einer schiefen Verteilung relativ robust (Nachtigall/Wirtz 1998).

Um zu prüfen, auf welche Gruppen die Unterschiede zwischen den Schulformen zurückgehen, wurde der Scheffé-Test verwendet, da dieser als eher „konservativ", das heißt im Sinne der Nullhypothese wirkend, beschrieben wird (Fahrmeir et al. 2001).

Zur Vorhersage der Schulfreude wurden drei Regressionsanalysen berechnet. Zunächst wurde die Schulfreude zum ersten Messzeitpunkt durch das Klassenklima, die Prüfungsangst, das Fähigkeitsselbstkonzept und das Schüler-Lehrer-Verhältnis zum ersten Messzeitpunkt vorhergesagt. Anschließend wurde die Schulfreude zum zweiten Messzeitpunkt durch die oben genannten Variablen zum zweiten Messzeitpunkt vorhergesagt. Schließlich wurde die veränderte Schulfreude durch die Veränderung der oben genannten personalen und schulischen Variablen vorhergesagt. Auch hier wurde der Differenzwert zwischen erstem und zweitem Messzeitpunkt berechnet. Ein positiver Differenzwert bedeutet demnach zum Beispiel ein verbessertes Klassenklima oder eine erhöhte Prüfungsangst; ein negativer Differenzwert dagegen zum Beispiel ein verschlechtertes Schüler-Lehrer-Verhältnis oder ein geringeres Fähigkeitsselbstkonzept.

6   Veränderung der Schulfreude von der 4. zur 5. Klasse

Die Berechnung eines Wilcoxon-Tests ergab eine signifikante Zunahme der Schulfreude vom ersten (M=1,67) zum zweiten (M=1,79) Messzeitpunkt (z=-9,969; p<.001). Somit kann festgestellt werden, dass es direkt zu Beginn des neuen Schuljahres in der neuen Schule nicht zu einem Sekundarstufenschock kommt.

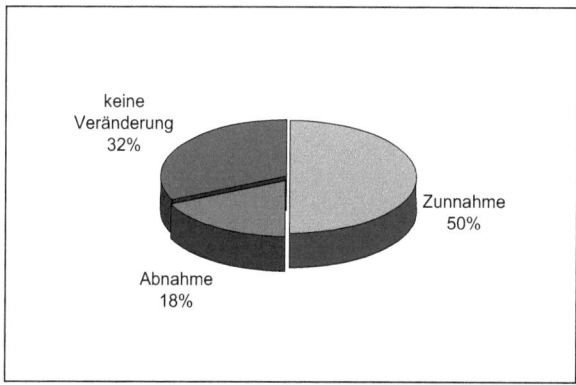

Abb. 1: Veränderung der Schulfreude von der 4. zur 5. Klasse in Prozent

Etwa ein Drittel der Schüler erleben gar keine veränderte Schulfreude, d.h. die Werte für die Schulfreude am Ende der 4. Klasse entsprechen exakt den Werten am Anfang der 5. Klasse. Bei 50% unserer Schülerschaft nimmt die Schulfreude am Anfang der Sekundarstufe I zu und nur bei 18% konnten wir eine Verringerung der Schulfreude feststellen. Hierbei handelt es sich größtenteils um minimale Verschlechterungen. Bei den 50% der Schüler, bei welchen die Schulfreude zunimmt, findet sich eine Zunahme im Mittel von .34. Für die Schüler, deren Schulfreude abnimmt, zeigt sich eine Abnahme im Mittel von -.27. Somit sind die Zunahmen stärker als die Abnahmen der Schulfreude.

Fragt man nach den gruppenspezifischen Unterschieden bzgl. der Schulfreude in der 4. und 5. Klasse so zeigt sich erwartungskonform, dass Mädchen (M=1,72) zum ersten Messzeitpunkt eine signifikant (F(1, 630)=22,46; p<.001) höhere Schulfreude aufweisen als Jungen (M=1,61). Auch zum zweiten Messzeitpunkt weisen Mädchen (M=1,83) eine signifikant (F(1, 630)=14,98; p<.001) höhere Schulfreude auf als Jungen (M=1,75). Bezüglich der Zunahme der Schulfreude von der vierten zur fünften Klasse zeigen sich keine geschlechtsspezifischen Unterschiede (F(1, 605)=1,77; p≤.183). Bei Mädchen und Jungen kommt es somit gleichermaßen zu einem Wachstum der Schulfreude (vgl. Abb. 2).

Auch im Schulformvergleich zeigten sich erwartungskonforme signifikante Unterschiede zum ersten Messzeitpunkt zwischen den Schulformen (F(3, 607)=24,05; p<.001). Schüler, die nach den Ferien die Hauptschule besuchen werden, weisen die niedrigste Schulfreude auf (M=1,47). Zukünftige Gymnasiasten dagegen geben die höchste Schulfreude an (M=1,78). Paarweise Mittelwertsvergleiche zeigen, dass es signifikante Unterschiede zwischen allen Schulformen gibt mit Ausnahme des Vergleichs Gesamtschule und Gymnasium.

Zum zweiten Messzeitpunkt unterscheiden sich die Schulformen immer noch signifikant voneinander (F(3, 606)=10,75; p<.001). Allerdings zeigt sich, dass es zu einer Annäherung zwischen den Schulformen bezüglich der Schulfreude kommt. Paarweise Mittelwertsvergleiche ergeben, dass sich zu Beginn der fünften Klasse nur noch die Gymnasiasten von den Hauptschüler und den Gesamtschülern signifikant unterscheiden, sowie die Realschüler von den Gesamtschülern.

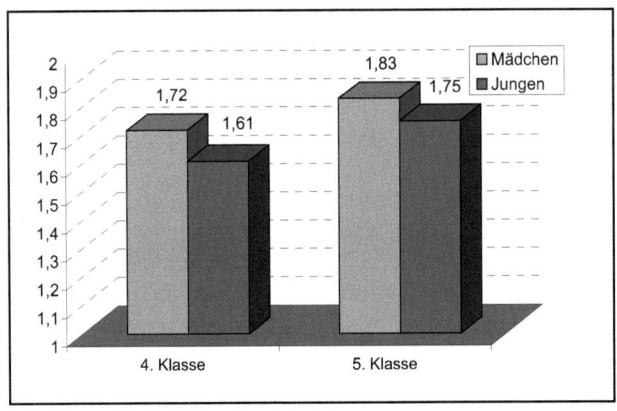

Abb. 2: Schulfreude zu MZP I und II in Abhängigkeit vom Geschlecht

Bezüglich der Veränderung vom ersten zum zweiten Messzeitpunkt zeigt sich, dass es auch hier signifikante Unterschiede zwischen den Schulformen gibt (F(3, 605)=5,82; p<.001). Es finden sich signifikante Unterschiede zwischen allen Schulformen mit Ausnahme des Vergleichs von Gesamtschülern mit Realschülern und mit Gymnasiasten, sowie von Realschülern und Gymnasiasten. Abbildung 3 verdeutlicht die Schulfreude zu beiden Messzeitpunkten in Abhängigkeit von der Schulform. Es wird deutlich, dass sich die größte Veränderung für die Hauptschüler ergibt. Sie zeigen von der vierten zur fünften Klasse die stärkste Zunahme der Schulfreude. Gymnasiasten dagegen zeigen die geringste Veränderung. An dieser Stelle weisen wir darauf hin, dass Hauptschüler auch den größten Spielraum nach oben hatten, so dass insgesamt Deckeneffekten wirksam geworden könnten.

Bei der Analyse des Migrationshintergrundes – operationalisiert durch die zu Hause gesprochene Sprache – zeigt sich in unserer Stichprobe, dass es keine Unterschiede zwischen Kindern mit bzw. ohne Migrationshintergrund gibt; weder zu einem der beiden Messzeitpunkte noch bezüglich der Veränderung der Schulfreude vom ersten zum zweiten Messzeitpunkt. Damit können wir die Befunde von Okun et al. (1990) bestätigen.

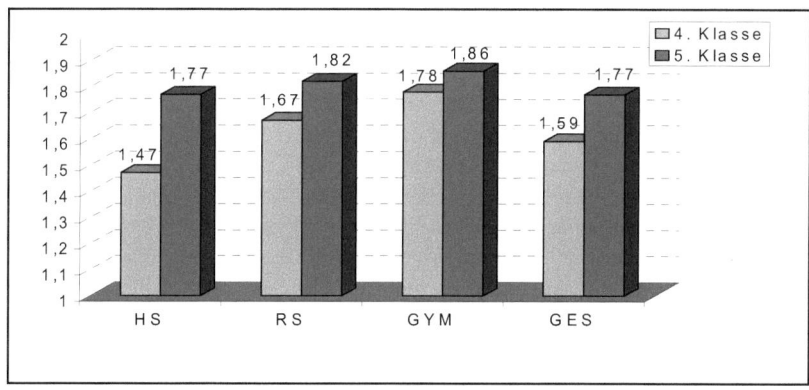

Abb. 3: Schulfreude zu MZP I und II in Abhängigkeit von der Schulform

Zur Vorhersage der Schulfreude zu beiden Messzeitpunkten haben wir uns auf personale und schulische Variablen bezogen. Am Ende der vierten Klasse klären das Klassenklima, das Schüler-Lehrer-Verhältnis, die Prüfungsangst und das Fähigkeitsselbstkonzept 26,2% der Varianz der Schulfreude auf. Am Anfang der fünften Klasse hat das Fähigkeitsselbstkonzept keinen signifikanten Einfluss mehr. Die drei anderen Variablen klären 17,7% der Varianz auf (vgl. Tabelle 1). Prädikatoren für die Veränderung der Schulfreude sind das Schüler-Lehrer-Verhältnis und die Prüfungsangst: Je stärker die Prüfungsangst zunimmt, desto geringer wird die Schulfreude. Je stärker sich das Schüler-Lehrer-Verhältnis verbessert, desto stärker steigt die Schulfreude. Diese beiden Variablen klären 11,7% der Varianz auf.

Tab. 1: Multiple lineare Regressionen (als Prädiktoren wurden die Messwerte jeweils zu MZP I, zu MZP II sowie die Veränderung von MZP I zu II genutzt)

	Schulfreude zu MZP I	Schulfreude zu MZP II	Veränderung der Schulfreude von MZP I zu MZP II
Klassenklima	.103*	.161*	n.s.
S-L-Verhältnis	.196*	.131*	.205*
Prüfungsangst	-.341*	-.271*	-.208*
FSK	.157*	n.s.	n.s.
R^2	26,2%	17,7%	11,7%

• $= p < .01$

7 Diskussion

Ziel des vorliegenden Beitrags war es, die Veränderung der Schulfreude im Rahmen des Übergangs von der Grundschule zur weiterführenden Schule genauer zu betrachten. Es zeigt sich, dass es zu einer Zunahme der Schulfreude zu Beginn der 5. Klasse kommt. Der größte Teil der Schüler in unserer Stichprobe erlebt demnach keinen Sekundarstufenschock. Jedoch muss berücksichtigt werden, dass die Datenerhebung vier Wochen nach den Sommerferien stattgefunden hat. Zu diesem Zeitpunkt ist es möglich, dass es sich bei der gestiegenen Schulfreude um ein Erholungsphänomen handelt. So konnten zum Beispiel Neale et al. (1970) zeigen, dass am Schuljahresende ungünstigere Einstellungen gegenüber Schule, dem Lehrer und verschiedenen Schulfächern auftreten als am Jahresanfang. Zu diesem Zeitpunkt können auch die ersten neuen, positiven Eindrücke auf der neuen Schule überwiegen. Der Alltag auf der weiterführenden Schule setzt möglicherweise erst später ein und die Veränderungen werden durch Maßnahmen zur Gestaltung des Übergangs abgemildert. Eine weitere Erhebung am Ende der fünften Klasse erscheint sinnvoll, um dies zu prüfen und ist auch in unserem Design geplant. Festzuhalten bleibt jedoch, dass in unserer Stichprobe direkt nach dem Übergang in die weiterführende Schule kein Sekundarstufenschock auftritt (für keine Schulform). Die Theorien des Sekundarstufenschocks gehen jedoch davon aus, dass dieser auf Grund des Fachlehrerprinzips, der neuen Klassenkameraden, des neuen Schulgebäudes, des anderen Schulwegs usw. auftritt. Dies müsste sich bereits zu Beginn der fünften Klasse zeigen, was sich durch die hier vorliegenden Daten jedoch nicht bestätigen lässt. Die Theorie von Weissbach (1986) kann somit vorerst nicht bestätigt werden. Möglicherweise ist die von Weissbach beobachtete Abnahme der Schulfreude im Laufe des 5. Schuljahres auf eine generelle Abnahme der Schulfreude während eines Schuljahres zurückzuführen. Dies kann nur mit mehreren Messzeitpunkten innerhalb eines Schuljahres beantwortet werden und ist auch Gegenstand unserer Untersuchung zu späteren Messzeitpunkten.

Bei Betrachtung der unterschiedlichen Schulformen zeigt sich, dass zukünftige Hauptschüler die geringste Schulfreude am Ende der vierten Klasse aufweisen. Für sie kommt es beim Wechsel auf die weiterführende Schule zur größten Zunahme der Schulfreude. Mögliche Erklärungen bieten zum einen schulformspezifische Gegebenheiten, wie kleinere Klassen an Hauptschulen und damit einhergehend eine individuellere Betreuung der Schüler. Zum anderen stellt der Übergang für die Hauptschüler unter Umständen einen positiv erlebten Neuanfang in einer leistungshomogenen Gruppe dar. Anderseits sollte auch auf die methodischen Probleme hingewiesen werden. Da Hauptschüler die geringste Schulfreude am Ende der 4. Klasse aufwiesen, konnte die Schulfreude in dieser Gruppe im Vergleich zu zukünftigen Gymnasiasten auch am stärksten zunehmen. Möglicherweise war es mit unserem Instrument zur Erfassung der Schulfreude nicht möglich die realen Veränderungen der Gymnasiasten aufzuzeigen. Dieses Problem findet sich häufig im Bereich der Schülerbefragung – vor allem beim Einsatz von emotionalen und motivationalen Variablen. So zeigen sich bei der Erfassung des Fähigkeitsselbstkonzepts oder der Schulfreude häufig rechtsschiefe Verteilungen. Aufgrund dieser Tatsache erscheint die Entwicklung geeigneter Instrumente, die auch im oberen Bereich differenzieren, notwendig.

In einem weiteren Schritt sollte die Schulfreude in den Klassen vier und fünf, sowie die Veränderung derselben vorhergesagt werden. Zum ersten Messzeitpunkt kann die Schulfreude noch gut durch die erhobenen personalen und schulischen Variablen vorausgesagt werden. Prüfungsängstlichkeit und das Verhältnis zur Lehrkraft nehmen den größten Einfluss. Insoweit konnten die Zusammenhänge zwischen der Schulfreude und der Selbstwirksamkeitsüberzeugung bzw. Prüfungsangst von Tarnai et al. (2000) und die Schüler-Lehrer-Beziehung (Epstein, 1981) als einflussnehmende Faktoren bestätigt werden. So gehen Kinder, die ein gutes Verhältnis zur Lehrkraft haben, wenig prüfungsängstlich sind, sich gut mit ihren Klassenkameraden verstehen oder glauben, dass sie gute Schüler sind, auch lieber zur Schule.

Der Einfluss dieser Variablen verändert sich allerdings zum zweiten Messzeitpunkt. Der Einfluss der Prüfungsängstlichkeit und des Schüler-Lehrerverhältnisses nehmen ab, wohingegen die Beziehungen zu den Klassenkameraden, also das Klassenklima an Bedeutung gewinnt. Das Fähigkeitsselbstkonzept hat hier keine vorhersagende Wirkung mehr.

Auch für die Vorhersage der Veränderung der Schulfreude trägt das veränderte Fähigkeitsselbstkonzept keine Information bei. Ein Erklärungsansatz dieses Ergebnisses bot die Überprüfung der Varianzen. Da vielleicht eine geringe Varianz des Fähigkeitsselbstkonzepts zu Messzeitpunkt II dazu führte, dass die Schulfreude nicht vorhergesagt werden konnte. Dies bestätigte sich allerdings nicht. Wir vermuten, dass das Fähigkeitsselbstkonzept nur eine indirekte Wirkung auf die Schulfreude hat. Diese wird vermittelt über positive Leistungs- bzw. Lernerfolge. Die anderen Variablen wirken dagegen direkt. Das Fähigkeitsselbstkonzept ist aufgrund der Übergangserfahrung instabil und verändert sich. Die Schüler müssen noch Lernerfahrungen machen, die dann die Wirkung des Fähigkeitsselbstkonzepts auf die Schulfreude vermitteln. Aus diesem Grund zeigt sich vermutlich nur in der 4. Klasse ein Einfluss des Fähigkeitsselbstkonzepts auf die Schulfreude.

In der Anfangsphase der 5. Klasse scheint die Bedeutung der Leistungsfähigkeit für das Wohlfühlen in der Schule nicht so entscheidend zu sein. Die Veränderungen der Schulfreude lassen sich nur noch durch das veränderte Schüler-Lehrerverhältnis und die veränderte Prüfungsangst vorhersagen. Ist das Schüler-Lehrerverhältnis besser bzw. nimmt die Prüfungsangst ab, so ist die Schulfreude höher. Bei der Veränderung der Schulfreude in der Übergangsphase scheinen aber noch andere Variablen prädiktiv zu sein. Möglicherweise sind weitere schulische Variablen und schulische Rahmenbedingungen, wie das Schulgebäude, der Schulweg, die Länge der Schulzeit und weitere erste Eindrücke in der Anfangsphase von stärkerer Bedeutung für die Kinder.

An dieser Stelle sollte weitere Forschung investiert werden, um die Entwicklung der Schulfreude besser vorhersagen zu können. Dies erscheint wichtig, da die Schulfreude einen wesentlichen Teil zur psychologischen Gesundheit der Kinder beiträgt und Einfluss auf den Lernerfolg nimmt. Auch eine stärkere theoretische Einbettung würde der Forschung zur Schulfreude gut tun, um so fundiertere Erklärungsansätze für gefundene Gruppenunterschiede bzw. Zusammenhänge anbieten zu können.

Literatur

Ainley, J. (1991): High school factors that influence students to remain in school. In: The Journal of Educational Research, 85, S. 69-80.
Asakawa, K./Csikszentmihalyi, M. (1998): The quality of experience of Asian American adolescents in activities related to future goals. In: Journal of Youth and Adolescence, 27, S. 141-163.
Causey, D./Dubow, E. (1993): Negotiating the transition to junior high school: The contributions of coping strategies and perceptions of the school environment. In: Prevention in Human Services. 10, S. 59-81.
Czerwenka, K./Nölle, K./Pause, G./Schlotthaus, W./Schmidt, H.-J./Tessloff, J. (1990): Schülerurteile über die Schule. Bericht über eine internationale Untersuchung. Frankfurt: Lang.

Eder, F. (1995): Das Befinden von Kindern und Jugendlichen in der Schule. Forschungsbericht im Auftrag des BMUK. Innsbruck: StudienVerlag.

Elias, M./Gara, M./Ubriaco, M. (1985): Sources of stress and support in children's transition to middle school: An empirical analysis. In: Journal of Clinical Child Psychology, 14, S. 112-118.

Epstein, J. (1981): Patterns of classroom participation, student attributes, and achievements. In: Epstein, J. (Hrsg.): Quality of school life. Lexington, S. 271-288.

Epstein, J./McPartland, J. (1976): The concept and measurement of the quality of school life. In: American Educational Research Journal. 13, S. 15-30.

Fahrmeir, L./Künstler, R./Pigeot, I./Tutz, G. (2001): Statistik. Der Weg zur Datenanalyse. Berlin: Springer.

Fend, H. (1997): Der Umgang mit Schule in der Adoleszenz. Aufbau und Verlust von Lernmotivation, Selbstachtung und Empathie. Bern: Huber.

Filipp, S.-H. (1995): Kritische Lebensereignisse. Weinheim: Beltz.

Fine, M. (1986): Why urban adolescents drop into and out of public high school. In: Teachers College Record, 87, S. 393-409.

Gärtner-Harnach, V. (1972): Fragebogen für Schüler: FS 11 - 13; ein Schulangstfragebogen; Beiheft mit Anleitung und Normentabellen. Weinheim: Beltz.

Harter, S./Whitesell, N. R./Kowalski, P. (1992): Individual differences in the effects of educational transition of young adolescents' perceptions of competence and motivational orientation. In: American Educational Research Journal, 29, S. 777-807.

Helmke, A. (1993): Die Entwicklung der Lernfreude vom Kindergarten bis zur 5. Klassenstufe. In: Zeitschrift für Pädagogische Psychologie, 7, S. 77-86.

Helmke, A./Schrader, F.-W. (1999): Lernt man in Asien anders? Empirische Untersuchungen zum studentischen Lernverhalten in Deutschland und Vietnam. In: Zeitschrift für Pädagogik, S. 45. 81-102.

Holtappels, H. G./Leffelsend, S. (2003): Entwicklung von Methodenkompetenzen durch Schülertrainings und Unterrichtsentwicklung. Ergebnisse einer Schülerbefragung als Teil der Abschlussevaluation des Projektes "Schule & Co.". Gütersloh: Bertelsmann Stiftung.

Hurrelmann, K./Klocke, A./Melzer, W./Ravens-Sieberer, U. (Hrsg.) (2003): Jugendgesundheitssurvey. Weinheim: Juventa.

Kantak, K. (1998): Kooperationsprojekt zwischen Jugendhilfe und Schule zur Betreuung manifester Schulverweigerer in Potsdam. Unveröffentlichtes Manuskript.

Kirsch, B./Hansen, I. (2002): Schulunlust - ein mögliches Initialsymptom für Schulvermeidung - untersucht an Schülern vor dem Übergang von der 6. zur 7. Klasse. In: Heilpädagogische Forschung, 28, S. 58-68.

Meckelmann, V./Doerfler-Baasen D./Dubow H. (1995): Schulwechsel als kritisches Lebensereignis und die Entwicklung des Selbstkonzeptes bei Berliner Jugendlichen. Poster präsentiert auf der 14. Tagung für Entwicklungspsychologie. Fribourg.

Mitzlaff, H./Wiederhold, K. A. (1989): Gibt es überhaupt ein Übergangsproblem? Erste Ergebnisse aus einem Forschungsprojekt. In: Portmann, R./Wiederhold, K./Mitzlaff, H. (Hrsg.): Übergänge nach der Grundschule. Heinsbach, S. 12-41.

Nachtigall, C./Wirtz, M. (1998): Wahrscheinlichkeitsrechnung und Inferenzstatistik. Statistische Methoden für Psychologen Teil 2. Weinheim: Juventa.

Neale, D.C./Gill, N./Tismer, W. (1970): Relationship between attitude toward school subjects and school achievement. In: Journal of Educational Research, 63, S. 232-237.

Okun, M.A./Braver, M.W./Weir, R.M. (1990): Grade level differences in school satisfaction. In: Social Indicator Research, 22, S. 419-427.

Portmann, R./Wiederhold, K. A./Mitzlaff, H. (1989): Übergänge nach der Grundschule. Beiträge zur Reform der Grundschule, Band 77. Frankfurt: Arbeitskreis Grundschule.

Schreiber-Kittl, M. (2001): Alles Versager? Schulverweigerung im Urteil von Experten. Forschungsbericht. München/Leipzig: DJI (Arbeitspapier 1/2001).

Tarnai, C./Paschon, A./Riffert, F./Eckstein, K. (2000): Selbstwirksamkeitsüberzeugung und Schulangst. Eine Hypothesenprüfung im Rahmen von Schulentwicklungsprojekten. http://www.sbg.ac.at/erz/mss/publikationen/artikel_sbe1_2000_tarpasrifeck.htm

Thimm, K. (1998): Schulverdrossenheit und Schulverweigerung. Phänomene – Hintergründe und Ursachen – Alternativen in der Kooperation von Schule und Jugendhilfe. Berlin: Wissenschaft und Technik.

Valtin, R./Wagner, C. (2004): Der Übergang in die Sekundarstufe I: Psychische Kosten der externen Leistungsdifferenzierung. In: Psychologie in Erziehung und Unterricht, 51, S. 52-68.

Verkuyten, M./Thijs, J. (2002): School satisfaction of elementary school children: The role of performance, peer relations, ethnicity and gender. In: Social Indicator Research, 59, S. 203-228.

Weissbach, B. (1985): Ist der Sekundarstufenschock vermeidbar? In: Die Deutsche Schule, 77, S. 293-303.

Weissbach, B. (1986): Sekundarstufenschock in Gesamtschulen. Ursachen, Erscheinungsformen ... und was Schule dagegen tun kann. In: Westermanns pädagogische Beiträge, 38, S. 21-25.

WHO (1946): Verfassung der Weltgesundheitsorganisation. Unterzeichnet in New York am 22. Juli 1946. Ratifikationsurkunde von der Schweiz hinterlegt am 29. März 1947. http://www.admin.ch/ch/d/sr/0_810_1/index.html

Wieczerkowski, W./Nickel, H./Janowski, A./Fittkau, B./Rauer, W. (1979): Angstfragebogen für Schüler (AFS). Braunschweig: Westermann.

Wiederhold, K. A. (1991): Der Übergang von der Grundschule zu den weiterführenden Schulen - ein Problembereich für Kinder, Eltern und Lehrer. In: Der Mathematikunterricht, 37, S. 6-19.

Erlebte Unterstützung im Elternhaus und die emotionale Qualität der Übergangserwartungen von Grundschülern

Stefanie van Ophuysen

Zusammenfassung

Die emotionale Qualität von Übergangserwartungen kann auf zwei Dimensionen abgebildet werden: die *Intensität* kennzeichnet die Stärke der Emotionen unabhängig von ihrer positiven oder negativen Tönung, die *Qualität* gibt an, ob Besorgnis oder Vorfreude dominiert. Diese Erwartungen sind einerseits bestimmt durch personale Merkmale wie das Fähigkeitsselbstkonzept des Schülers oder die Angst vor sozialer Bewertung im schulischen Leistungskontext. Darüber hinaus beeinflussen die wahrgenommene fachliche und emotionale Unterstützung im Elternhaus die affektive Qualität der Erwartungen, die Grundschüler an den Wechsel zur weiterführenden Schule entwickeln. In Pfadanalysen an 870 Viertklässlern kann gezeigt werden, dass die fachliche Unterstützung im Elternhaus einen direkten Einfluss auf die Emotionsintensität nimmt, während die emotionale Unterstützung indirekt, über das Fähigkeitsselbstkonzept vermittelt wirksam wird. Die Richtung der Emotionen wird von den Merkmalen im Elternhaus ebenfalls nur indirekt beeinflusst.

1 Problemkontext

Ein kritisches Lebensereignis ist dadurch definiert, dass soziale Veränderungen eintreten, die vom betroffenen Individuum eine aktive Anpassungsleistung erfordern (vgl. Filipp 1995). Ein *kritisches* Ereignis impliziert nicht, dass es mit negativen Konsequenzen verbunden sein muss, aber es birgt die Gefahr einer nicht gelungenen Anpassung und damit können positive Entwicklungen und Wachstum verhindert werden. *Normative* kritische Ereignisse zeichnen sich dadurch aus, dass sie für (fast) alle Personen einer Gesellschaft zum gleichen, wohldefinierten Zeitpunkt stattfinden wie dies z. B. für den Schuleintritt oder den Übergang in weiterführende Schulen der Fall ist. Dies ermöglicht, dass sich die Betroffenen bereits im Vorfeld mit den anstehenden Veränderungen auseinandersetzen und entsprechende Erwartungen ausbilden können. Diese Einschätzungen sind einerseits relevant für die spätere Bewältigung der Lebensereignisse. Im Sinne einer sich selbst erfüllenden Prophezeiung können sie Einfluss nehmen auf den folgenden Anpassungsprozess. Andererseits beeinflussen sie das subjektive Befinden in der Zeit vor dem eigentlichen Ereignis.

Ebenso wie Einstellungen (vgl. Eagly/Chaiken 1993) besitzen Erwartungen einerseits eine inhaltliche, kognitive Komponente (z.b. die Erwartung neuer Unterrichtsfächer), sind aber gleichzeitig auch emotional getönt (z.b. die Besorgnis, in den neuen Fächern zu versagen). Die emotionale Komponente der Erwartungen kann ihrerseits in zwei (strukturellen) Dimensionen abgebildet werden: (a) die Intensität der Emotion (unipolar von schwach bis stark) und (b) die Richtung der Emotion (bipolar von negativ über neutral bis positiv). Diese Dimensionen liegen quer zueinander, so dass sich aus ihrer Kombination verschiedene, typisierte Erwartungshaltungen ergeben: So sind neben „Besorgnis" (hohe Intensität, Überwiegen negativer Emotionen) und „Zuversicht" (hohe Intensität, Überwiegen positiver Emotionen) auch „Ambivalenz" (hohe Intensität, beide Emotionsrichtungen gleichwertig) und „Indifferenz" (geringe Intensität, beide Emotionsrichtungen gleichwertig) möglich.

Für die Zeit des Schulübergangs lässt sich damit die Frage stellen, welche Prädiktoren die Emotionsqualität hinsichtlich Intensität und Richtung in dieser besonderen Phase des Schullebens vorhersagen können.

2 Stand der Forschung

Nur wenige Studien haben sich bisher mit den prospektiven Erwartungen von Schülern vor dem Grundschulübergang auseinandergesetzt. Beispielsweise befragten Hacker (1997) sowie Wiederhold und Mitzlaff (1987) in ihren qualitativen Studien Kinder zu ihrer Einstellung zum Schulübergang. Bei diesen offenen Befragungen wurden vornehmlich negative Erwartungen genannt, die mit Übergangsängsten einhergehen. In einer Untersuchung von Berndt und Mekos (1995) überwogen hingegen deutlich die positiven Erwartungen. Ebenfalls positive Erwartungen nannten Schüler in einer Studie von Sirsch (2000). Sie erfasste die Übergangserwartungen von Grundschülern am Ende der vierten Klasse. Dabei unterschied sie in zwei Inhaltsbereichen (Soziales und Leistung) jeweils die Dimensionen „Herausforderung" und „Bedrohung". Die Analysen zeigen, dass insgesamt der Schulwechsel als eine (positiv bewertete) Herausforderung erlebt wird. Positive Erwartungen dominieren auch die Antworten von Schülern in einer Studie von Büchner und Koch (2001). Sie befragten die Schüler jedoch erst in der sechsten Klasse und baten um retrospektive Einschätzungen.

Ein Problem der Studien zu den Übergangserwartungen ist, dass kein elaboriertes Verfahren zur Messung von Erwartungen an Übergang und weiterführende Schule existiert, das zudem die emotionale Komponente von Erwartungen berücksichtigt. Für unser Projekt entwickelten wir daher zunächst ein spezielles Erhebungsinstrument, das eine umfassende, situationsspezifische Erfassung der

Übergangserwartungen und ihrer emotionalen Bewertung (Vorfreude vs. Besorgnis) ermöglicht (vgl. Leffelsend/Harazd 2003).

Eine Forschungslücke besteht hinsichtlich der Frage nach den Determinanten der Übergangserwartungen, da sich die bisherigen Arbeiten auf die beschreibende Darstellung der Erwartungen beschränken. Relativ zahlreich liegen hingegen Arbeiten vor, die die Veränderungen von Motivation, Fähigkeitsselbstkonzept und Selbstwert als Reaktion auf den Grundschulübergang analysieren. In diesem Zusammenhang wurden Personvariablen (z.b. Geschlecht, ethnische Herkunft, pubertärer Entwicklungsstand), Merkmale von Schule (z.b. Schulgröße, Organisationsform, Trägerschaft) und Unterricht (z.b. Klassenklima, Binnendifferenzierung, Bewertungspraxis) sowie familiale Aspekte (z.b. Familienklima, Erziehungsstil) als Prädiktoren der Veränderung betrachtet (vgl. zusammenfassend Eccles/Midgley 1989).

Die Forschung im Rahmen der Theorie der kritischen Lebensereignisse betont immer wieder die Bedeutung sozialer Unterstützung bei der Bewältigung der kritischen Situationen. Während mit zunehmendem Alter die Gruppe derjenigen, von denen Unterstützung in Belastungssituationen gesucht wird, vielfältiger wird, sind für Kinder im Alter von ca. 10 Jahren die Eltern in der Regel die wichtigsten Ansprechpartner. Nehmen Eltern diese Aufgabe ernst und bieten ihren Kindern verlässlichen Rückhalt und Unterstützung, so können diese sich mit größerem Vertrauen in neue „kritische" Situationen begeben. Als relevante Variable betrachten wir daher das „elterliche Involvement", mit dem Eltern sich für die Entwicklung ihres Kindes einsetzen (Maccoby/Martin 1983). Grolnick und Sloviaczek (vgl. 1994) plädieren für eine bereichsspezifische Operationalisierung von Involvement, die sie als behaviorales, kognitives und personales Involvement bezeichnen. Für den schulischen Kontext bedeuten diese Unterdimensionen folgendes:

- *behaviorales Involvement* betrifft das Ausmaß elterlicher Aktivitäten im schulischen Kontext (Besuch von Elternabenden, Schulfesten, Gespräche mit Lehrern und Eltern)
- *kognitives Involvement* betrifft die Bereitstellung eines kognitiv stimulierenden Umfeldes durch gemeinsame Aktivitäten oder Unterstützung bei fachlichen Problemen
- *personales/emotionales Involvement* meint schließlich die emotionale Unterstützung bei (schulischen) Problemen und das Interesse an der Schule des Kindes als einem wichtigen sozialen Bezugssystem

Bisherige Untersuchungen testeten, inwieweit das so definierte elterliche Involvement in Zusammenhang mit motivationalen und leistungsthematischen Variablen der Schüler steht. In einer Untersuchung von Grolnick et al. (2000) ergaben sich zwischen behavioralem Involvement und motivationalen und leistungsthematischen Variablen keine signifikanten Zusammenhänge, während kognitives und emotionales Involvement insbesondere mit den Leistungsindikatoren in deutlichem Zusammenhang standen.

3 Zielsetzung und Hypothesen

Die Darstellung der emotionalen Qualität von Übergangserwartungen auf den Dimensionen Intensität und Richtung ist ein erstes Anliegen der vorliegenden Untersuchung. Insbesondere interessiert die Frage, ob sich die Übergangserwartungen unterschiedlicher Schülergruppen (Mädchen/Jungen, Deutsche/Migranten, zukünftige Haupt-/Real-/Gesamtschüler/Gymnasiasten) unterscheiden. Hinsichtlich der Intensität der Emotionen erwarten wir einen signifikanten geschlechtsspezifischen Unterschied derart, dass Mädchen stärkere Emotionen berichten als Jungen. Hingegen erwarten wir keine Unterschiede in Abhängigkeit vom Migrationshintergrund oder der zukünftig besuchten Schulform. Hinsichtlich der Richtung der Emotionen orientieren wir uns an Ergebnissen aus Untersuchungen zur Schul- und Lernfreude (siehe auch Beitrag von Harazd/Schürer in diesem Band). Diese zeigen, dass Mädchen höhere Werte in Schul- und Lernfreude erzielen als Jungen (vgl. Kirsch/Hansen 2002; Verkuyten/Thijs 2002), Kinder mit Migrationshintergrund eine positivere schulbezogene Einstellung äußern als Kinder aus deutschen Familien (vgl. Verkuyten/Thijs 2002) und Kinder auf Realschulen negativere Einstellungen berichten als Kinder auf Gymnasien oder Hauptschulen (vgl. Czerwenka et al. 1990). Ein analoges Ergebnis erwarten wir für die Richtung der Emotionen zum Übergang.

Nach den Gruppenvergleichen liegt unser Hauptaugenmerk auf den möglichen Prädiktoren der Übergangserwartungen. Es soll überprüft werden, wie gut elterliches kognitives und emotionales Involvement sowie Fähigkeitsselbstkonzept (FSK) und Angst vor sozialer Bewertung in Leistungssituationen (AsozB) die Intensität und Richtung der übergangsbezogenen Emotionen vorhersagen können. Im Einzelnen erwarten wir folgende Zusammenhänge:

Wir vermuten einen positiven (bzw. negativen) Zusammenhang zwischen dem Fähigkeitsselbstkonzept (bzw. der Angst vor sozialer Bewertung in Leistungssituationen - AsozB) und der Richtung der Emotionen. Dies ergibt sich direkt aus den oben berichteten korrelativen Befunden mit Vorfreude/Besorgnis. Zur Intensität erwarten wir für beide Variablen nur einen schwachen Zusammenhang.

Weiterhin gehen wir davon aus, dass das elterliche Involvement sowohl direkt als auch indirekt, d.h. über die Personmerkmale vermittelt, auf die Übergangserwartungen Einfluss nimmt. Insgesamt impliziert hohes Involvement eine hohe elterliche Wertschätzung von Schule. Daher vermuten wir, dass Kinder mit hoch involvierten Eltern der Schule eine hohe Bedeutung beimessen. Dies sollte sich in relativ intensiven, schul- bzw. übergangsbezogenen Emotionen abbilden. Sowohl kognitives als auch emotionales Involvement sollte also in direkter positiver Beziehung zur Emotionsintensität stehen. Kognitives Involvement der Eltern sollte insbesondere mit den fachlichen Leistungen des Kindes assoziiert sein. Ein stimulierendes Umfeld und fachliche Unterstützung fördern einerseits kindliche Neugier und Lernbereitschaft und minimieren andererseits konkrete Probleme mit dem Schulstoff. Daher wird ein positiver Zusammenhang des kognitiven Involvements mit dem Fähigkeitsselbstkonzept erwartet. Da gute Schüler - oder genauer gesagt Schüler, die sich als kompetent und lernfähig wahrnehmen - weniger Sorgen hinsichtlich des Wechsels auf eine neue Schule erleben als schwache Schüler (vgl. Leffelsend/Harazd 2004; van Ophuysen 2004; Sirsch 2000), ist davon auszugehen, dass sich das kognitive Involvement indirekt auf die Richtung der übergangsbezogenen Emotionen auswirkt. Ob darüber hinaus auch ein direkter Einfluss auf die Emotionsrichtung besteht, soll zusätzlich empirisch geprüft werden.

In vergleichbarer Weise wird ein indirekter Einfluss des emotionalen Involvements auf die Richtung der Emotionen erwartet. Die erlebte emotionale Unterstützung bei schulischen und sozialen Belangen sollte dem Kind Sicherheit und Selbstvertrauen geben. Daher sind bei hohem emotionalem Involvement relativ geringe Ausprägungen der Angst vor sozialer Bewertung im schulischen Kontext zu vermuten. Kinder, die sich nur wenig Sorgen darüber machen, dass sie von anderen negativ bewertet werden könnten, sollten auch den neuen Anforderungen auf der weiterführenden Schule gelassen entgegenblicken. Positive Erwartungen sollten ihre übergangsbezogenen Emotionen dominieren. Somit ist mit einem indirekten, positiven Effekt der emotionalen Unterstützung auf die Emotionsrichtung zu rechnen. Auch hier ist eine zusätzliche direkte Einflussnahme empirisch zu überprüfen.

In der nachstehenden Abbildung 1 sind die erwarteten Beziehungen zwischen elterlichem Involvement (kognitiv und emotional), den vermittelnden Personvariablen (Fähigkeitsselbstkonzept, Angst vor sozialer Bewertung in Leistungssituationen) und den abhängigen Variablen (Intensität und Richtung der übergangsbezogenen Emotionen) dargestellt.

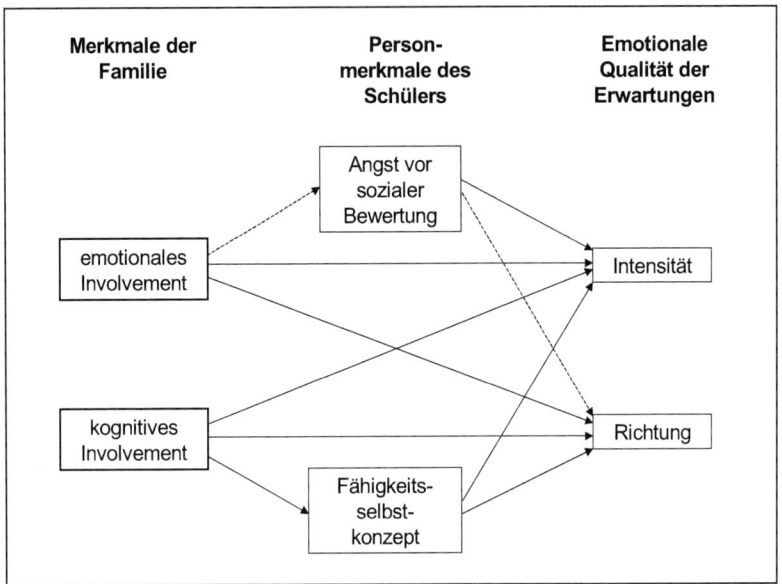

Abb: 1: Pfadmodell der erwarteten Zusammenhänge beim Schulübergang
(gestrichelte Linien kennzeichnen negative Zusammenhänge)

4 Methode

4.1 Stichprobe

An der Befragung nahmen 870 Schülerinnen und Schüler aus 47 vierten Klassen von 17 Dortmunder Grundschulen teil, die nach den Ferien in eine Regelschule (Hauptschule, Realschule, Gymnasium oder Gesamtschule) wechseln werden. 10% der Befragten werden auf eine Hauptschule, 30% zur Realschule, 32% zum Gymnasium wechseln. Die restlichen 28% werden nach den Ferien die Gesamtschule besuchen. Die Verteilung unterscheidet sich insofern von der in NRW, als dass dort mit 16% der Anteil der Gesamtschüler zu Gunsten der Hauptschüler geringer ausfällt. Dies macht gleichzeitig deutlich, dass die Gesamtschule in Dortmund in erster Linie als Alternative zur Hauptschule genutzt wird.

Die befragten Schüler sind im Durchschnitt 10 Jahre alt, wobei das Alter zwischen 9 und 13 Jahren variiert. 52% der Befragten sind Mädchen, 48% Jungen. 214 Kinder (also knapp 25%) stammen aus Familien mit Migrationshintergrund. Das heißt in unserer Operationalisierung, dass rund ein Viertel der

Kinder nicht in Deutschland geboren wurde oder zu Hause ihre nicht-deutsche Muttersprache spricht.

Die Verteilung der Migranten auf die verschiedenen weiterführenden Schulformen unterscheidet sich signifikant ($\chi^2_{(df=3)}$=20,953; $p < .001$). 14.5% der Migranten aber nur 8.4% der deutschen Kinder wechseln zur Hauptschule. Auch die Gesamtschule wird von Kindern mit Migrationshintergrund häufiger gewählt (32.2% zu 26.7% bei deutschen Schülern). Hingegen fällt der Anteil an nicht-deutschen Kindern, die zum Gymnasium gehen mit 20.1% deutlich geringer aus als in der Stichprobe der deutschen Kinder (35.7%).

4.2   Instrumente und Datenaufbereitung

Die Daten wurden durch eine Schülerbefragung im Rahmen des DFG-Projektes „Grundschulübergang" des Instituts für Schulentwicklungsforschung der Uni Dortmund erhoben. Die Befragung fand statt im Juni 2004, ca. zwei bis drei Wochen vor Beginn der Sommerferien.

4.2.1 Übergangserwartungen

Zur Erfassung der Übergangserwartungen wurde ein eigens entwickeltes Erhebungsinstrument eingesetzt, mit dem negative und positive Erwartungen (Besorgnis und Vorfreude) erfasst werden können (vgl. Leffelsend/Harazd 2003). Im Sinne eines Erwartung x Wert-Ansatzes wurde den Schülern zunächst eine Liste von 20 neutralen bis positiven übergangsspezifischen Aspekten vorgegeben. Diese „Vorfreude"- Items lauteten z.B. „du hast Unterricht bei Lehrern, die du noch nicht kennst" oder „deine Noten sind besser als bisher". Pro Item gaben sie auf einer dreistufigen Skala an, wie sehr sie sich freuen würden, wenn diese Situation eintritt (0=„das wäre mir egal" bis 2=„darüber würde ich mich sehr freuen"). Anschließend erhielten sie eine Liste mit 20 parallelisierten neutralen bis negativen Aspekten. Diese „Besorgnis"- Items lauteten z.B. „du hast einen anderen Schulweg als bisher" oder „deine Noten sind schlechter als bisher". Für jedes dieser Items sollten sie angeben, wie besorgt sie darüber wären (0=„das wäre mir egal" bis 2=„darüber würde ich mir große Sorgen machen"). In einem dritten Schritt wurden alle Aspekte erneut vorgegeben und die Schüler gaben an, ob sie erwarten, dass diese Situation eintreten wird oder nicht (1=„das wird so sein" oder 0=„das wird nicht so sein").

Sowohl für die „Vorfreude"- als auch für die „Besorgnis"- Items wurden dann Produkt-Summen-Terme gebildet. Die dahinterstehende Idee ist, dass ein hoher Wert für Vorfreude (bzw. Besorgnis) dann resultieren sollte, wenn von vielen positiv (bzw. negativ) bewerteten Aspekten erwartet wird, dass sie tatsächlich eintreten werden. Ein geringer Wert kann auftreten, wenn die Aspekte nicht mit positiven (bzw. negativen) Emotionen verbunden sind oder wenn ihr Eintreten nicht erwartet wird. Durch weitere Transformationen werden die „inhaltlichen" Variablen Vorfreude und Besorgnis in „strukturelle" Variablen (Intensität und Richtung) umgewandelt.

Die *Emotionsintensität* ist dann besonders hoch ausgeprägt, wenn sowohl große Vorfreude als auch starke Besorgnis vorliegt. Entsprechend wird diese Variable operationalisiert als die Summe aus Vorfreude und Besorgnis. Sie kann (theoretisch) Werte zwischen Null und 80 annehmen (da die möglichen Realisationen für beide Indizes zwischen 0 und 40 liegen).

$$\text{Intensität} = \text{Vorfreude} + \text{Besorgnis}$$

Die Verteilung der Daten zeigt, dass der theoretisch mögliche Wertebereich zwischen 0 und 80 Punkten nicht ganz ausgeschöpft wird. Die realisierten Werte liegen zwischen 2 und 60. Der Mittelwert für die Gesamtstichprobe beträgt 34.13 bei einer Standardabweichung von 9.10. Da auch Schiefe und Exzess im akzeptablen Toleranzbereich liegen, muss die Annahme einer zugrunde liegenden Normalverteilung nicht verworfen werden.

Um einen Kennwert für die *Richtung der Emotion* zu erhalten, ist eine weitere Transformation nötig. Diese Variable sollte einen hohen positiven Wert annehmen, wenn die Vorfreude die Besorgnis stark überwiegt. Sie sollte einen hohen negativen Wert annehmen, wenn die Besorgnis über die Vorfreude dominiert. Dies wird erreicht, indem die Differenz aus Vorfreude und Besorgnis gebildet wird. Dividiert man diese Differenz noch durch die oben definierte Intensität, so repräsentiert der resultierende Wert das relative Überwiegen von Vorfreude oder Besorgnis unabhängig von der Intensität der Emotion. Damit werden die Variablenausprägungen gleichzeitig auf den Wertebereich zwischen –1 und +1 festgeschrieben.

$$\text{Richtung} = (\text{Vorfreude} - \text{Besorgnis})/\text{Intensität}$$

Der mögliche Wertebereich von –1 bis +1 wird in der vorliegenden Stichprobe vollständig ausgeschöpft. Der Mittelwert für die Gesamtstichprobe liegt bei 0.320 bei einer Standardabweichung von 0.293. Dies spricht insgesamt für ein Überwiegen der positiven Erwartungen – dennoch dominieren bei 10% der Schüler die negativen Erwartungen über die Vorfreude. Auch für diese Variable bewegen sich die empirischen Werte für Schiefe und Exzess im Toleranzbereich, so dass die Normalverteilungsannahme nicht verworfen werden muss.

4.2.2 Familialer Kontext

Als Merkmale des familialen Kontextes wurden das kognitive und emotionale schulische Involvement der Eltern erhoben.

Kognitives Involvement meint den Einsatz von Ressourcen zur kognitiven Förderung der Kinder. Dies kann durch allgemein stimulierende Aktivitäten geschehen, oder im engeren schulischen Sinne durch fachliche Unterstützung und Kontrolle. Es wurden zwei Skalen eingesetzt: Gefragt wurde nach „gemeinsamen Aktivitäten" (z.B. der Besuch von Kino, Theater, Museum, Bibliothek, Sportveranstaltung etc.), die im letzten halben Jahr stattfanden. Da die Befragung im Sommer durchgeführt wurde, wurden die Schüler gefragt, welche der sechs genannten Aktivitäten sie „seit Weihnachten" gemeinsam mit ihren Eltern unternommen haben. Pro angekreuzte Aktivität wird ein Punkt vergeben. Der mögliche Wertebereich von 0 bis 6 Punkten wird voll ausgeschöpft. Der Mittelwert liegt bei 2.68 bei einer Standardabweichung von 1.62. Die Verteilung erweist sich als hinreichend symmetrisch, so dass die Normalverteilungsannahme nicht verworfen werden muss. Mit Cronbachs Alpha=.60 ist diese Skala hinreichend reliabel. Weiterhin wurde eine Skala „fachliche Unterstützung" eingesetzt. Ein Beispielitem lautet „Zuhause überprüft jemand, ob ich meine Hausaufgaben mache". Die Skala mit vier Items konnte auf einer vierstufigen Antwortskala (1=*nie* bis 4=*immer*) beantwortet werden. Der mögliche Wertebereich wird voll ausgeschöpft. Der Mittelwert von 3.01 bei einer Standardabweichung von 0.75 macht jedoch bereits deutlich, dass die Verteilung in den oberen Punktebereich verschoben ist. Über 15% der Befragten erreichen den Maximalwert von vier Punkten. Die Analyse der internen Konsistenz ergibt mit Cronbachs Alpha = .77 eine zufriedenstellende Reliabilität der Skala.

Unter *emotionalem Involvement* verstehen wir den erlebten Rückhalt in der Familie. Eine Trennung in allgemeine soziale und schulische Belange war vorgesehen. Eine faktorielle Trennung dieser beiden Subdimensionen war jedoch empirisch nicht möglich. Daher wurden die beiden Skalen zur „emotionalen Unterstützung" zusammengefasst. Insgesamt resultiert eine Skala mit 10 Items (z.B. „Ich behalte meine Sorgen lieber für mich", recodiertes Item; „Meine Eltern trösten mich, wenn ich in einem Fach mal nicht klar komme"). Das vierstufige Antwortformat führt zu einem Wertebereich zwischen 1 und 4 Punkten. Wie bei der fachlichen Unterstützung ergibt sich auch hier eine linksschiefe Verteilung. 12% der Befragten erreichen den Maximalwert. Der Mittelwert der Gesamtstichprobe liegt bei 3.40 (Standardabweichung 0.48). Mit Cronbachs Alpha = .74 ist diese Skala hinreichend reliabel.

4.2.3   Personmerkmale

Als Merkmale der Person wurden zwei leistungsthematische Selbsteinschätzungen betrachtet: Das Fähigkeitsselbstkonzept als Schüler und die Angst vor sozialer Bewertung in Leistungssituationen.

Das *Fähigkeitsselbstkonzept* bildet die Selbsteinschätzung als Schüler ab. Dazu gaben die Schüler auf einer vierstufigen Skala an, wie sehr sie sechs verschiedenen Aussagen zustimmten (1=*trifft gar nicht zu* bis 4=*trifft genau zu*). Ein Beispiel-Item lautet „Ich bin gut in der Schule". Die realisierten Skalenwerte decken das Spektrum möglicher Werte ab, allerdings liegt auch hier eine schiefe Verteilung vor. 15% der Kinder erreichen den Maximalwert. Daraus resultiert ein hoher Mittelwert von 3.31 und eine relativ geringe Standardabweichung von 0.56. Die interne Konstistenz mit Alpha = .81 ist jedoch gut.

Die *Angst vor sozialer Bewertung im Leistungskontext* spiegelt die emotionale Belastung wider, die Schüler erleben, wenn sie ihre Fähigkeiten im Unterricht beweisen müssen. Die Angst von anderen Mitschülern oder Lehrern beurteilt und bewertet zu werden, wird erfasst über das Ausmaß der Zustimmung zu sieben Items. Ein Beispielitem lautet „Wenn ich im Unterricht dran komme, habe ich oft ein schlechtes Gefühl". Die Items stammen aus einer Skala „soziale Unsicherheit" von Petillon (1984). Der mögliche Wertebereich von 1 bis 4 Punkten wird ausgeschöpft, und die empirische Verteilung ist relativ symmetrisch. Der Mittelwert liegt bei 2.56 (Standardabweichung = 0.78). Die Reliabilität der Skala ist hoch (Alpha = .80).

5   Ergebnisse

5.1   Gruppenunterschiede für Intensität und Richtung übergangsbezogener Emotionen

Wir hatten deutliche Unterschiede in der *Intensität* der Emotionen zwischen Mädchen und Jungen erwartet. Unterschiede in Abhängigkeit von Migrationshintergrund oder zukünftiger Schulform wurden jedoch nicht vermutet. Eine dreifaktorielle Varianzanalyse mit den unabhängigen Variablen Geschlecht, Migration und Schulform kann für keine dieser Variablen einen signifikanten Effekt nachweisen (Geschlecht: $F_{(1, 834)}$ = 1.497; p =.221; Migrationshintergrund: $F_{(1, 834)}$ = 0.245; p = .621; Schulform: $F_{(3, 834)}$ = 0.490; p = .689). Da keine Hypothesen über mögliche Interaktionen vorlagen und die Zellbesetzung sehr unterschiedlich ausfällt, wurden in der Analyse keine Wechselwirkungen berücksichtigt.

Hinsichtlich der *Richtung* der Emotionen hatten wir vermutet, dass Mädchen positivere Erwartungen ausbilden sollten als Jungen. Migranten sollten mit mehr Vorfreude auf den anstehenden Schulwechsel reagieren als ihre deutschen Mitschüler. Schließlich gingen wir von deutlichen Unterschieden in Abhängigkeit von der zukünftigen Schulform aus. Eine dreifaktorielle Varianzanalyse ergibt nur für den Faktor Schulform ein signifikantes Ergebnis ($F_{(3, 834)} = 11.128$; $p <$ .001). Statistisch bedeutsame Effekte von Geschlecht ($F(1, 834) = 0.22$; $p =$ .882) und Migrationshintergrund ($F_{(1, 834)} = 0.127$; $p = .721$) können nicht gezeigt werden. Auch hier wurden keine Wechselwirkungen analysiert. Mittels Scheffé-Test wurden für den vierstufigen Faktor zukünftige Schulform paarweise Mittelwertvergleiche durchgeführt. Im Sinne unserer Annahme äußern sich zukünftige Gymnasiasten signifikant positiver über ihren erwarteten Schulwechsel als die Schüler aller drei anderen Schulformen (m_{GY}=.40; m_{RS}=.30; m_{HS}=0.22; m_{GS}=.29).

5.2 Zusammenhangsanalyse

Zur Überprüfung der Zusammenhangshypothesen wurden Pfadanalysen berechnet. Dabei wurde ein mehrschrittiges Verfahren gewählt. Im ersten Schritt wurde der Zusammenhang zwischen Personmerkmalen und Emotionsqualität modelliert. Anschließend wurden die erwarteten Zusammenhänge zwischen familiärem Kontext und Personmerkmalen und im dritten Schritt die direkten Zusammenhänge zwischen familiärem Kontext und Emotionsqualität hinzugenommen. In jedem Schritt wurden zunächst die Pfadkoeffizienten der erwarteten Zusammenhänge auf Signifikanz überprüft. Nicht-signifikante Pfade wurden für die nächste Modellierung auf Null festgesetzt. Zusätzlich wurde mittels der Modification-Indices überprüft, ob „unerwartete" Zusammenhänge die Anpassungsgüte des Modells deutlich verbessern können ggf. wurden diese Pfade im nächsten Schritt geschätzt. Die Verbesserung der Modellgüte wurde über die Veränderung der entsprechenden globalen Fit-Parameter (AGFI, CFI, RMSEA) und der lokalen Vorhersagequalität (R^2) bewertet.

Modell 1 (Personmerkmale → Emotionsqualität): Alle erwarteten Pfade erweisen sich als signifikant (siehe Tabelle 1). Das resultierende Modell weist jedoch – wie zu erwarten – eine ungenügende Passung mit der empirischen Datenstruktur auf ($\chi^2_{12} = 104.4$; p < .001; AGFI = .920; CFI = .805; RMSEA = .097).

Modell 2 (Modell 1 + familiale Merkmale → Personmerkmale): Hier ergeben sich einige Abweichungen von der erwarteten Zusammenhangsstruktur. Während die fachliche Unterstützung keinen signifikanten Einfluss auf das Fähig-keitsselbstkonzept hat, zeigt sich eine statistisch bedeutsame positive Beziehung zur Angst vor sozialer Bewertung in Leistungssituationen. Sozusagen spiegel-bildlich verhält es sich mit der emotionalen Unterstützung. Der erwartete Zu-sammenhang mit der Angst vor sozialer Bewertung in Leistungssituationen kann nicht bestätigt werden. Dafür zeigt sich ein signifikanter Zusammenhang mit dem Fähigkeitsselbstkonzept. Die gemeinsamen Aktivitäten wirken wie erwartet positiv auf das Fähigkeitsselbstkonzept. Die entsprechenden Pfadkoef-fizienten sind in Tabelle 1 zusammengestellt. Durch Hinzunahme dieser Pfade (vgl. Tabelle 1) kann die Modellgüte im Vergleich zu Modell 1 deutlich verbes-sert werden (χ^2_9 = 45.6; p < .001; AGFI = .952; CFI = .923; RMSEA = .071). Ob die zusätzliche Modellierung direkter Zusammenhänge zwischen Merkma-len des Elternhauses und der Emotionsqualität eine weitere Verbesserung des Modells bewirkt, wird im nächsten Schritt überprüft.

Modell 3 (Modell 2 + familiale Merkmale → Emotionsqualität): Wir hatten vermutet, dass sich sowohl die fachliche als auch die emotionale Unterstützung auf Intensität und Richtung der übergangsbezogenen Emotionen auswirken sollten. Diese Annahme wird durch die Daten weitgehend entkräftet. Allein die fachliche Unterstützung hat einen statistisch bedeutsamen positiven Einfluss auf die Emotionsintensität. Schüler, die von ihren Eltern viel Unterstützung – aber auch Kontrolle – bei schulischen Aufgaben erleben, berichten intensivere Emo-tionen bezüglich des Übergangs als Schüler deren Eltern sich wenig um fachli-che Dinge kümmern. Das resultierende Gesamtmodell ist in Abbildung 3 darge-stellt. Die standardisierten Pfadkoeffizienten und Korrelationen sowie die loka-len Fit-Maße (R^2) sind in Tabelle 1 zusammengestellt. Die zusätzliche Modellie-rung des Pfades fachliche Unterstützung → Intensität führt zu einer deutlichen Verbesserung der Modellgüte. Alle betrachteten Fit-Indizes liegen für dieses Modell im akzeptablen Bereich (χ^2_8 = 18.1; p = .020; AGFI = .978; CFI = .979; RMSEA = .039).

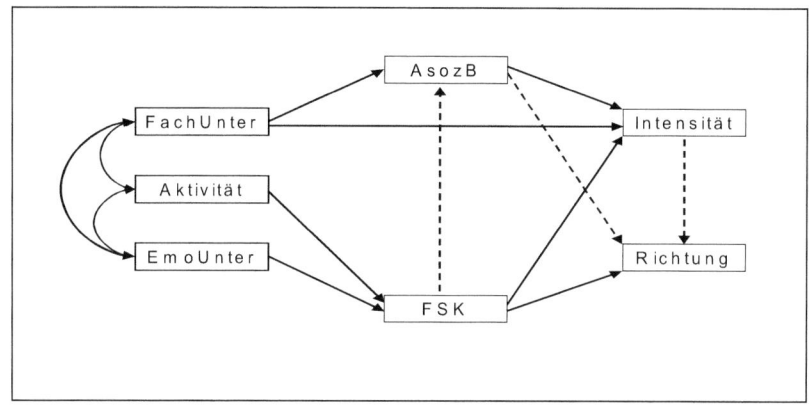

Abb. 3: Modell 3 - Modellierung von Übergangserwartungen
(Alle eingezeichneten Pfade sind signifikant von Null verschieden ($p < .001$); gestrichelte Linien kennzeichnen negative Zusammenhänge)

Tab. 1: Modellparameter und Fit-Indizes

	Variablen	ML-Schätzer	Fit-Indizes Modell 1	Fit-Indizes Modell 2	Fit-Indizes Modell 3
Korrela-tionen	FU↔Akt	.211	R^2(Int) = .047	R^2(Int) = .047	R^2(Int) = .079
	FU↔EU	.314	R^2(Richt) = .188	R^2(Richt) = .188	R^2(Richt) = .188
	EU↔Akt	.213	R^2(AsozB) = .048	R^2(AsozB) = .055	R^2(AsozB) = .055
Standar-disierte	Int→Richt	-.272	R^2(FSK) = .000	R^2(FSK) = .063	R^2(FSK) = .063
	FSK→Richt	.272			
Regres-sions-Gewich-te	FSK→Int	.161	$\chi^2_{12} = 104.4$;	$\chi^2_9 = 45.6$;	$\chi^2_8 = 18.1$;
	AsozB→Richt	-.160	p < .001	p < .001	p = .020
	AsozB→Int	.184	AGFI = .920	AGFI = .952	AGFI = .978
	FSK→AsozB	-.220	CFI = .805	CFI = .923	CFI = .979
			RMSEA = .097	RMSEA = .071	RMSEA = .039
	FU→AsozB	.082			
	Akt→FSK	.130			
	EU→FSK	.189			
	FU→Int	.179			

Alle Parameterschätzer sind signifikant von Null verschieden (p < .01)
FU = fachliche Unterstützung, Akt = gemeinsame Aktivitäten, EU = emotionale Unterstützung
FSK = Fähigkeitsselbstkonzept, AsozB = Angst vor sozialer Bewertung im Leistungskontext
Int = Emotionsintensität, Richt = Emotionsrichtung

6   Diskussion

Die vorliegende Untersuchung hat die Analyse der emotionalen Qualität von Erwartungen an den Grundschulübergang zum Ziel. Als Zielvariablen wurden die Intensität der Emotionen und deren Richtung betrachtet. Einerseits wurde überprüft, ob es in Abhängigkeit von Geschlecht, Migrationshintergrund oder zukünftiger Schulform Unterschiede in den abhängigen Variablen gibt. Andererseits wurde versucht, die emotionale Qualität der Erwartungen durch Merkmale der Schüler und familiale Merkmale vorherzusagen.

Es zeigt sich, dass sich Kinder verschiedener Teilpopulationen (hinsichtlich Geschlecht, Migration, zukünftiger Schulform) sich nicht systematisch in der Intensität ihrer Emotionen unterscheiden. Hinsichtlich der Richtung der Emotionen ergibt sich ein erwartungskonformer Befund derart, dass zukünftige Gymnasiasten durchschnittlich positivere Erwartungen nennen als Kinder, die auf eine der drei anderen Schulformen wechseln werden. Vermutete Unterschiede in der Bewertung des Übergangs zwischen Jungen und Mädchen sowie Kindern mit und ohne Migrationshintergrund können jedoch nicht statistisch abgesichert werden. Obwohl also Mädchen die Schule an sich positiver bewerten und höhere Schulfreude aufweisen als Jungen überträgt sich dies nicht auf ihre Erwartungen an den Übergang. Gleiches gilt für Kinder mit bzw. ohne Migrationshintergrund.

Das Zusammenhangsmuster zwischen Erwartungen, personalen Variablen und familialen Merkmalen wurde pfadanalytisch überprüft. Wie erwartet fördert ein positives Selbstbild der eigenen Fähigkeiten die Vorfreude auf die neue Schule, während die Angst vor sozialer Bewertung die Vorfreude reduziert. Hohe Ausprägungen der beiden Merkmale gehen mit intensiven übergangsbezogenen Emotionen einher.

Von besonderem Interesse war für uns die Frage, inwieweit die erlebte Unterstützung im Elternhaus prädikativ ist für die Übergangserwartungen.

Die erlebte fachliche Unterstützung wirkt sich in zweifacher Weise auf die Intensität der Emotionen aus. Zum einen verbinden Kinder, die im Elternhaus viel Unterstützung bei schulischen Aufgaben erhalten, mit dem Schulübergang stärker emotional getönte Erwartungen. Die erlebte fachliche Unterstützung kann als Indiz dafür gewertet werden, dass in diesen Familien Schule einen wichtigen Stellenwert einnimmt. Wir gehen davon aus, dass die Schüler diese Bedeutsamkeit von Schule für sich übernehmen und als Konsequenz relativ starke emotionale Reaktionen zeigen. Gleichzeitig geht das elterliche Engagement mit einer erhöhten Besorgnis einher, von anderen in schulischen Leistungssituationen negativ bewertet zu werden. Auch hier ist davon auszugehen, dass der elterliche Einsatz den Kindern deutlich macht, dass Schule und Leis-

236

tung bedeutsam sind. Entsprechend steigt die Wahrnehmung, dass negative Bewertungen durch andere wichtig sind. Dies kann in höherer Besorgnis resultieren, und diese Besorgnis wirkt sich wiederum auf die Richtung der übergangsbezogenen Emotionen aus. Entgegen unserer Erwartungen impliziert die fachliche Unterstützung keine positive Selbsteinschätzung der eigenen Fähigkeiten. Wir hatten erwartet, dass durch ein unterstützendes Elternhaus Lernmotivation geweckt wird, bessere Leistungen und ein positiveres Fähigkeitsselbstkonzept resultieren würde. Allerdings ist zu beachten, dass unsere Operationalisierung stärker den Aspekt der Überwachung und Kontrolle als den der Förderung und Unterstützung berücksichtigt. Da die Unterstützung bei Hausaufgaben und Lernen durch Eltern bei gleicher Intensität qualitativ sehr unterschiedlich ausfallen kann, ist es plausibel, dass ein Zusammenhang zum Fähigkeitsselbstkonzept nicht beobachtbar ist. Eine genauere Analyse des Unterstützungsverhaltens wäre hier sinnvoll.

Als zweite Komponente des elterlichen kognitiven Involvements erfassten wir die gemeinsamen Aktivitäten in der Familie. Erwartungskonform findet sich ein signifikanter Zusammenhang mit dem Fähigkeitsselbstkonzept. Kinder, die mit ihren Eltern in der Freizeit viele gemeinsame Unternehmungen machen, haben ein positiveres Selbstbild ihrer eigenen Fähigkeiten. Ein stimulierendes familiäres Umfeld kann Neugier wecken, Wissen und Lernbereitschaft vermitteln und darüber schulische Leistung fördern. Damit zeigt sich für die Variable gemeinsame Aktivität ein indirekter, über das Fähigkeitsselbstkonzept vermittelter Zusammenhang mit den Übergangserwartungen.

Wir hatten erwartet, dass Kinder mit hoher erlebter emotionaler Unterstützung weniger ängstlich sein sollten, da sie auf einen starken Rückhalt in der Familie hoffen können. Die Daten können diese Annahme jedoch nicht bestätigen. Vielmehr zeigt sich, dass emotionale Unterstützung mit einem positiven Fähigkeitsselbstkonzept einhergeht. Es erscheint nahe liegend, dass die emotionale Unterstützung mit einer hohen Wertschätzung der eigenen Person, also einem hohen Selbstwert zusammenhängt. Dass dies auch eine hohe Selbsteinschätzung der kognitiven Fähigkeiten als Schüler impliziert, ist möglicherweise auf die unvollständige Ausdifferenzierung des Selbstkonzeptes bei Grundschülern zurückzuführen (vgl. Harter 1982; 1990). Da das Fähigkeitsselbstkonzept wiederum positiv mit Richtung und Intensität der Übergangserwartungen korreliert, wirkt sich die emotionale Unterstützung im Elternhaus – ebenso wie die gemeinsamen Aktivitäten – letztlich in intensiven und tendenziell positiven Emotionen aus.

Insgesamt zeigen die Analysen ein interessantes, theoretisch plausibles Zusammenhangsmuster. Insbesondere der Einfluss der fachlichen Unterstützung auf die Intensität der übergangsbezogenen Emotionen erscheint uns bemerkenswert. Die Vermutung, dass das zu Grunde liegende Elternverhalten entscheidend für die Relevanz ist, die Schüler der Schule und schulischer Leistung zusprechen, sollte weiter untersucht werden. Sollte sich dieser Befund bestätigen, so kann das elterliche Unterstützungsverhalten als Ansatzpunkt für Interventionen genutzt werden, um bei Schülern die wahrgenommene Bedeutung von Schule zu erhöhen. Allerdings ist zu beachten, dass starke Emotionen auch stark negative Emotionen sein können. Die Korrelation mit der Ängstlichkeit weist bereits in diese Richtung. Daher sollte das Elternverhalten nicht nur in seiner Quantität sondern vor allem in seiner Qualität analysiert werden, um Erkenntnisse zu gewinnen, wie die elterliche Unterstützung aussehen muss, um möglichst positive schulbezogene Emotionen zu wecken.

Literatur

Berndt, T.J./Mekos, D. (1995): Adolescents' perceptions of the stressful and desirable aspects of the transition to junior high school. In: Journal of Research on Adolescence, 5, S. 123 – 142.

Brehm, J.W. (1999): The intensity of emotion. In: Personality and Social Psychology Review, 3, S. 2-22.

Büchner, P./Koch, K. (2001): Von der Grundschule in die Sekundarstufe. Der Übergang aus Kinder- und Elternsicht. Opladen: Leske & Budrich.

Czerwenka, K./Nölle, K./Pause, G./Schlotthaus, W./Schmidt, H.-J./Tessloff, J. (1990): Schülerurteile über die Schule. Bericht über eine internationale Untersuchung. Frankfurt: Peter Lang.

Eagly, A.H./Chaiken, S. (1993): The psychology of attitudes. San Diego: Harcourt Brace Jovanovich.

Eccles, J.S./Midgley, C. (1989): Stagae-environment fit: Developmentally appropriate classrooms for young adolescents. In: Ames, C./Ames, R. (Hrsg.): Research on motivation in education: Goals and cognition. New York: Academic Press, S. 139 – 186.

Filipp, S.H. (1995): Ein allgemeines Modell für die Analyse kritischer Lebensereignisse. In: Filipp, S. H. (Hrsg.): Kritische Lebensereignisse. München: PVU, S. 3 – 52.

Grolnick, W./Kurowski, C.O./Dunlap, K.G./Hevey, C. (2000): Parental resources and the transition to junior high. In: Journal of Research on Adolescence, 10, S. 456 – 488.

Grolnick, W./Sloviaczek, M.L. (1994): Parents' involvement in children's schooling. In: Child Development, 65, S. 237 – 252.

Hacker, H. (1997): Die Übergänge zur Sekundarstufe I. In: Praxis Schule 5-10, 8, S. 58 – 60.

Harter, S. (1982): The perceived competence scale for children. In: Child Development, 53, S. 87 – 97.

Harter, S. (1990): Processes underlying adolescent self-concept formation. In: Montemayor, R/Adams, G. R. (Hrsg.): From childhood to adolescence: A transitional period? Thousand Oaks: Sage, S. 205 – 239.

Kirsch, B./Hansen, I. (2002): Schulunlust – ein mögliches Initialsymptom für Schulvermeidung – untersucht an Schülern vor dem Übergang von der 6. zur 7. Klasse. In: Heilpädagogische Forschung, 28, S. 58 – 68.

Lazarus, R.S. (1991): Emotion and adaptation. New York: Oxford University Press.

Leffelsend, S./Harazd, B. (2003): Konstruktion und Validierung eines Fragebogens zur Erfassung der affektiven Bewertung es Übergangs von der Grundschule zur weiterführenden Schule. In:

Brunner, E.J./Noack, P./Scholz, G./Scholl, I. (Hrsg): Diagnose und Intervention in schulischen Handlungsfeldern. Münster: Waxmann, S. 141 – 157.

Leffelsend, S./Harazd, B. (2004): Erwartungen an die weiterführende Schule. In: Empirische Pädagogik, 18, S. 252 – 272.

Leonard, C.P./Elias, M.J. (1993): Entry to middle school. In: Prevention in Human Services, 10, S. 39-57.

Maccoby, E.E./Martin, J.A. (1983): Socialization in the context of the family: Parent-child Interaction. In: Hetherington, E.M./Mussen, P.H. (Hrsg.): Handbook of child psychology: Vol 4. Socialization, personality and social development. New York: Wiley, S. 1-102.

van Ophuysen, S. (2004): Welche Faktoren beeinflussen die Erwartungshaltung der Grundschüler an die weiterführende Schule? Vortrag auf der 65. Tagung der AEPF, Nürnberg.

Petillon, H. (1984) : SFS 4-6. Sozialfragebogen für Schüler. Weinheim: Beltz.

Pietrowicz, B. (1963): Pädagogisch-psychologische Untersuchungen zum Übergang auf weiterführende Schulen: Der Anpassungsverlauf beim Übergang von der Volksschule zur Aufbauschule. Weinheim: Beltz.

Roebers, C./Schneider, W. (1995): Zum Einfluss von Persönlichkeitsmerkmalen und Sprachkenntnissen auf die schulische Anpassung von Migrantenkindern. In: Report-Psychologie, 20, S. 24 – 32.

Seidman, E./Aber, J.L./Allen, L./French, S.E. (1996): The impact of the transition to high school on self-system and perceived social context of poor urban youth. In: American Journal of Community Psychology, 24, S. 486-515.

Sirsch, U. (2000): Probleme beim Schulwechsel: Die subjektive Bedeutung des bevorstehenden Wechsels von der Grundschule in die weiterführende Schule. Münster: Waxmann.

Thurner, F./Tewes, U. (2000): Kinder-Angst-Test-II (KAT-II). Drei Fragebogen zur Erfassung der Ängstlichkeit und von Zustandsängsten bei Kindern ab 9 Jahren. Göttingen: Hogrefe.

Verkuyten, M./Thijs, J. (2002): School satisfaction of elementary school children. In: Social

Wiederhold, K.A./Mitzlaff, H. (1987): Schüler und Übergang. Eine Befragung von Schülerinnen und Schülern. In: Pädagogik heute, 6, S. 29 – 32.

Verzeichnis der Autoren

Arnold, Karl-Heinz; Prof. Dr.; Universität Hildesheim, Institut für Angewandte Erziehungswissenschaft und Allgemeine Didaktik; E-Mail: arnold@rz.uni-hildesheim.de

Billmann-Mahecha, Elfriede; Prof. Dr.; Universität Hannover, Institut für Pädagogische Psychologie; E-Mail: billmann@erz.uni-hannover.de

Chudaske, Jana; Dipl.-Psych.; Universität Hildesheim, Institut für Angewandte Erziehungswissenschaft und Allgemeine Didaktik; E-Mail: chudaske@rz.uni-hildesheim.de

Drechsler, Kerstin; Universität Passau

Frank, Angela; Dipl. Päd.; Universität Bamberg, Lehrstuhl für Elementar- und Familienpädagogik; E-Mail: angela.frank@ppp.uni-bamberg.de

Harazd, Bea; Dipl. Päd.; Universität Dortmund, Institut für Schulentwicklungsforschung; E-Mail: harazd@ifs.uni-dortmund.de

Kammermeyer, Gisela; Prof. Dr.; Universität Koblenz-Landau, Institut für Bildung im Kindes- und Jugendalter; E-Mail: kammermeyer@uni-landau.de

Köller, Olaf; Prof. Dr.; Humboldt-Universität zu Berlin, Direktor des Instituts zur Qualitätsentwicklung im Bildungswesen (IQB); E-Mail: IQBoffice@IQB.hu-berlin.de

Lindner-Müller, Carola; Dr.; Universität Hildesheim, Institut für Angewandte Erziehungswissenschaft und Allgemeine Didaktik; E-Mail: clindner@rz.uni-hildesheim.de

Lehmann, Rainer; Prof. Dr.; Humboldt-Universität zu Berlin, Institut für Erziehungswissenschaften; E-Mail: rlehmann@educat.hu-berlin.de

Martschinke, Sabine; Prof. Dr.; Universität Passau, Philosophische Fakultät; E-Mail: sabine.martschinke@uni-passau.de

Merkens, Hans; Prof. Dr.; Freie Universität Berlin, Fachbereich Erziehungswissenschaften und Psychologie; E-Mail: merken@zedat.fu-berlin.de

Mücke, Stephan; Dipl.-Päd.; Universität Potsdam, Institut für Grundschulpädagogik; E-Mail: stmuecke@uni-potsdam.de

Roos, Jeanette; Prof. Dr.; Pädagogische Hochschule Heidelberg, Fach Pädagogische Psychologie; E-Mail: roos@ph-heidelberg.de

Schöler, Hermann; Dr.; Pädagogische Hochschule Heidelberg, Institut für Sonderpädagogik; E-Mail: k40@ix.urz.uni-heidelberg.de

Schründer-Lenzen, Agi; Prof. Dr.; Universität Potsdam; Institut für Grundschulpädagogik; E-Mail: lenzen@uni-potsdam.de

Schürer, Sina; Universität Dortmund, Institut für Schulentwicklungsforschung; E-Mail: schuerer@ifs.uni-dortmund.de

Tiedemann, Joachim; Prof. Dr.; Universität Hannover, Institut für Pädagogische Psychologie; E-Mail: tiedemann@rz.uni-hannover.de

van Ophuysen, Stefanie; Dr.; Universität Dortmund, Institut für Schulentwicklungsforschung; E-Mail: vanophuysen@ifs.uni-dortmund.de

Zeinz, Horst; Friedrich Alexander Universität Erlangen Nürnberg, Institut für Psychologie II; E-Mail: htzeinz@ewf.uni-erlangen.de

Zöller, Isabelle; Dipl. Psych.; Pädagogischen Hochschule Heidelberg, Fach Psychologie; E-Mail: isabelle.zoeller@ph-heidelberg.de

If you have any concerns about our products,
you can contact us on
ProductSafety@springernature.com

In case Publisher is established outside the EU,
the EU authorized representative is:
Springer Nature Customer Service Center GmbH
Europaplatz 3, 69115 Heidelberg, Germany

Printed by Libri Plureos GmbH
in Hamburg, Germany